安徽师范大学文学院学术文库（第二辑）

张涤华语言学研究论集

ZHANG DIHUA YUYANXUE YANJIU LUN JI

张涤华 著

安徽师范大学出版社
·芜湖·

责任编辑：潘　安
装帧设计：丁奕奕　欧阳显根

图书在版编目（CIP）数据

张涤华语言学研究论集 / 张涤华著. —芜湖：安徽师范大学出版社，2016.7
（安徽师范大学文学院学术文库. 第二辑）
ISBN 978-7-5676-2529-7

Ⅰ. ①张… Ⅱ. ①张… Ⅲ. ①汉语—语言学—文集 Ⅳ. ①H1-53

中国版本图书馆CIP数据核字（2016）第135240号

本书由安徽高校省级学科建设重大项目资助出版

张涤华语言学研究论集

张涤华　著

出版发行：安徽师范大学出版社
芜湖市九华南路189号安徽师范大学花津校区　　邮政编码：241002
网　　址：http://www.ahnupress.com/
发 行 部：0553-3883578 5910327 5910310（传真）　E-mail：asdcbsfxb@126.com
印　　刷：虎彩印艺股份有限公司
版　　次：2016年7月第1版
印　　次：2016年7月第1次印刷
规　　格：700 mm × 1000 mm　1/16
印　　张：18.25
字　　数：288千
书　　号：ISBN 978-7-5676-2529-7
定　　价：49.00元

总　　序

安徽师范大学文学院的前身是1928年建立的省立安徽大学中国文学系，是安徽省高校办学历史最悠久的四个院系之一。1945年9月更名为国立安徽大学中文系，1949年12月更名为安徽大学中文系，1954年2月更名为安徽师范学院中文系，1958年更名为合肥师范学院中文系，1972年12月更名为安徽师范大学中文系，1994年10月更名为安徽师范大学文学院。这里人才荟萃，刘文典、陈望道、郁达夫、朱湘、苏雪林、朱光潜、周予同、潘重规、宗志黄、张煦侯、卫仲璠、宛敏灏、张涤华、祖保泉、余恕诚等著名学者都曾在此工作过，他们高尚的师德、杰出的学术成就凝固成了我院的优良传统，培养出了一大批出类拔萃的各类人才。

文学院现设有汉语言文学、汉语言、秘书学、汉语国际教育等4个本科专业，文学研究所、语言研究所、古籍整理研究所、美育与审美文化研究所、艺术文化学研究中心等5个研究所（中心）。拥有中国语言文学博士后科研流动站，中国语言文学一级学科博士点，中国语言文学、艺术学理论两个一级学科硕士学位点；设有中国古代文学等10个硕士学位二级学科授权点和学科教学（语文）、汉语国际教育两个专业学位点；有1个安徽省A类重点学科（中国语言文学），3个安徽省B类重点学科（中国古代文学、汉语言文字学、中国现当代文学）；1个国家级特色专业建设点（汉语言文学专业），1个国家级教学团队（中国古代文学），两门国家级精品课程（文学理论、大学语文），1个省级刊物（《学语文》）。

文学院师资科研力量雄厚，现有在岗专任教师82人，其中教授28人，副教授35人，博士55人。2010年以来，本学科共主持省部级以上科研项目100项，其中国家社科基金项目28项（含重大招标项目1项），获得省部级以上奖励9项。教师中，有国家首届教学名师1

人，享受国务院特殊津贴12人，皖江学者3人，二级教授8人，5人入选省级学术和技术带头人，6人入选省级学术和技术带头人后备人选。

走过八十多年的风雨征程，目前中文学科方向齐全，拥有很多相对稳定、特色鲜明的研究领域。唐诗研究、古代文论研究、儿童语言习得研究、古典文献研究、宋辽金文学研究、词学研究、当代文学现象研究、古典诗歌接受史研究、梵汉对音研究、句法语义接口研究等在全国居于领先地位或在学术界有较大影响。特别是李商隐研究的系列成果已成为传世经典，国务院学位委员会委员、北京大学教授袁行霈先生说，本学科的李商隐研究，直接推动了《中国文学史》的改写。

经过几代人的薪火相传，中文学科养成了严谨扎实的学术传统，培育了开拓创新的学术精神，打造了精诚合作的学术团队，形成了理论研究与服务社会相结合、扎根传统与关注当下相结合、立足本位与学科交融相结合、历代书面文献与当代口传文献并重的学科特色。

21世纪以来，随着老一辈学者相继退休，中文学科逐渐进入了新老交替的时期，如何继承、弘扬老一辈学者的学术传统，如何开启中文学科的新篇章，成了摆在我们面前的迫切任务。基于这一初衷，我们特编选了这套丛书，名之为"安徽师范大学文学院学术文库"，计划做成开放式丛书，一直出版下去。我们认为，对过去的学术成果进行阶段性归纳汇集，很有必要，也很有意义，可以向学界整体推介我院的学术研究，展现学术影响力。

关心文学院发展的朋友常常问我们："你们自己说师大文学院历史悠久，底蕴深厚，有什么可以证明呢?"是啊，校址几经变迁，由安庆至芜湖至合肥，最终落户芜湖；校园面貌日新月异，载有历史积淀的老建筑也已被悉数推倒重建，物化的记忆只能在发黄的老照片中去追寻。能证明我们悠久历史的，能说明我们深厚底蕴的，唯有前辈学者留下的字字珠玑的精彩华章。为此，我们特别编选了本辑文集，文集作者均是已退休的前辈学者，他们有的已驾鹤仙去；有的虽然年岁已高，但仍笔耕不辍。这些优秀成果，是他们留给我们的宝贵精神财富，是砥砺我们人格的源泉，是指引我们前行的明灯，是督促我们奋进的

总　　序

安徽师范大学文学院的前身是1928年建立的省立安徽大学中国文学系，是安徽省高校办学历史最悠久的四个院系之一。1945年9月更名为国立安徽大学中文系，1949年12月更名为安徽大学中文系，1954年2月更名为安徽师范学院中文系，1958年更名为合肥师范学院中文系，1972年12月更名为安徽师范大学中文系，1994年10月更名为安徽师范大学文学院。这里人才荟萃，刘文典、陈望道、郁达夫、朱湘、苏雪林、朱光潜、周予同、潘重规、宗志黄、张煦侯、卫仲璠、宛敏灏、张涤华、祖保泉、余恕诚等著名学者都曾在此工作过，他们高尚的师德、杰出的学术成就凝固成了我院的优良传统，培养出了一大批出类拔萃的各类人才。

文学院现设有汉语言文学、汉语言、秘书学、汉语国际教育等4个本科专业，文学研究所、语言研究所、古籍整理研究所、美育与审美文化研究所、艺术文化学研究中心等5个研究所（中心）。拥有中国语言文学博士后科研流动站，中国语言文学一级学科博士点，中国语言文学、艺术学理论两个一级学科硕士学位点；设有中国古代文学等10个硕士学位二级学科授权点和学科教学（语文）、汉语国际教育两个专业学位点；有1个安徽省A类重点学科（中国语言文学），3个安徽省B类重点学科（中国古代文学、汉语言文字学、中国现当代文学）；1个国家级特色专业建设点（汉语言文学专业），1个国家级教学团队（中国古代文学），两门国家级精品课程（文学理论、大学语文），1个省级刊物（《学语文》）。

文学院师资科研力量雄厚，现有在岗专任教师82人，其中教授28人，副教授35人，博士55人。2010年以来，本学科共主持省部级以上科研项目100项，其中国家社科基金项目28项（含重大招标项目1项），获得省部级以上奖励9项。教师中，有国家首届教学名师1

人，享受国务院特殊津贴12人，皖江学者3人，二级教授8人，5人入选省级学术和技术带头人，6人入选省级学术和技术带头人后备人选。

走过八十多年的风雨征程，目前中文学科方向齐全，拥有很多相对稳定、特色鲜明的研究领域。唐诗研究、古代文论研究、儿童语言习得研究、古典文献研究、宋辽金文学研究、词学研究、当代文学现象研究、古典诗歌接受史研究、梵汉对音研究、句法语义接口研究等在全国居于领先地位或在学术界有较大影响。特别是李商隐研究的系列成果已成为传世经典，国务院学位委员会委员、北京大学教授袁行霈先生说，本学科的李商隐研究，直接推动了《中国文学史》的改写。

经过几代人的薪火相传，中文学科养成了严谨扎实的学术传统，培育了开拓创新的学术精神，打造了精诚合作的学术团队，形成了理论研究与服务社会相结合、扎根传统与关注当下相结合、立足本位与学科交融相结合、历代书面文献与当代口传文献并重的学科特色。

21世纪以来，随着老一辈学者相继退休，中文学科逐渐进入了新老交替的时期，如何继承、弘扬老一辈学者的学术传统，如何开启中文学科的新篇章，成了摆在我们面前的迫切任务。基于这一初衷，我们特编选了这套丛书，名之为“安徽师范大学文学院学术文库”，计划做成开放式丛书，一直出版下去。我们认为，对过去的学术成果进行阶段性归纳汇集，很有必要，也很有意义，可以向学界整体推介我院的学术研究，展现学术影响力。

关心文学院发展的朋友常常问我们：“你们自己说师大文学院历史悠久，底蕴深厚，有什么可以证明呢？”是啊，校址几经变迁，由安庆至芜湖至合肥，最终落户芜湖；校园面貌日新月异，载有历史积淀的老建筑也已被悉数推倒重建，物化的记忆只能在发黄的老照片中去追寻。能证明我们悠久历史的，能说明我们深厚底蕴的，唯有前辈学者留下的字字珠玑的精彩华章。为此，我们特别编选了本辑文集，文集作者均是已退休的前辈学者，他们有的已驾鹤仙去；有的虽然年岁已高，但仍笔耕不辍。这些优秀成果，是他们留给我们的宝贵精神财富，是砥砺我们人格的源泉，是指引我们前行的明灯，是督促我们奋进的

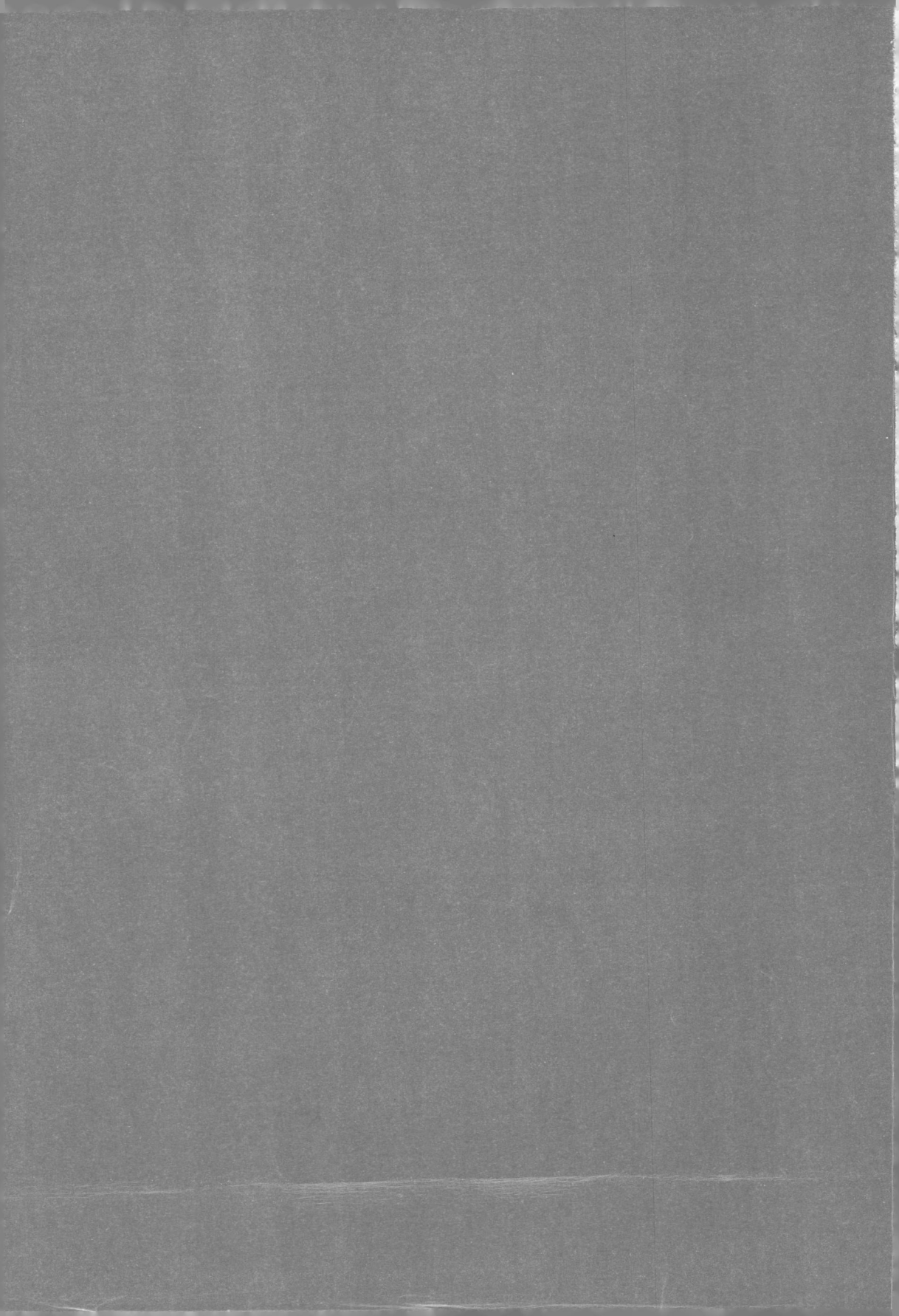

动力。

我们坚信，承载着八十多年的历史积淀，文学院必将向学界奉献更多的学术精品，文学院的各项事业必将走向更悠远的辉煌！

储泰松

二〇一五年八月

目　　录

类书流别
（修订本）

修订本自序

本书是四十多年前我试写的一本专著。当时我正在武汉大学中文系读书，对目录学很感兴趣，经常翻阅这方面的书。看了一段时间之后，我拟了一个写作计划，想把字书、韵书，类书、丛书等等工具书统统作一次结帐式的整理，并且打算每一种都先写长编。这个计划很大，而我能够抽出的课余时间却并不多，所以后来只写成了这本《类书流别》，我的编写工作就因毕业离校而戛然中止了。

起草本书的时候，我搜集了不少的资料，我的“长编”也相当长（因而有一个时期又想把它再加扩充，写成《类书考》）。后来由于要用这篇稿子充做毕业论文，而毕业论文的字数，按照当时学校的规定，是用不着很多的，于是约之又约，只剩下原稿的三分之一。为了求简，我又用了文言，现在看起来，颇有叮叮当当的感觉，曾想用口语改写一下。可是，转而一想，书里面引用的话都是文言，正文也用文言，文体比较一致，因而就保留原样，不再加以改动。

本书初版于1943年12月，印出之后，我陆续发现并记下了一些有用的新材料。五十年代中期，我把原书校读了几次，改正了一些排印上的错误，并对内容作了若干处的补充和修改，还添上了“书名索引”，附在书末。1958年4月，出了重印本。这次又就重印本再加修订，费时较多，变动也较大，主要有以下几点：一、前五篇（《义界》、《缘起》、《体制》、《盛衰》、《利病》）的内容和文字都有程度不同的增删。二、第六篇《存佚》，经过大加添补，篇幅差不多增加了一倍（为了不打乱原来的次序，这次新增的篇目统附于旧目之后）。三、重印本的书名索引，用的字繁简不一，造成了一定的混乱。例如“韻”字，按繁体计算，列入十九画，但收录的书名又都用简体的“韵”，就只有十三画了。这种参差，带来了检查的不便。因此，这次索性把这个索引改编了一下，并增编了《书名音序索引》和《作者索引》。四、按照顾颉刚先生生前的意见，把《永乐大典》也收列进来，还征引了一些有关的文献，作了必要的说明。(修订本中之“后记”“书名音序索引”“书名笔画索引”“作者索引”四部分未收入本书。责编注。)

解放以后，我只在1951年曾为前安徽大学中文系同学开过“目录与校勘”课，讲授了两个学期，后来便因实际教学的需要，丢开本行，改教语言学了。几十年来，为各项事务所牵缠，一直未能重理故业。但我对目录学的兴趣是始终不衰的，只要看到这方面的书刊，就常常有见猎心喜的感觉。我希望今后，还能在目录学的研究上花费一些时间和精力。要是能够终于实现我的大学时代的写作计划，那就更好了。

应该感谢商务印书馆，它不但在抗战期间各种条件都非常艰苦的时候就为我刊印了少作，而且此后还一再同意重印，使这本不成熟的专著能够有多次与读者见面的机会。通过这次修订重印，如果能从读者方面得到很多的教益，那么，我将更为感谢。

今年是我国第一部类书《皇览》开始纂辑1262周年，又是一部最大的类书《永乐大典》成书575周年。本书恰好在此时修订完成，我想，就用它来纪念类书史上的这两件大事，也许不无意义吧?

其余的话，附在本书后面的“初印本跋语”已经提到，这里就不再赘说。

1982年1月，作者，芜湖安徽师范大学

杨　　序

自来文章家之所最忌者，曰渔猎，曰驳杂，曰饾饤。是必就平时无畜德，而行文则取办于临时者言；设使徐孝穆、庾兰成复生于今时，而谓其风云月露之词章，乃取具于现成之《类典》，必无以取信于人矣。是故吾国自刊刻之术进，学者废手录而遗忘益多；自典故之籍陈，学者竞剿袭而实学愈少；二者非学术升降之一大关键欤？虽然，读书者之舍本求末，与校书者之循流溯源，二者性质不同，不可连类而语也。即如类书一种，在秦汉前尚无专名，自魏文著《皇览》，《魏纪》谓能以一书自为一类，是为类书之权舆。厥后推衍于六朝，澎湃于唐、宋，而集大成于前清，于是于四部中占一座。是犹赋体原于诗之六义，至西汉则脱诗自立，而附庸蔚然大国矣。盖此类书著录既多，则千余年来或存或亡或残或疑或伪，其历史既深且久，非读书多，鉴别精，乌能察其底蕴哉！吾友张子涤华，读书闳富，发为文章，又醇雅古厚，无时下粗浮叫嚣气习。其以余力为《类书流别》一种，既不轻为雷同，又非故为矫异。论义界，既斥去总集、政书、丛书、稗篇，而立其大界。论体制，又以分类、分字、偶句、诗体、赋体、摘字体，而别其内容。至于采取图籍之宏博，辨正前人之错误，发抒已见之精详，其有功于类书既若此。若推此识以泛论百家，则于汗牛充栋之四部中，任其出入纵横，而于迷古蔑古，两无所病，吾知继此书而续出者，其饷遗于士林者必更无穷也。至类书之有碍实学，亦无可避免，窃见上海词典之类一出，学校多奉为玉律金科，教者非此无以教，学者亦舍此无以学。其实有此捷径以避难就易，固亦便利，但其为实学之阻碍，又安可讳言。今观涤华于盛衰、利病二目中，详哉言之，益信其识之卓已。是为序。

一九四二年八月，怀宁杨大钧写于永绥旅次

刘　序

壬午（1942）春，张君涤华邮书求序其所著《类书流别》六篇。张君，武汉大学国文系毕业生也，其书即增益毕业论文而为之者。张君自毕业至今，又将十载，其用力于此书之勤盖可知矣。今观其书，部居井然，论列多当，而立意矜慎，不为新奇自炫之语，则识度尤出流俗人上。此书固犹未可谓极深研几之作也，继此以往，由近代实斋《通义》而上，寻二刘录略之绪；于古今术道，一一探其源而穷其流，著成一家之言，使世之欲窥吾国人文崖略者有所考镜，岂非盛业邪！然则此六篇者，其滥觞矣。吾知张君必不以此自画也，喜而为之序。

新宁刘永济序于嘉定之武汉大学

义界第一

类书之名，古未有也。魏文始作《皇览》，而初不谓之类书。其书晋荀勖《中经簿》列之史部，

《四库全书总目提要》卷一三五子部类书类小序云："《皇览》始于魏文，晋荀勖《中经簿》分隶何门，今无可考。"按《隋书·经籍志·序》云："秘书监荀勖，又因《中经》，更著《新簿》，分为四部。……三曰景部（按景部即丙部，避唐讳改），有史记、旧事、皇览簿、杂事。"是荀书明以《皇览》入史部。考《三国志·魏志·文帝纪》，称《皇览》千余篇，故能以一书自成一类，《提要》殆未之深考也。又按姚振宗《隋书经籍志考证》卷三十云："皇览簿者，载《皇览》之目录也。"

《隋志》则入之子部杂家。逮至六朝，作者浸众，其时书目区分何部，已无可考。自《旧唐志》始立类事一目，仍隶子部。

按：《旧唐书·经籍志》丙部子录十七家，其第十五曰类事类，著录类书二十二部；则出类书于杂家，别立一目，实自刘昫始也。陈振孙《直斋书录解题》卷一四云："前志但有杂家而无类书，《新唐书·志》始别出为一类。"说犹未确。

《新唐书·艺文志》因之，而又改类事为类书；后世相承，莫之或易。然则类书之称，昉于此矣。

类事之书，虽兼收四部，而实非经、非史、非子、非集。四部之内，初无何类可归，强隶之史部或子部，均有未安。故前人于分合之际，颇滋异议：或主竟废四部成法，即以类书自立一门；

郑樵《通志》卷七一《校雠略》云："总古今有无之书，为之区别，凡十二类：经类第一，礼类第二，乐类第三，小学类第四，史类第五，诸子类第六，星数类第七，五行类第八，艺术类第九，医方类第十，类书类第十一，文类第十二。"按：渔仲从孙寅，字子敬，有《郑氏书目》七卷，列所藏书为七录，亦以类书自立一类。二郑之例，后世有踵用之者，如孙星衍《孙氏祠堂书目》是。

或主别附类书于四大部末；

胡应麟《少室山房笔丛》卷二九云："类书，郑《志》另录，《通考》仍列子家，盖不欲四部之外，别立门户也。然书有数种：如《初学》、《艺文》，兼载诗词，则近于集；《御览》、《元龟》，事实咸备，则邻于史；《通典》、《通志》、声韵、礼仪之属，又一二间涉于经：专以属之子部，恐亦未安。余欲别录二藏及赝古书及类书为一部，附四大部之末，尚俟博雅者商焉。"按：《四库提要》类书类小序，谓应麟议改隶类书于集部，盖偶误记。

祁承㸁《澹生堂藏书约》云："夫类书之收于子也，不知其何故，岂以包宇宙而罗万有乎？然而类固不可概言也。如《山堂考索》，六经之源委，纤备详明，是类而经者也；杜氏《通典》，马氏《通考》，郑氏《通志》，历朝令甲，古今故典，实在于此，是类而史者也；又如《艺文类聚》之备载词赋，《合璧事类》之详引诗文，是皆类而集矣。……余谓宜……另附四部之后。"按：方以智《通雅》以类书与释、道书等合为一部，名为余部，次四部之后。所见与胡、祁二氏略同。

或议散类书于故事、总集、杂家三类；

章学诚《校雠通义》二之五云："类书自不可称为一子，隋、唐以来之编次，皆非也。然类书之体亦有二：其有源委者，如《文献通考》之类，当附史部故事之后；其无源委者，如《艺文类聚》之类，当附集部总集之后，总不得与子部相混淆。或择其近似者，附其说于杂家之后，可矣。”按：方东树《书林扬觯》亦谓《皇览》、《北堂书钞》、《艺文类聚》之类当入总辑（即总集）。

或拟就类书更分细目，其不可系属者，则归之他门：

近人刘咸炘《续校雠通义》下《四库子部》第十二云：“类书居小说之前，乃沿《新唐志》之误，彼本由杂家分出，故相次耳。张氏降之释、道之后，曰类书实非子，从旧例附列于此，颇有见矣（按：此指张之洞《书目答问》）。今入之外编。《提要》援《隋志》为例，则非；彼特姑附耳，固不可从也。类书之中，体例又有数等：有兼该事文者，有以偶语隶事文，但取华藻者，有加考证者，有专录一门者，当分为总类、句隶、类考、专类、策括五目。”按：以下刘氏就《提要》所收诸类书，为之配隶；又谓《同姓名录》、《元和姓纂》、《李氏蒙求》、《小名录》、《帝王经世图谱》、《职官分纪》、《历代制度详说》、《说略》、《古俪府》、《文选双字》等书，宜归入表谱、谱牒、小学、姓名、典要、职官、儒家、书钞各门，《提要》均误收。文繁不录。

观诸家辞说，固已纷纭荧听矣。而历代簿录，

目录之书，《隋志》谓之簿录。

其所配隶，亦往往彼此抵异：如同一《皇览》也，或入之杂家，或入之类事；

按：《隋志》，《皇览》入杂家，《唐志》改入类事。焦竑《国史经籍志纠缪》，因议《隋志》之失，姚振宗《隋书经籍志考证》，又讥焦氏不知古人类例。

同一《同姓名录》也，而或入之杂传，或入之类书；

按：梁元帝《同姓名录》，《隋志》入杂传，《郡斋读书志》以下入类书。

同一《通典》也，而或入之类书，或入之故事，或入之政书；

按：杜佑《通典》，《唐志》、《宋志》、《崇文总目》、《通志》等，均列之类书，《国史经籍志》改入故事，《四库全书总目提要》又改入政书。

同一《刀剑录》也，而或入之类书，或入之小说，或入之食货，或入之艺术；

按：陶弘景《刀剑录》，《郡斋读书志》入类书，《崇文总目》、《宋志》入小说，《国史经籍志》入食货，《文献通考》入艺术（又入类书）。

甚至在同一簿录中，而有一书两出者：

按：如《新唐志》既列张楚金《翰苑》于类书，又列之于总集；《宋志》既列江少虞《皇朝事实类苑》于类事，又列之于故事。此类甚多。

漫无友纪，尤启后人迷惑。夫此犹略举其著者而言，而校雠之家与夫目录之书，其支离轇轕已如此。

窃尝推求其故，大抵皆由古人义界未精，分类未密，于一书之当属何类，初无共资循守之准绳，而又拘挛成规，穷而不变。殊不知《中经》以《皇览》附史部者，其时此类著述尚希，不容独立一部，附庸未能特达，其势然也。后世类事之书，数盈千万，泱泱乎一大邦矣，而犹强为分隶，指为枝属，揆之名实，庸有当乎？郑樵

《通志·校雠略》，部署群书，区为十二类，而类书居其一；变而得宜，于例为善，而后人牵于四部，卒不行用，则泥古之过也。

由今观之，类书为工具书之一种，其性质实与近世辞典、百科全书同科，与子、史之书，相去秦越。语其义界，则凡荟萃成言，裒次故实，兼收众籍，不主一家，而区以部类，条分件系，利寻检，资采掇，以待应时取给者，皆是也。封域既定，别择斯严：凡博采诸家，汇辑众体，而意在文藻，不征实事，如《文馆词林》、《文苑英华》之属，是曰总集，非类书也；

按：许敬宗《文馆词林》、李昉《文苑英华》、尤袤《遂初堂书目》均入之类书。

品式章程，刊列制度，而旨重数典，非徒记问，如《通典》、《会要》之属，是曰政书，非类书也；

按：杜佑《通典》、苏冕《会要》，《新唐志》、《宋志》、《崇文总目》等均入之类书。

此外荟蕞古书，合为一帙，如《儒学警悟》、《百川学海》之属，是曰丛书，非类书也；

按：俞鼎孙、俞经《儒学警悟》，《宋志》列之类事；左圭《百川学海》，叶盛《菉竹堂书目》列之类书。

记录异闻，备陈琐细，如《太平广记》、《说略》之属，是曰稗编，非类书也；

按：李昉《太平广记》，《崇文总目》、《通志》，均入之类书；顾起元《说略》，《明志》原入小说类，《四库提要》以为未允，改隶类书。

自余时令之书（如杜台卿《玉烛宝典》、韩鄂《岁华纪丽》），职官之纪（如杨佩《职林》、孙逢吉《职官分记》），谱录之体（如陶弘景《刀剑录》、李孝美《钱谱》），牒乘之编（如梁元帝《同姓名录》、陆龟蒙《小名录》），以及诲童蒙（如李瀚《蒙求》、李伉《系蒙求》），益劝戒（如于立政《类林》、田锡《咸平御屏风》），资博物（如高承《事物纪原》、董斯张《广博物志》）诸作，方之类书，亦已不同，悉从沙汰，转免糅杂。盖兼收并蓄，则如朱紫之易淆；慎取明辨，则同泾渭之终别。孔子曰："必也正名乎"，不其然邪！

虽然，类事之书，林林总总，亦有循形虽似，而察实则非者，《锦带》、《仙苑编珠》之属是也（今本《锦带书》，题梁昭明太子萧统撰。《直斋书录解题》作《锦带》，梁元帝撰，入史部时令类。《仙苑编珠》，王松年撰，《宋志》入子部道家神仙类）。亦有循形虽非，而察实则是者，《李峤杂咏》、《书叙指南》（《李峤杂咏》，唐李峤撰。《书叙指南》，宋任广撰）之属是也。名实玄纽，鉴别似难，然苟按其取材之范围，考其部居之方法，核其纂辑之旨意，则苍素立辨，夫何模棱之有！故以今兹之义界，衡往古之著作，则历来所谓类书，其真能宛尔合符，名实兼备者，亦不过十之三四而已。榛楛不剪，本质终亏，廓而清之，傥亦无违辨章学术之意欤？

缘起第二

稽类书之缘起，其所从来远矣。姬周之末，治《春秋》者，有抄撮之学。虽其书久佚，体例已不可详，而捃摭旧文，借便观览，其用意固与后世类书略似。

《史记》卷十四《十二诸侯年表》云："铎椒为楚威王傅，为王不能尽观《春秋》，采取成败，卒四十章，为《铎氏微》。"按：《汉志》，《铎氏微》三篇。

刘向《别录》云："《左氏传》三十卷，左丘明授曾申，申授吴起，起授其子期，期授楚人铎椒。铎椒作《抄撮》八卷，授虞卿；虞卿作《抄撮》九卷，授荀卿；荀卿授张苍。"（孔颖达《春秋左传正义》卷一引）按：《汉志》"《虞氏微传》二篇，赵相虞卿。"虞卿，赵孝成王时人。姚振宗《汉书艺文志条理》卷一之下疑《虞氏微传》与《抄撮》非一书，然无确据。《汉志》又有《张氏微》十篇，张氏失名，或即张苍。由铎椒至张苍，凡四传，皆为抄撮之学。

及嬴秦代兴，首同文字，其时李斯、赵高之徒，并有撰作，皆规模史籀，以教学童；而分别部居，多所载述，盖亦以供缓急可就而求焉。自后司马相如、史游，递效其体，更加恢广，其性质遂渐与类书相近。

《汉书·艺文志》云："《史籀篇》者，周时教学童书也，与孔氏壁中古文异体。《苍颉》七章者，秦丞相李斯所作也；《爰历》六章者，车府令赵高所作也；《博学》七章者，太史令胡毋敬所作也；文字多取《史籀篇》，而篆体复颇异，所谓秦篆者也。……武帝时，司马相如作《凡将篇》，无复字。元帝时，黄门令史游作《急就篇》；成帝时，将作大匠李长作《元尚篇》；皆《苍颉》中正字也，《凡将》则颇有出矣。”按：李斯作《苍颉篇》，以篇首有“始有苍颉”句，遂以名篇；《爰历》、《博学》、《凡将》、《急就》皆仿之。郑玄注《周礼》，引《苍颉·鞄㼌篇》，又引《柯欘篇》，是其篇目之可考者。《凡将》、《急就》亦皆分部总事，详后。

颜师古《急就篇注叙》云：“《急就》者，其源出于小学家。昔在周宣，粤有史籀，演畅古文，初著大篆。秦兼天下，罢黜异书，丞相李斯，又撰《苍颉》，中车府令赵高，继造《爰历》；太史令胡毋敬，作《博学篇》；皆所以启导青衿，垂法锦带也。逮至炎汉，司马相如作《凡将篇》，俾效书写。多所载述，务适时要。史游景慕，拟而广之，元、成之间，列于秘府。虽复文非清靡，实有可观者焉。然而时代迁革，……渐就讹舛，……遂使博闻之说，废而弗闻，备物之方，于兹寝滞。”按：《急就》体例，全准《凡将》。《急就》首姓氏名字，次服器百物，终文学法理，部次颇为不苟；则《凡将》当亦如之。程大昌《演繁露》，称二书语度规制全同，其信然矣。

晁公武《郡斋读书后志》卷一云：“《急就》者，谓字之难知者，缓急可就而求焉。”

然此二者，犹属类书之远源；至其直系之祖祢，则当溯之九流之杂家。盖六经以后，百氏竞兴，虽醇醨不同，要皆自抒其独见。其兼儒、墨，合名、法，著一书而成于众手，裒群言而自立一宗者，厥为杂家。

按：《说文》：“杂，五采相合也。”《汉书》卷八十五《谷永传》：“杂焉同会。”注：“杂谓相参也。……杂焉，总萃貌。”是杂字本含纠合义。《隋志》：“杂者，兼儒、墨之道，通众家之意，以见王者之化无所不冠者也。”（按：此本《汉志》，以语较分明，故用之。）然则杂家也者，谓融合诸家，自成一说者也。自后世目录学家误为驳杂，此类之书，遂无统纪（《四库提要》卷一一七杂家小序云“杂之义广，无所不包”，即误解之一例)，不知古义初不如是也。以学者沿讹，迷其本始。故为附订于此。

杂家始于《吕览》，其书大抵撢取往说，区分胪列，而古今巨细之事，靡不综贯。相其体制，益近类事家言；然犹漱润增华，非徒以襞襀为事。

汪中《述学·补遗·吕氏春秋序》：“司马迁谓不韦使其客人人著所闻，以为备天地万物古今之事。然则是书之成，不出一人之手，故不明一家之学，而为后世《修文御览》，《华林遍略》之所托始。《艺文志》列之杂家，良有以也。”

及《淮南内外篇》继作，采诸子之精粹，纳之部类，始纯以聚博为工；后世之类书，实造端于此。

黄震《日钞》卷五五云：“《淮南鸿烈》者，淮南王刘安，以文辩致天下方术之士，会粹诸子，旁搜异闻以成之，凡阴阳、造化、天文、地理，四夷百蛮之远，昆虫草木之细，瑰奇诡异，足以骇人耳目者，无不森然罗列其间，盖天下类书之博者也。”

钮树玉《匪石先生文集》卷下《论淮南子》云：“类书之端，造于《淮南子》。古者著书，各道其自得耳，无有裒集群言，纳于部类者。秦之吕不韦，始聚能文之士，著为《吕览》；而其言则自成一家，且多他书所未载，非徒涉猎也。至《淮南》一书，乃博采群说，分诸部类，大旨宗老、庄而非儒、墨。虽泛滥庞杂，醇疵互见，而大气浩汗，故能融会无迹，则探索之力亦深矣。”按：《淮南》之书，多取之《文子》，而分析其言；更杂以《吕氏春秋》、《庄》、《列》、《邓析》、《慎子》、《山海经》、《尔雅》诸书，及当日所召宾客之言而成。

然则类书创体之早，乃在秦、汉之间矣。

洎乎西京以降，词赋炳蔚。赋家之心，包括宇宙，总揽人物，博物洽闻，信称多识。故如马、扬、班、张之赋，不啻为汉世名物制度之专书，而得之者，即以当类书读。

《三国志·魏志》卷十一《国渊传》云："《二京赋》，博物之书也。世人忽略，少有其师，可求能读者从受之。"

章学诚《校雠通义》十五之二云："古之赋家者流，原本《诗》、《骚》，出入战国诸子。……征材聚事，《吕览》类辑之义也。虽其文逐声韵，旨存比兴，而深探本源，实能自成一子之学，与夫专门之书。"

袁枚《历代赋话·序》云："古无志书，又无类书。是以《三都》、《两京》，欲叙风土物产之美，山则某某，水则某某，草木鸟兽则某某，必加穷搜博访、精心致思之功。是以三年乃成，十年乃成；而一成之后，传播遐迩，至于纸贵洛阳。盖不徒震其才藻之华，且藏之巾笥，作志书、类书读故也。"

意其施手之始，亦必标书志义，先掇古人菁英，而后以供驱遣；

章学诚《文史通义·文理篇》云："韩退之曰，'记事者必提其要，纂言者必钩其玄。'其所谓钩玄提要之书……盖亦不过寻章摘句，以为撰文之资助耳。此等识记，古人当必有之；如左思十稔而赋三都，门庭藩溷，皆著纸笔，得即书之。今观其赋，并无奇思妙想，动心骇魄，当借十年苦思力索而成。亦必标书志义，先掇古人菁英，而后足以供驱遣耳。"

则与后来之作类书，亦无以异，特其所作者，今不可见耳。

迨至后汉，抄撮之风又起（《校雠通义》二之六谓抄书始于葛洪，其说非是）。其始尚止限于史书，

《隋书·经籍志》云："自后汉以来，学者多钞撮旧史，自为一书；或起自人皇，或断之近代，亦各其志。"

姚振宗《后汉艺文志》卷二云："史钞之学，起于后汉，而

其书则自卫飒《史要》始。”按：姚书史部史钞类著录之书，凡六家六部，其目如下：

卫飒《史要》十卷，周树《洞历》十篇，《古历注》，侯瑾《皇德传》三十卷，应奉《汉事》十七卷，荀爽《汉语》。

此外杨终有删太史公书十余万言（见《后汉书》卷七八本传），当亦是史钞，姚书入之正史，似未允。

其后浸假及于众籍，

按：《隋志》经、子、集三部，亦各有书钞，合计不下五六十种，皆三国、六朝时人所作。

至三国而大盛：或潜心坟素，躬自迻誊；

《三国志·魏志》卷一《武帝纪》裴注云：“（帝）抄集诸家兵法，名曰《接要》。”按：《隋志》著录《兵书接要》十卷，《兵法接要》三卷，俱魏武帝撰。接要或作捷要，或作辑要，均即节要。武帝曾祖讳节，故改。又卷九《曹爽传》注云：“（桓）范尝抄撮《汉书》中诸杂事，自以意斟酌之，名曰《世要论》。”

按：《隋志》，《世要论》入法家。

又《蜀志》卷二《先主传》注引先主遗诏敕后主云：“闻丞相为写《申》、《韩》、《管子》、《六韬》一通，已毕，未送道亡，可自更求!”又《吴志》卷八《阚泽传》云：“泽好学，居贫无资，常为人佣书，以供纸笔。所写既毕，诵读亦遍。……泽以经传文多，难得尽用，乃斟酌诸家，刊约礼文及诸注说，以授二宫。”

或假手文士，专事抄撰。

《魏志》卷二《文帝纪》云：“帝好文学，以著述为务，自所勒成，垂百篇。又使诸儒撰集经传，随类相从，凡千余篇，号曰《皇览》。”

计其所成，亦有两类：其一，虽经复写，面目犹与原书无殊；其二，稍加部署，杼轴已视旧本为异。前者略如写书官所为（汉武帝时置写书官，见《汉志》），其用特以流传古籍而已，与类书尚无涉；而后者含咀英华，裁成类例，实已粗具真正类书之型式。故《皇览》一书，昔人并推为千古类书之权舆。

王应麟《玉海》卷五四云：“类事之书，始于《皇览》。”

《四库提要》卷一二三陆楫《古今说海》提要云：“考割裂古书，分隶门目者，始魏缪袭、王象之《皇览》。”又卷一三五吴淑《事类赋》提要云：“类书始于《皇览》。”

孙冯翼《问经堂丛书》辑本《皇览》序云：“其书采集经传，以类相从，实为类书之权舆。”

按：此外如邵晋涵、章学诚等，亦主此说，兹不赘引。

由今考之，其书作者六七人，

按：《皇览》作者，诸史记载不一：有谓王象撰者（《魏志》卷二三《杨俊传》注引《魏略》），有谓刘卲撰者（《魏志》卷二一卲传），有谓桓范、王象等撰者（《魏志》卷九《曹爽传》注引《魏略》），有谓王象、缪袭等撰者（《史记索隐》卷一），有谓缪卜等撰者（《隋志》），有谓韦诞等撰者（《御览》六〇一引《三国典略》），后人颇滋疑义（如梁章钜《三国志旁证》，即疑王象《皇览》与刘卲等所撰者不同）。然《魏志·文帝纪》明云“使诸儒”，则诸儒实俱曾奉诏，不必执一人也。

又按：孙冯翼疑缪袭、缪卜本一人（《皇览序》），姚振宗则谓缪十一作缪卜，盖即缪袭（《三国艺文志》）。确否未敢定，当以阙疑为是。

分部四十余，字数数百万，

《魏志·杨俊传》注云："《皇览》合四十余部，部有数十篇，合八百余万字。"

侯康《补三国艺文志》卷四云："《御览》礼仪部三十九，引《皇览冢墓记》二十余条，《水经注》引《皇览》十三条，言冢墓者十之九，冢墓盖即四十余部中之一。《御览》卷五百九十又引《皇览》记阴谋，疑亦书中篇名也。《论语》三省章《释文》，称《皇览》用鲁读六事，则兼及经义。此《魏文帝纪》所谓撰集经传、随类相从者，盖后世类书之滥觞，故无所不包矣。"

姚振宗《三国艺文志》卷三云："案《御览》数引《皇览·逸礼》，即《汉志》所谓《礼古经》多三十九篇，刘子骏《移书让太常博士》，称《逸礼》三十九，是也。王莽时立博士，汉末尚未亡，故《皇览》亦具载之。又《陈思王传》注，臣松之案，田巴事出《鲁连子》，亦见《皇览》，文多不载；是《皇览》中有《鲁连子》。又《说郛》中有缪袭《尤射》一篇，亦似《皇览》逸文。其所收集者多矣。"按：《史记索隐》卷一云："《皇览》，书名也。记先代冢墓之处，宜皇王之省览，故曰《皇览》。"揆司马贞之意，似以《皇览》为专记冢墓之书。盖止见裴骃《集解》唯引冢墓记中语，己又未睹本书，遂强成其说耳，殊为失考。

又按：《汉书》卷九一《货殖传》云："昔粤王句践困于会稽之上，乃用范蠡、计然。"颜师古注："计然者，濮上人也。博学无所不通，尤喜计算。尝南游越，范蠡卑身事之。其书则有《万物录》，著五方所出，皆直述之。事见《皇览》及《中经簿》。"据此，知《皇览》中有计然事，此又侯、姚两氏所未及。

且历时数载始成，

《杨俊传》注云："（王象）受诏撰《皇览》……从延康元年（公元220年）始撰集，数岁成，藏于秘府。"

较之后世《太平御览》、《册府元龟》诸大书，未遑多让。言类书者，此诚其巨擘矣。惟惜其书李唐时已不得见，

孙冯翼《皇览序》云："阮孝绪《七录》所载，本六百八十卷，至隋而仅存一百二十卷。唐时之本，则何承天所合并，亦著于《七录》，而阙一卷。……又徐爰《合皇览》五十卷，《唐志》称八十四卷……缪氏旧著，唐人已未及见，后更无论矣。"

姚振宗《三国艺文志》云："案《皇览》当是千余卷，至梁存六百八十卷，至隋存一百二十卷，至唐惟有何、徐两家抄合本，而魏时原本亡；至宋并合抄本亦亡。"

按：沈亚之《秦梦记》引《皇览》云："秦穆公葬橐泉祈年宫下。"（《沈下贤集》卷二）则中唐时合并本犹有存者，其全佚当在唐末。

故承学之士，蔽所希闻，遂有谓类书始于齐、梁者，

晁公武《郡斋读书志》卷十四云："齐、梁间士大夫之俗，喜征事以为其学浅深之候；梁武帝与沈约征栗事，是也。类书之起，当在此时。"按：后人祖述此说者尚众，不更繁引。

得非数典忘祖乎！

罗颀《物原》："汉刘歆始作类书。"按：刘歆《七略》分六艺、诸子等类，罗氏遂谓之类书，初不知簿录之书与类书实不相涉也，其说尤不足辨。颀，明人。

至类书所以滥觞于魏世者，亦自有故。原夫由汉至魏，文体丕变，单行浸废，排偶大兴，文胜而质渐以漓。

近人刘师培《论文杂记》云："由汉至魏，文章迁变，计有四端：西汉之时……大抵皆单行之语不杂骈俪之词。……东京以降，论辩诸作，往往以单行运排偶之词，而奇偶相生，致文

体迥殊于西汉。建安之世，七子继兴，偶有撰著，悉以排偶易单行；即非有韵之文，亦用偶文之体；而华靡之作，遂开四六之先，而文体复殊于东汉。其迁变者一也。西汉之书，言词简直，故句法贵短。或以二字成一言，而形容事物，不爽锱铢。东汉之文，句法较长，即研炼之词，亦以四字成一语。魏代之文，则合二语成一意。由简趋繁，昭然不爽。其迁变者二也。西汉之时，虽属韵文，而对偶之法未严；东汉之文，渐尚对偶。若魏代之文，则又以声色相矜，以藻绘相饰，靡曼纤冶，致失本真。其迁变者三也……"

其时操觚之士，驰骋华辞，而用事采言，益趋精密。

近人黄侃《文心雕龙札记》云："汉、魏以下，文士撰述，必本旧言，始则资于训诂，继则引录成言（汉代之文，几无一篇不采录成语者，观二《汉书》可见），终则综辑故事。"

于是记问之学，缘以见重。

按：汉、魏间文人，如荀悦、应奉、祢衡、曹植、孔融、王粲、刘巴、尹默、李撰、陈术等，皆以博闻强识，为时所称。

其或强记不足，诵览未周者，则乞灵抄撮，效用谀闻，期以平时搜辑之勤，借祛临文翻检之剧；故网罗欲富，组织欲工，类书之体，循流遂作。是知一物之微，亦为时代之所孳育，其来有自，非偶然也。

体制第三

分类之书，《尔雅》最古。其书十九篇，有属文者，有属事者，有属器物者。

按：《尔雅》一书，如《释天》、《释地》、《释山》、《释水》、《释草》、《释木》、《释鸟》、《释兽》、《释虫》、《释鱼》，物之属也；《释器》、《释宫》、《释乐》，器之属也；《释亲》，事之属也；《释诂》、《释训》、《释言》，文词之属也。

盖析其类而分之，则草木虫鱼之属，与字义门目各殊；统其类而言之，则解释名物，亦即解释字义。故《尔雅》一书，所包甚广。其后用其例以正名辨物者，则有《广雅》、《要雅》诸训诂书；

《广雅》，魏博士张揖撰。《七录》，四卷，今本十卷。《要雅》，梁尚书左丞刘杳撰。《梁书》，五卷，今佚。

用其例以比事纂言者，则有《皇览》、《遍略》诸类书。惟训诂书之分类，属事者最略；而类书之分类，则属事者最详，此其异也。

类书编排之法，或以类分，或以字分。以类分者，分门而隶事；以字分者，按部以检字。由今言之，前者与百科全书差近；而后者则字典、辞书之侪也。类谓事类，如天文、地理之属是；字谓辞藻，即前人所谓“体面话头”者是。然此特就其大较而言，若细别之，则以类分者，又有专收一类与兼该众类之殊；以字分者，又有齐句首字与齐句尾字之异。专收一类者，封域有定，体近专门，虽子目或分，而征材不杂；如《白朴》、《诗苑类格》之类是也。

唐白居易在翰院时，取当时书诏批答词，编类以为矜式，禁中号为《白朴》，凡三卷，见王楙《野客丛书》卷三十。宋李淑宝元中为翰林学士，奉诏编《诗苑类格》三卷，上卷分三门，中卷分三十门，下卷分七十门，皆论诗学，见王应麟《玉海》卷五四。

兼该众类者，巨细毕陈，意取综合，虽山包海汇，而各适厥用，如《艺文类聚》、《太平御览》之类是也。

《艺文类聚》分四十八门，每门各分子目；《太平御览》分五十五部，每部亦各分子目。

此二种在类书中为数最多。至齐句尾之体，实创于唐颜真卿之《韵海镜源》，后世之韵府仿之。

《四库提要》卷一三六《佩文韵府》提要云："考《唐书·艺文志》载颜真卿《韵海镜源》二百卷，释皎然《陪颜使君修韵海毕东溪泛舟饯诸文士》诗，有'外史刊新韵，中郎定古文，菁华兼百氏，缃雅备三坟'句，其自注又有'鲁公著书，依《切韵》起东字脚语；然则分韵隶事，始自真卿，今其书不传。宋、元间作者颇夥，谓之'诗韵'。其传于今者，惟《韵府群玉》为最古。"

按：《韵海镜源》之卷数及体例，唐封演《闻见记》卷二记述最详。封氏云："天宝末，平原太守颜真卿撰《韵海镜源》二百卷，未毕，属蕃寇凭陵，拔身济河，遗失五十余卷。广德中为湖州刺史，重加补葺，更于正经之外，加入子、史、释、道诸书，撰成三百六十卷。其书于陆法言《切韵》外，增出一万四千七百六十一字。先起《说文》为篆字，次作今文隶字，仍具别体为证，然后注以诸家字书。解释既毕，征九经两字以上，取其句末字编入本韵；爰及诸书，皆仿此。自有声韵以来，其撰述该备，未有如颜公此书也。"据此，则知此书实三百六十卷（《新唐志》及《唐会要》并同），《提要》谓为二百卷者，盖指其原书言之也。又《崇文总目》著录此书，作十六卷，是宋初亡佚已多矣。

齐句首之体，则始于清康熙末年诏撰之《骈字类编》，近时之辞书似之。

又《骈字类编》提要云："唐以来隶事之书，以韵为纲者，自颜真卿《韵海镜源》以下，所采诸书，皆齐句尾之一字，而不齐句首之一字。惟林宝《元和姓纂》、邓椿《古今姓氏书辨证》、元人《排韵事类氏族大全》，以四声二百六部分隶诸姓，于复姓齐其首一字，使以类从。然皆书中之变例，非书中之通例也。凌迪知《万姓统谱》，随姓列名，体例略如韵府；然亦以首一字排比其人，非记事纂言之比也。我圣祖仁皇帝，天裁独运，始创造是编，俾与《佩文韵府》一齐尾字，一齐首字，互为经纬，相辅而行。"

又《简明目录》卷一四《骈字类编》提要云："所采诸书词藻，并括以二字，而以上一字类从。凡一千六百有四字，分隶为十有三门。周亮工《书影》，谓韵府惟齐句尾一字，欲创一书，齐句首一字，以便检核，举一白字为例。然其书未成，至是乃为类书补此一体云。"

若夫类书纂组之体，其始大抵排比旧文，次其时代而已，《华林遍略》以前，无异轨也。自后世踵事增华，体制遂多新创。有用偶句者，如《语对》、《初学记》是；

《四库提要》卷一三五《事类赋》提要云："《隋书·经籍志》所载，有朱澹远《语对》十卷，又有《对要》三卷，《群（按：群当作众）书事对》三卷，是为偶句隶事之始。然今尽不传，不能知其体例。高士奇所刻《编珠》，称隋杜公瞻撰者，伪书也。今所见者，唐以来诸本，骈青妃白，排比对偶者，自徐坚《初学记》始。"

按：朱澹远，荆州人，梁湘东王功曹参军。其书，《金楼子·著书篇》作三帙三十卷，至隋仅存一帙，至宋全佚。《初学记》三十卷，唐集贤院学士徐坚等撰，今存。其书前为叙事，次为事对，次为诗文，非全篇皆作对语也。然后来以偶句隶事之书，胥受此书影响。

又按：《后汉书·蔡邕传》称邕上封事七事，其五云："诸生竞利，作者鼎沸……，下者连偶俗语，有类俳优。"观中郎此文，知排比对偶之风，后汉已有，特史不言其成书与否耳。

又按：虞世南《兔园策》，纂古今事为四十八门，皆偶丽语。其书成于隋末，在《初学记》前，则偶句之体不自徐坚始也。又，陆贽《备举文言》，摘经史为偶对类事，共四百五十二门；李途《记事新书》，采掇故事，缀为偶俪之句，亦四百余门。敦煌写本古类书之一种（伯二五二四写本），按类隶事，集为对偶，由二字至三字，其非对偶者仅十之三，体例略与《初学记》同。由此可知，偶句之体，唐代颇多。

有用骈语者，如《骈语雕龙》、《何氏类熔》是；

《骈语雕龙》四卷，明游日章撰。其书以骈偶之词，类隶古事，盖合《初学记》、《事类赋》而一之。《何氏类熔》三十五卷，明何三畏撰。其书取类书典故，以骈语联络成文，每类各为一篇，以便记诵。盖亦即《事类赋》之意，但不为韵语耳。

有用诗体者，如《李峤杂咏》、《鹿门家钞》是；

《新唐志》，《李峤杂咏》十二卷。《宋志》作《李峤新咏》一卷。今《佚存丛书》本分为上下二卷，共诗一百二十首。其书熔铸故实，谐以声律，实为以诗体隶事之始。《玉海》卷五五称张说作《事对》十卷，采经史，属辞比事，间以诗语记之，是此体唐初多有。道济与巨山同时，其成书未知先后；但道济书既非全篇皆用诗语，则创始之功，要当属之巨山矣。《鹿门家钞》九十卷，唐皮日休撰。其书亦以五言诗类事，见《通志》卷六九。

有用赋体者，如《翰苑》，《稽瑞》是；

以赋体隶事者，《四库提要》以为始于吴淑《事类赋》，然考此体宋以前实已有萌柢，淑特踵为之耳。近人罗振玉《唐写本古类书三种跋》云："第三种约存百行，以偶句为题目，颇似李淑（按：李当作吴）《事类赋》，但有句无篇耳，殆为《事类赋》所自昉。予于东友内藤博士许，见日本天长八年所撰《秘府略》残卷，第八百六十四及八百六十六，均引张楚金《翰苑》，亦以偶句为题目，而注事实于下，与此正同。或此残卷即《翰苑》耶？"

按：《翰苑》，《崇文总目》即未著录，其佚已久。今日本尚残存一卷，见服部宇之吉《佚存书目》。

《稽瑞》一卷，唐刘赓撰。按：此书《宋志》列之杂家，《崇文总目》列之传记。然观其书，考事以为对，切对以为句，并自为之注，其体例与《事类赋》正同，故《八千卷楼书目》改入类书。据赓自序，其书殆仿颜之推《稽圣》而作，则其渊源尤古矣。

有用摘字体者，如《文选双字类要》、《史记法语》是。

《文选双字类要》，《宋志》四十卷，无撰人姓名。《书录解题》作三卷，苏易简撰。《史记法语》八卷，洪迈撰。

按：自后汉以来，学者专钞一书，自成一编者，为数颇众，而六朝尤盛。惟其书多不传，不能详其体例。以意度之，当是采其宏规巨制，未有甄录微文碎辞者也。迨乎汴宋以降，始多离析文句，摭拾词藻者。迹其流别，亦有数派。杭世骏《汉书蒙拾序》云："杨大雅之《博闻》，林钺之《汉隽》，洪迈之《精语》，搜嵬琐，侈斧藻，此吾所谓识其小者也。《博闻》根据典实，不采虚文；《汉隽》标举新奇，兼收常语；《精语》但取美辞，竟遗诠释。余特参措三书之间；抉摘微奥，慎而不漏，该而不侈，虽因实创，用贻来学。"此其言可谓详明。然如杨侃《两汉博闻》之类，虽亦有标目，而不分门类，似尚未可谓之类书也。

又按：温庭筠有《学海两字》，见《宋志》（《新唐志》作《学海》），似摘字之体，唐代已有。

自余如《四八目》、《小学绀珠》之属，则分门类而系以数目；

陶潜《四八目》、王应麟《小学绀珠》，皆以数目分隶故实。

《鸡肋》、《骈志》之属，则聚古事而校其异同：

宋赵崇绚《鸡肋》、明陈禹谟《骈志》，皆以古事之相类或相反者，排比成编。

则皆类书之别格，而后来相沿不废者也。此外，清潘之藻撰《类类编》（无卷数），分十集二十部，每部之中各分子目；其子目分类，又俱依部目为次；每类于部目后，又间缀"剩语"一目，以收其无可归者。此于古今类书外，又自成一体。周中孚称其"创类书之所无，以补前人之阙典"；又云："是编脱去旧套，织成新样，亦超轶前后之作也。"（《郑堂读书记》卷六十二）推许甚至。斯又异军突起，自树一帜者矣。历代类书之体例，大略不出此数式矣。

上述种种，犹就形式而言；若论千余年来类书之内容，则有三变焉。最古类书，大都专辑故事（如《皇览》、《遍略》）；稍后乃有摺拾字句者（如《语对》、《语丽》）；更后则事文兼采（如《类聚》、《初学记》）。故类事之书，其始多混入史、子，而后来又往往与总集参合。所以然者，类书初兴，本以资人君乙夜之览，故于古制旧事，最为详悉。及其流既广，文家渐用之以备遗忘，

按：高承《事物纪原》卷四，谓类事之书，始于沈约之徒。今考《隋志》杂家著录《袖中记》二卷，《袖中略集》一卷，《珠丛》一卷，并题沈约撰。高氏所言，当即指此。然其书卷帙均少，似系随手抄撮，用以自志者，犹非真作类书也。此

类之书，六朝多有。

词臣渐作之以供遣用，

唐刘悚《隋唐嘉话》云："虞公（按：指虞世南）之为秘书，于省后堂集群书中事可为文用者，号为《北堂书钞》。"韦绚《刘宾客嘉话录》同。

清钱曾《读书敏求记》卷三云："唐人类书，大都为一己采用而作，如《白朴》之类。非若宋人取盈卷帙，谩谰诋欺，殊不足援据也。"

按：《宋志》有《禁垣备对》十卷，当亦书钞之类。

于是采摭遂及于华藻。迨乎科举学盛，士子又据以为射策之资。射策则记览之博，翰墨之华，咸所重视，故事文兼采之体，终乃应运以起。盖供应生于需求，蜕嬗缘乎时会，世间一切事物，靡不如是，固又不第类书为然已。

至于历代类书之分类，亦有可得而说者。考类书莫古于《皇览》，其书凡分四十余部，可谓周详；惟其名目，今已不可详知，末由判其得失。六朝有作，上承《皇览》，下开《类聚》，其演化之迹，最可注意。史称陆罩等撰《法宝联璧》，区分者数岁；

《南史》卷四八《陆罩传》云："简文在雍州，撰《法宝联璧》，罩与群贤并抄掇区分者数岁。中大通六年（公元534年）而书成，命湘东王为序。其作者有侍中国子祭酒南兰陵萧子显等三十人，以比王象、刘卲之《皇览》焉。"

而刘峻《类苑》、徐勉《遍略》，亦号称包罗众有；

唐杜宝《大业杂记》云："秘书监柳顾言曰：梁主以隐士刘孝标撰《类苑》一百二十卷，自言天下之事，毕尽此书，无一物遗漏。梁武心不伏，即敕华林园学士七百余人，人撰一卷，其事类数倍多于《类苑》。"

则其区画必有可观者。惜遗篇零落，今亦无从考见。李唐一代，书多见存，核其类例，视前加密；然分合之际，犹多可议（如《艺文类聚》之分类，即多未允，详见《四库提要》卷一三五）。宋及元、明，于此事无甚改进，大率因循旧贯而已。清代纂修类书，始知措意及此，故其分门别目，斟酌于繁简之间，独便于用；而《类类编》一书，摆落陈套，自出杼机，尤称辨析精详。

按：《类类编》已见上文。

盖类书之兴，本以供检索之用；分类愈精，则检索愈便，效用亦愈大。若条例不清，界画不明，每考一事，往往可彼可此，猝不易得其部分，则亦何贵有类书乎？今后倘有更撰类书者，是亦所宜留意之一端矣。

此外又有一事，为治类书者所当知，即世行旧籍中，往往有非类书而可作类书观者。如《文选》李善注、《三国志》裴松之注，以及杜、韩、苏、黄诸家集注之类，典故详博，引据无误，读之既学文笔，又猎词藻，其用或反胜于俗谬类书；故学者往往精熟，以为馈贫之粮。又字书如《尔雅》、《说文》、《广韵》之类，其注旁罗曲载，靡所不该，足以广异闻，资多识，而古今精字善句，亦汇聚焉。文章采色本之于此，则词句斑璘，根底深厚（汉赋即如此），取径犹高于比类之家剿袭字句者一等；故文家亦时时取阅，盖即以之作类书之用。凡此种种，其体制虽与类书有殊，而前人所以利用之者，则与类书无别，故兹亦连类及之云。

盛衰第四

类事之书，历代多有，而总其最盛，厥有三期：曰齐梁，曰赵宋，曰明清。初唐风尚，踵武六季，故为叙次之便，并于第一期论之。各期概况，试为扬榷如下：

自魏文《皇览》以后，流风所被，六朝之帝室皇枝，名卿硕彦，靡不延揽文学，抄撰众籍，而齐梁时尤盛。《隋志》著录类书凡二千余卷，

按：《隋志》杂家著录类书，自《皇览》至《书钞》，凡十一家，二千零十二卷（此依姚振宗说，实数尚不止此）。

其成书多在齐梁之间；而《隋志》所未著录者，合诸史所记，犹有千余卷，亦皆出自齐梁人手。

按：齐有《史林》三十篇，《四部要略》一千卷。梁有《法宝联壁》三百卷，《学苑》一百卷，皆《隋志》所未收。

纂辑之业，诚彬彬矣。唐人继之，益恢郛郭，合两《唐志》及诸簿录所载，卷帙近万（其中大部分皆唐初人所撰），其致力之勤，成书之众，较之齐梁，盖又过之。考其所以致然之故，良由六代及初唐，俪辞盛行，其时文人，如宋画吴冶，唯务刻镂，而声色之美，与夫字句之工，至是讲求遂密（《文心雕龙·丽辞》分对偶为四种，《文镜秘府论三·论对》又谓对有二十九种，盖逐渐加密）。观当时隶事之书渐多，

按：王俭尝集文学士，总校虚实，类物隶之，谓之隶事。

隶事自此始也。见《南史·王摛传》。以偶句隶事之书，六朝有《对林》十卷，《语对》十卷，《对要》三卷，《众书事对》三卷（均见《隋志》），《编珠》四卷（见《宋志》），唐有《笔语类对》十卷，《应用类对》十卷，《韵对》十卷，《燕公事对》九卷（亦见《宋志》）。

征事之风大畅，

胡应麟《少室山房笔丛》卷三九云："六代文人之学，有征事，有策事。征者，共举一物，各疏见闻，多者为胜；如孝标对被、王摛夺簟之类是也。策者，暗举所知，令人射复，中者为优；如沈约得三、刘显失一之类是也。齐梁之交，此风特盛，亦犹晋之清言。大约征者如杞不足征之征，策者即汉世射策之策。然梁武与刘峻征锦被事，亦谓策者，自上临下之词，实非策也。惟隶事与征义同。六朝策事，唐宋校士，悉其遗风。惟征事绝不复睹，仅段成式、温庭筠以一物传简往来，遂成卷轴。又段尝出猎，得兔数十头，遗父寮属，每头疏事若干其下。比僚属传观，无一重者。"按：齐梁间士大夫喜征事以为其学浅深之候，晁公武《郡斋读书志》已言之，惟所说不逮胡氏之详耳。今就《南史》考之，陆澄、王摛、刘峻、沈约诸传所记，征事之类也；陆云公、何宪、刘显、萧励（见《吴平侯景传》）、张绾、韦载、虞荔、姚察、崔慰祖诸传所记，策事之类也。合而观之，足以知其俗矣。

而行文之际，又喜捃拾细事，争疏僻典，

锺嵘《诗品序》云："颜延、谢庄，尤为繁密，于时化之，故大明、泰始中，文章殆同书钞。近任昉、王元长等，词不贵奇，竞须新事，尔来作者，浸以成俗。遂乃句无虚语，语无虚字，拘挛补衲，蠹文已甚。"按：齐梁人士，如任昉、王僧孺等，史并称其多用新事，人所未见，可与记室此言参证。

段成式《酉阳杂俎》卷十二云："燕公（按：指张说）尝读

王勃《夫子学堂碑颂》，自‘帝车’至‘太甲’四句（按：原文云：‘帝车南指，遁七曜于中阶；华盖西临，高五云于太甲’），悉不解，访之一公（按：指僧一行）。一公言，北斗建午，七曜在南方；有是之祥，无位圣人当出。华盖以下，卒不可悉。”考杨炯为勃集作序，颇称其有变革文体之功，而其好用僻典如此，则犹六朝余习矣。

则其俗尚可知也。唯其如是，故抄书之业，巾箱之书，遂大流行于此一时期中。

《南史》卷二二《王筠传》云：“其自序云：‘余少好抄书，老而弥笃，虽遇见瞥观，皆即疏记，后重省览，欢兴弥深；习与性成，不觉笔倦。自年十三四，建武二年乙亥（公元495年），至梁大同六年（公元540年），四十载矣。幼年读《五经》，皆七八十遍，爱《左史春秋》，吟讽常为口实，广略去取，凡三周五抄；余经及《周官》、《仪礼》、《国语》、《尔雅》、《山海经》、《本草》，并再抄；子、史、诸集，皆一遍。未尝倩人假手，并躬自抄录，大小百余卷。不足传之好事，盖以备遗忘而已。”

又卷五十《庾肩吾传》云：“肩吾……为晋安王国常侍，……在雍州，被命与刘孝威、江伯摇、孔敬通、申子悦、徐防、徐摛、王囿、孔铄、鲍至等十人，抄撰众籍，丰其果馔，号高斋学士。”

又卷七一《杜之伟传》云：“（之伟）补东宫学士，与学士刘陟等抄撰群书，各为题目。”

又卷四一《衡阳元王传》云：“（萧）钧常手自细书，写五经，部为一卷，置于巾箱中，以备遗忘。侍读贺玠问曰：‘殿下家自有坟素，何须蝇头细书，别藏巾箱中？’答曰：‘巾箱中有五经，于检阅既易，且一更手写，则永不忘。’诸王闻而争效为巾箱五经。巾箱五经，自此始也。”按：叶德辉《书林清活》卷二“巾箱本之始”条引晋葛洪《西京杂记序》，谓有刘歆《汉书》二卷，在巾箱中，尝以自随。据此，则巾箱本之出现，又在萧钧之前。

《金楼子》卷二《聚书篇》云:“又聚得细书《周易》、《尚书》、《周官》、《仪礼》、《礼记》、《毛诗》、《春秋》各一部。又使孔昂写得《前汉》、《后汉》、《史记》、《三国志》、《晋阳秋》、《庄子》、《老子》、《肘后方》、《离骚》等,合六百三十四卷,悉在一巾箱中,书极精细。”《隋志》集部三总集类有《巾箱集》七卷,不著撰人。按:《隋志》列此书于《文选》、《文心雕龙》之间,则当亦梁人所作。

按:唐以前书籍无刻本,故抄书成要事,六朝士大夫,尤喜为此,至成风气。观上录数事,可见一斑。盖当时书籍流通,固恃抄写;而崇尚数典隶事之骈语,亦恃抄写以助记忆也。唐时文人,犹有此习,如张文琮、李袭誉、汪绍宗、韦述、柳仲郢等,史皆称其好写书,可证。自后世雕板发明,此风稍稍衰矣。

此其有助于类书之发达,《缘起篇》已申论之矣,盖其时风气之可考者如此。

迨至赵宋,此风弥盛。于时官方开局编撰,成书实多;而私家著述,亦复猥众。《宋志》著录类书一一三九三卷,倪灿《补志》,又补二三四一卷,而诸家书目新增别出者,尚所在多有。其数量之富,前此概乎未之或闻也。其中如兴国之《太平御览》,景德之《册府元龟》等,采摭铨择,动溢千卷,一时称盛事焉。尝试推寻所由,亦有三故:一者四六之体,宋人最工;华藻饾饤之习,亦宋人最尚;而四六全在类编古语,豫蓄待用,故比次之业,缘此而兴。

刘埙《隐居通议》卷二一云:“宋初承唐习,文多俪偶,谓之昆体。至欧阳公出……旧格遂变,风动景随,海内皆归焉。然朝廷制诰,缙绅表启,犹不免作对。虽欧、曾、王、苏诸大儒,皆奋然为之,终宋之世不废,谓之四六,又谓之敏博之学,又谓之应用。士大夫方游场屋,即工时文;既擢科第,舍时文即工四六。不者,弗得称文士。大则培植声望,为他年翰苑词掖之储;小则可以结知当路,受荐举,虽宰执亦或以是取人，盖当时为一重事焉。……当时士君子，率皆殚精覃思，铸出伟词，诚多精妙不可泯者，要亦文明盛时习尚然也。南渡以来，名公著作，多见梓刻，海宇诵习，近世尤多。”按：唐代一切应用文字，上起诏敕，下至判辞书牍，无不用近体文，即所谓四六。文体绮丽，盖齐梁之遗风，而庾信之影响尤大。太宗躬自提倡，此体转盛。其时文士不能作四六，即无由仕进，故在宦途较歌诗更受重视。宋人作文，有论著、应用二体，其分自宋初始。其所谓论著，尚贵有自得之见；而应用则往往依仿成格，掇拾前人语句，其体多用四六，故有“依样葫芦”之诮。其时流行之书为举业资者，有吕祖谦《百段锦》之类（见元程端礼《读书分年日程》）；而制诰家、词科家亦多自编用（见下引王应麟《玉海·辞学指南》）。刘氏谓宋承唐习，即指此而言。又按：埙字起潜，宋末南丰人。

谢伋《四六谈麈》云：“四六全在类编古语。唐李义山有《金钥》，宋景文有一字至十字对，司马文正亦有《金桴》，王岐公最多。”按：《金钥》、《金桴》，均不传。今存《徽言》一卷，亦司马光撰。书后陈振孙跋载光自题其末云；“余此书类举人抄书，然举人所抄猎其辞，余所抄核其意；举人志科名，余志道德。”所谓举人抄书猎其辞，正可与谢氏语互证。

叶梦得《避暑录话》卷上云：“前辈作四六，不肯多用全经语，恶其近赋也。……自大观后，时流争以用经语为工；于是相与裒次排比，预蓄以待用。”

二者，科举学盛，人皆欲速其读书，故多自作类书，以为作文预备；而书贾牟利，亦多所刊布。

王应麟《辞学指南》云：“西山先生（按：指真德秀）曰……（题目）又有不可测者，如宣和间顺州《进枸杞表》，固非场屋中出；万一试日或遇此题，平时不知枸杞为何物，焉能作灵根夜吠（按：綦崇礼作《贺进枸杞表》，有灵根夜吠之句，用苏轼诗‘灵庞或夜吠’，出白居易《枸杞诗》，见张端义《贵耳集》卷上）之语哉？须灯窗之暇，将可出之题，件件编类，如

《初学记》、《六帖》、《艺文类聚》、《太平御览》、《册府元龟》等书，广收博览，多为之备。”《四库提要》卷六五《南朝史精语》提要云：“南宋最重词科，士大夫多节录古书，以备遣用。其排比成编者，则有王应麟《玉海》，章俊卿《山堂考索》之流。”

又卷一三五《源流至论》提要云：“宋自神宗罢诗赋，用策论取士，以博综古今参考典制相尚，而又苦其浩瀚，不可猝穷，于是类事之家，往往排比联贯，荟萃成书，以供场屋采掇之用。其时麻沙书坊，刊本最多。”按：此种书，宋人谓之“编类之书”，见岳珂《愧郯录》卷九。

按：韩愈《短灯檠歌》云：“太学儒生东鲁客，二十辞家来射策；夜书细字缀语言，两目眵昏头雪白。”（《全唐诗》卷三百四十）此所谓“缀语言”，即指采撷群言，博记故事，储以为对偶之资。愈所自撰《西掖雅言》五卷及陆贽《备举文言》三十卷，皆摘经史为对偶，亦即此类之书。又，据洪迈《容斋随笔》卷三，知唐时试士不禁挟书，至宋初则多有钞略古今文赋者。又《五笔》卷七，谓白居易与元稹尝“结集策略之目，其数至百十，各有纤锋细管笔携以就试”，则知宋代此种风气，李唐时已启之矣。

三者，宋初削平诸僭，降臣聚朝，虑其才无所施，或怀怨望，于是丰其廪饩，使撰不急之书，困老英雄，允推长策。然则当时类书之盛，非特缘于学术风气，抑且有政治作用推移其间矣。

《隐居通议》卷十三云：“宋初编《文苑英华》之类，尤不足采。或谓当时削平诸僭，其降臣聚朝，多怀旧者；虑其或有异志，故皆位之馆阁，厚其爵禄，使编纂群书，如《太平御览》、《广记》、《英华》诸书。迟其岁月，困其心志，于是诸国之臣，俱老死文字间。世以为深得老英雄法，推为长策。”

按：《贵耳集》卷中，称唐太宗作文学馆，皆用陈、隋旧臣；宋太宗取诸国名士入弘文馆修书，亦祖其遗意。其说在《通议》前，则知历代君主牢笼人才之法，大率如是，又不仅有宋为然矣。此类书之盛，所以多在玉步初更之时欤？

又按：明谈恺《太平广记序》、胡应麟《少室山房笔丛》卷二九，所说与刘氏《通议》略同，不更赘引。

然类书之盛，要推明代及清初为造其极，齐、梁、唐、宋犹不逮焉。《明志》著录类书二七一八六卷，而《永乐大典》一书即占二二九三七卷（包括凡例及目录六十卷）。其书辑入图书七八千种，举凡经、史、子、集、释藏、道经、戏剧、平话、医药、工技、农艺等门类，无所不包。搜集之宏富，卷帙之浩繁，实古今所仅见。原书体例及纂辑始末，清代以来，学者多有考订，而以《四库提要》所述为较详。

《四库提要》卷一三七《永乐大典》提要云："明永乐元年（公元1403年）七月奉敕撰。二年十一月奏进，赐名《文献大成》。总其事者为翰林学士兼右春坊大学士解缙，与其事者凡一百四十七人。既而以所纂尚多未备，复命太子少保姚广孝、刑部侍郎刘季篪与缙同监修……与其事者凡二千一百六十九人。于永乐五年（公元1407年）十一月奏进，改赐名曰《永乐大典》。……考《明实录》载成祖谕解缙等，称尝观《韵府》、《回溪》二书（案：回溪，《回溪史韵》也），事虽有统，而采摘不广，纪载太略，尔等其如朕意，凡书契以来，经史子集百家之书，至于天文、地志、阴阳、医、卜、僧、道、技艺之言，备辑为一书，无厌浩繁云云。故此书以《洪武正韵》为纲，全如《韵府》之体。其每字之下，详列各种书体，亦用颜真卿《韵海镜源》之例。惟其书割裂庞杂，漫无条理。或以一字一句分韵；或析取一篇，以篇名分韵；或全录一书，以书名分韵。与卷首凡例多不相应，殊乖编纂之体。疑其始亦如《韵府》之体，但每条备具始末，比《韵府》加详。今每韵前所载事韵，其初稿也。继以急于成书，遂不暇逐条采掇，而分隶以篇名。既而求竣益迫，更不暇逐篇分析，而分隶以书名。故参差无绪至于如此。然元以前佚文秘典世所不传者，转赖其全部全篇收入，得以排纂校订，复见于世。"

按：《永乐大典》之卷数，各书所记颇有不同。《明实录》作二万二千二百一十一卷，《明史·艺文志》作二万二千九百卷，而姚广孝等《进永乐大典表》及成祖序则作二万二千九百三十七卷。《四库提要》以《明实录》、《明志》为字画之误。至于册数，则或作一万一千九十五本（《明实录》及姚表），或作一万一千九十本（钱大昕《十驾斋养新录》卷十三引朱国祯说），亦略有参差。可参看缪荃孙、袁同礼等人所作《永乐大典考》。

《大典》卷帙过巨，当时未能刊木，仅有写本，藏南京文渊阁。永乐十九年（公元1421年），迁都北京，书亦北运，贮于新皇宫内。嘉靖四十一年（公元1562年），禁中火，世宗亟命救出，得不毁。又明年，诏徐阶等摹抄副本，至隆庆元年（公元1567年）始告成。从此正副本分藏两处。明祚既倾，正本亡佚。副本传至清代，乾隆时已散失二千四百余卷。咸丰十年（公元1860年），英法联军入侵，翰林院所藏《大典》多为帝国主义者劫走。光绪元年（公元1875年），点检已不足五千册。二十六年（公元1900年），八国联军入京，《大典》又被焚毁、盗劫，止存六十四册。计自成书至此，五百五十余年间，几经沧桑，零落略尽。此一部大书保存之文献资料至丰，而其所遭受之灾难亦特多、特重，可为浩叹！清末，《大典》移存京师图书馆，后转入今北京图书馆。解放后，经有关方面多年搜集，益以国内外公私所赠之原抄本及复制本，共得八〇〇卷左右。近年，中华书局据以影印，流布始较广，然仅约当原书总卷数百分之三而已。

《大典》编次无法，实为字书、韵书、类书、丛书之混合物，体例殊不纯；兼之深藏宫禁，得见者稀，故其影响不如清代所刊诸类书之巨。康熙、雍正两朝对撰辑类书颇为注意，其时所作，体例益精，种类益繁，数量益巨，检索亦益便。盖类事之书，至是而始尽其用。就中长编鸿制，如《渊鉴类函》、《佩文韵府》之类，网罗之富，既已度越往时；

《四库提要》卷一三六《渊鉴类函》提要云："计其卷数，

虽仅《太平御览》之半（按：《御览》一千卷，《类函》四百五十卷），然《御览》以数页为一卷，此则篇帙既繁，兼以密行细字，计其所载，实倍于《御览》。自有类书以来，如百川之归巨海，九金之萃鸿钧矣。《佩文韵府》、《骈字类篇》，皆亘古所无之巨制，不数宋之四大书也。”

而《图书集成》一书，卷帙盈万，广大精详，尤为古今中外所未有。

陈梦雷《松鹤山房集·上诚亲王汇编启》云：“自揣五十年来，无他嗜好，唯有日抱遗编。今何幸大慰所怀，不揣蚊力负山，遂以一人独肩斯任。谨于康熙四十年（公元1701年）十月为始，领银雇人缮写。蒙我王爷殿下颁发协一堂所藏鸿编，合之雷家经、史、子、集，约计一万五千卷。至四十五年四月内告成。分为汇编者六，为志三十有二，为部六千有零，凡在六合之内，巨细毕举。其在《十三经》、《二十一史》者，只字不遗；其在稗史、子、集，十亦只删一二。以百篇为一卷，可得三千六百余卷。若以古人卷帙计之，可得万余卷。……较之前代《太平御览》、《册府元龟》，广大精详，何止十倍！”

按：《古今图书集成》，原名《汇编》，后改今名。其书发凡起例，皆出陈氏一手。康熙、雍正两朝，又先后开馆重辑，续有增益。今本一万卷，又目录四十卷，即雍正初年重订者也。梦雷字则震，一字省斋，侯官人。启中所称诚亲王，名胤祉，清圣祖第三子。

又按：殿板《图书集成》，每页十八行，每行二十字，每卷平均约一万字，全书一万卷，当有一万万字。英人翟理斯（L. Giles）云：“十一版之《大英百科全书》，为字约四千万。译中国文言百字，约需英文一百五十字，故《图书集成》一书，可谓大于最巨之英文百科全书三四倍。”

此固由当时帝王事事争胜往古，而亦因后世文籍日富，凭借日厚，有以致之。胡应麟曰：“凡经籍缘起，皆至简也，而其卒归于至繁。”（《少室山房笔丛》卷二）证之《图书集成》，足以验其言矣。

虽然，无平不陂，无往不复，饾饤掇拾之风，极而将返，亦实自清初启之。盖类书大备之后，学子乐其随取皆给，便于剽窃，科场中遂竞恃为怀挟之具。

《九朝圣训》卷一六云："嘉庆十九年甲戌闰二月壬申上谕：内阁御史辛从益奏请厘正文体，严禁怀挟一摺，所奏是。……近日士子，罔知潜心正学，猎取诡异之词，挦撦饾饤，以艰深文其浅陋，敝习相沿，大乖文体。况……剽窃胥钞，竞为怀挟，以售其欺，尤属大干功令。科场特派亲信王大臣搜检，原以禁绝弊端，近日亦颇疏懈，并著申谕遵照定例，认真搜查，毋得视为具文！"按：此虽未明言士子所怀挟者何书，然观下文所引《姚元之传》，则知当为《类典》之类矣。嘉庆时去清初未远，而其士风如此，岂非导之者有渐欤？

流弊所在，相扇成风，浸假而人人冀图诡遇，士习日以浇薄，故嘉庆时乃不得不出以严禁。

《清史列传》卷四二《姚元之传》云："姚元之，安徽桐城人。嘉庆……十九年三月，充会试同考官；五月，提督河南学政。二十年三月，奏请严禁坊刻《类典》等书。谕曰：士子研经稽古，于《五经》、《三传》，自应遍读全书，融铸淹贯，发为文章，方足以觇学识。乃近多钞录类书，剿袭摭拾，冀图诡遇，不可不严行饬禁！该学政随时查禁，责令销毁外，岁科考拔生童，有仍将此等类联钞录者，即摈弃不录，以正文风，而端士习。"

按：元之字伯昂，姚鼐族孙。

又按：俞正燮《癸巳存稿》卷十四引岳珂《愧郯录》及《明史·陈幼学传》等文献，谓宋、明均曾严禁科场书，然所禁不全为类书。俞氏又谓嘉庆二十年三月禁坊刻《四书典制类联》及《四书人物类典串珠》等书。道光十四年七月，提督衙门又获《文海题备》等四千八百五十本，交刑部，则皆类事之书矣。其中之《四书人物类典串珠》，当即《姚元之传》之《类典》。

而其时朴学适亦大兴，种学绩文之士，群视类书为鄙陋，咸不之贵。

按：清代朴学，至乾、嘉间而极盛。其时治朴学者，第以类书供辑佚之助，决无恃为作文之糗粮者。

风气所播，时向一变，于是类书之购求日少，纂辑日希，而前人所著，流传亦浸以不广矣。千余年来之类书，盖至是乃大衰。

综上所述，可知类书之升降，恒依政治、学术及社会制度诸方面为之进退，而其间尤以政治之关系为切。良以在昔专制时代，统治阶级之好恶，往往可以左右一切。班固有言，盖禄利之道然也。观乎《皇览》之兴，与夫《类典》之禁，则知所谓“以此始必以此终”者，信乎其然矣。

利病第五

类书之兴，邈逾千祀，而为功为过，迄无定论。大抵骛华藻者则喜其聚囤，崇实学者则疾其稗贩，良由见仁见智之不同，遂致或褒或贬之各异；辞说既繁，将何以折衷之哉？此本篇所由作也。

夷考类书之裨于人者，约有五端：夫六艺纷纶，百家踳驳，穷理尽性，则劳而少功；周览泛观，则博而寡要；且或寒家贫士，则艰于购求；或乡曲浅儒，则疏于铨别：学者所以勤苦而难就，皆职此之由矣。若有类书，以博稽众籍，标其菁粹，则守兹一帙，左之右之，俱足以达津梁。其为功易而速，为学精而要，不假从师聚学，区以别矣。此类书之便省览，为裨一也。

欧阳询《艺文类聚序》云："九流百氏，为说不同；延阁、石渠，插架繁积。周流极源，颇难寻究，披条索贯，日用弘多。卒欲摘其菁华，采其旨要，事同游海，义等观天。皇帝……爰诏撰其事且文，弃其浮杂，删其冗长，金箱玉印，比类相从，号曰《艺文类聚》。……俾夫览者易为功，作者资其用，可以折衷今古，宪章坟典云尔。"

李昉等进《太平御览》表云："六籍既分，九流并起，皆得圣人之道，以尽万物之情，足以启迪聪明，鉴昭今古。伏惟皇帝，……博综群言，不遗众善，以为编帙既广，观览难周，故使采摭菁英，裁成类例。"

元李桓《玉海序》云："太史公论儒家者流，其学博而寡要。然则博既难矣，博而要者为尤难。此《玉海》之书，不可以不作，而作之者非先生（按：指王应麟）不能也。……其为书精密渊深，区分胪列，靡所不载。惟无益于用，不足以备讨论者，不以登于简策，岂非所谓博而得要者与？"

亡书三箧，了诵无遗；对策百通，酬据不误：多识君子，信有之矣。然鄗子藉稻，博古者尚莫志于琅琊；刘郎题糕，能诗者或未稽乎糗饵。是知博闻强记，未可责之人人；而中才以下，固不得不资于寻检。寻检之书，类书尚矣。观其囊括古今，包罗巨细，既已极称富备；而又分以部居，裁以类例，如钱就贯，一一秩然。故学者拥此一编，则智珠在握，无俟他求，而觅证取材，随在有逢源之乐。其为便捷，无俟繁言。此类书之利寻检，为裨二也。

柳宗元《柳文惠全集》卷二《西汉文类序》云："文之近古而尤壮丽，莫若汉之西京，班固书传之。吾尝病其畔散不属，无以考其变。欲采此义，会年长疾作，驽堕愈日甚，未能胜也。幸吾弟宗直爱古书，乐而成之。搜讨磔裂，攟摭融结，离而同之，与类推移，不易时月，而咸得从其条贯。森然炳然，若开群玉之府，指挥联累，珪璋琮璜之状，各有列位，不失其序，虽第其价可也。"

明沈际飞《类书纂要序》云："凡今笔舌酬世，有一之不本夫古者乎？古日积日繁，其留者不及于徂者之半也；其述者又不及于留者之半也。以此古人持不论之惑，而承学怀难尽之忧；于是信综览未可以贯串焉。以类相从，如散钱之就索焉。此类书所由贵也。"

语云：长袖善舞，多财善贾。善为文者，平时亦必博收可为文用者，分类裒次，豫蓄以待驱遣，而后临文方无贫窭之患。不然，则仰天曳白，揽笔踌躇，必有悔其积学之晚者。故昔人每教初学多读类书，或自作类书，其用意固不外是。盖类书之兴，本求作者资其用，故其为书，如富家之储材，栋椽枅栱，云委山积，匠者得之，左右采获，应手不穷。此类书之供采摭，为裨三也。

宋俞成《萤雪丛说》卷下云："东莱先生吕伯恭，尝教学者作文之法，先看《精骑》，次看《春秋权衡》，自然笔力雄朴，格致老成，每每出人一头地。"按：《精骑集》本秦少游所作类书（见何孟春《余冬序录》，俞樾《春在堂杂文又编》），东莱盖仿而为之者。《春秋权衡》，当亦东莱作，不知是类书否。

清杨棨《角山楼增补类腋序》云：“琅琊刈稻，陆乂不知，重九题糕，刘郎不敢。以舍人之淹通，诗豪之博雅，何至盲左、《周官》，读犹未熟，竟忘郿国之在何处，粉餈之为何物哉？泛览经史，每多忽略，类次故实，易备参稽。苟于诵习之余，遇事笺记，分别排比，以供驱遣，必无临文傥恍，难于援据之理。则类书虽涉饾饤，载籍中固不可少此一种也。”

陈编旧籍，时有散亡，后人生千载之下，每苦不睹往古之盛。若有类书，以撮其大凡，条其篇目。则原书纵逸，而遗文旧事，往往托以得存，犹可资以补苴罅漏。世行《艺文类聚》、《初学记》、《太平御览》诸编，辑佚家珍逾球璧，爬罗剔抉，不遗余力，而百千种佚书，遂缘以复见于世。此虽非撰集类书者始意所及，然亦由其体裁之善，有以致之，非偶然也。此类书之存遗佚，为裨四也。

宋李廷允《蒲刻太平御览跋》云：“古书佚者多矣，迟任之言，《南陔》之义，已弗睹其全；托诗、书以传者止此耳，非幸欤？《太平御览》一书，皆纂辑百氏要言，凡可帙名者，一千六百有九十，而一篇一章间见特出者弗与。皆承平缣素之盛，多人间未见之书，盼自宝储，出由中秘，书成始得流布世间。爰自南渡而来，延阁竹帛，已费网罗搜采矣。是故君子以为舍是书无以窥梗概而识仿佛。”按：阮元为鲍刻《御览》作序，亦称存《御览》一书，即存秦汉以来佚书千余种。或谓《御览》所引用书，皆因诸家类书之旧，非其书宋初尚存。其说固是，然北宋去古未远，即所采类书，亦皆具有渊源，未可与后来饾饤者一例视之也。

《四库提要》卷一三五《艺文类聚》提要云：“隋以前遗文秘籍，迨今十九不存，得此一书，尚略资考证。宋周必大校《文苑英华》，多引是集；而近代冯惟讷《诗纪》、梅鼎祚《文纪》、张溥《百三家集》，从此采出者尤多。亦所谓残膏剩馥，沾溉百代者矣。”

章学诚《校雠通义》六之二云："六朝诗文集，多见采于《北堂书钞》、《艺文类聚》；唐人载籍，多见采于《太平御览》、《文苑英华》。一隅三反，充类求之，古逸之可采者多矣。"按：近人梁启超《中国历史研究法》第四章亦尝论及类书保存遗佚之功，文繁不录。

《四库提要》卷一三七《永乐大典》提要云："然元以前佚文秘典世所不传者，转赖其全部全篇收入，得以排纂校订，复见于世。……（今）裒辑成编者，凡经部六十六种，史部四十一种，子部一百三种，集部一百七十五种，共四千九百四十六卷。"按：当时尚有虽已辑出而未及列入四库全书者，如《宋元两镇志》、《九国志》之类。又，后人续有所辑，采获亦丰。如徐松《宋会要辑稿》，多至三百六十六卷，其中史料十之七八均为《宋史》及宋代其他史籍所未载，史学家极为重视。凡此诸端，均可见类书对保存遗籍为功至巨。

今之学者，胥知史书不足以尽史，故考订史事者，往往旁搜远绍，以助参验。由是类书遂亦为考订家所不废。良以类书为四部资料所萃，其中保存史实至夥，多有史志所未载者。且史书限于体例，其文不能过于繁芜，故其记事，容未赅备。而类书则门类纷杂，记载纤悉，适足供多方面之印证，披沙简金，往往见宝，是在善读者矣。此类书之资考证，为裨五也。

《四库提要·玉海》提要云："所引自经、史、子、集，百家传记，无不赅具，而宋一代之掌故，率本诸实录、国史、日历，尤多后来史志所未详。"

又《名贤氏族言行类稿》提要云："于有宋一代，纪述颇详。其人其事，往往为史传所不载，颇足以补阙核异。故在宋时，不过书肆俗书，而流传既久，遂为考证家所资。此如汉碑汉印，当时里胥工匠能为之，而一字之存，后世遂宝为古式也。"按：近人陈垣《影印明本册府元龟序》云："《册府》材料丰富，自上古至五代，按人事、人物分门编纂，凡一千一百余门，概括全部十七史。其所见史又皆北宋以前古本，故可以校史，亦可以补史。”所言可与《提要》互参。

上举数事，皆其荦荦大者，其它尚可更仆数也。至世之訾謷类书者，则或讥其荒实学，

《四库提要》类书小序云：“此体一兴，而操觚者易于检寻，注书者利于剽窃，辗转稗贩，实学颇荒。”

《文史通义》卷三《文集篇》云：“著作衰而有文集，典故穷而有类书，学者贪于简阅之易，而不知实学之衰，狃于易成之名，而不知大道之散。”

或议其难凭借，

《文史通义》卷五《答客问》云：“经生习业，遂纂典林，辞客探豪，因收韵藻。晚近浇漓之习，取便依检，各为兔园私策，以供陋学之取携，是比次之业，虽欲如糟粕粪土，冀其化朽腐而出神奇，何可得哉！夫村书俗学，既无良材，则比次之业，难于凭借者一矣。所征故实，多非本文，而好易字句，漓其本质，以致学者宁习原书，怠窥新录；则比次之业，难于凭借者二矣。比类相从，原非著作，而汇收故籍，不著所出何书，一似己所独得，使人无从征信；则比次之业，难于凭借者三矣。传闻异辞，记载别出，不能兼收并录，以待作者之抉择，而私作聪明，自定去取；则比次之业，难于凭借者四矣。图绘之学，不入史裁；金石之文，但征目录；后人考核，征信无从。则比次之业，难于凭借者五矣。专门之书，已成巨编，不为采录大凡，预防亡佚，而听其孤行，渐致湮没；则比次之业，难于凭借者六矣。拘牵类例，取足成书，不于法律之外，多方购备，以俟作者之辨裁。一目之罗，得鸟无日；则比次之业，难于凭借者七矣。”按：实斋所谓比次之业，范围较广，不专指类书，以原文不便割裂，故备录于此。

或疾其滋讹误，

崔述《考信录》提要卷上云："凡人多所见则少所误，少所见则多所误。……故好德不如好色，许允事也，而近世类书以为许浑。韩魏公在扬州与客赏金带围，王珪与陈旭、王安石也，而近世类书以为王曾。晋、宋之事，且犹不免传讹，况乎三代以上，固当有十倍于此者。"

《四库提要》卷一三九《类书纂要》提要云："是编于类书之内，稗贩而成，讹舛相仍，皆不著其出典。流俗沿用，颇误后来。"

故吕书流传，识者即有不成片段之忧；

朱熹《与吕东莱书》云："近见建阳印一小册，名《精骑》，云出于贤者之手，不知是否。此书流传，恐误后生辈，读书愈不成片段也。虽是学文，亦当就全篇中，考其节目关键。又诸家之格辙不同，左右采获，文势反戾，亦恐不能完粹耳。"

虞策盛行，世人亦有遗下《兔园》之诮：

晁公武《郡斋读书志》卷十四云："《兔园策》十卷，唐虞世南撰。奉王命纂古今事为四十八门，皆偶丽之语。是五代时行于民间，村野以授学童，故有遗下《兔园》之诮。"《新五代史》卷五五《刘岳传》云："宰相冯道，世本田家，状貌质野，朝士多笑其陋。道旦入朝，兵部侍郎任赞与岳在其后。道行数反顾，赞问道反顾何为。岳曰：遗下《兔园册》尔。《兔园册》者，乡校俚儒教田夫牧子之所诵也，故岳举以诮道。道闻之大怒。"按：《旧五代史·冯道传》、孙光宪《北梦琐言》均以"遗下《兔园册》"为任赞语。《琐言》又云："北中村墅多以《兔园册》教童蒙，以是讥之。然《兔园册》乃徐、庾文体，非鄙朴之谈，但家藏一本，人多贱之也。"

又按：唐时又有《兔园册府》三十卷，杜嗣先撰。或谓冯道《兔园册》即指此，见王应麟《困学纪闻》卷十四，未知孰是。

其见诟病，固已甚矣。尝试论之，类事之书，其始文人用以自志，利害尚轻；其极遍行于场屋，影响遂大。其书既以挦撦为工，饾饤为富，浅人得之，适投所好，于是相率视为捷径。弊之所至，遂令浮藻陈套，萦绕笔端；真气雅言，转以沉晦。甚或原书束而不观，诵习唯在乎是，则其害更有不可胜言者矣。类书盛行之日，往往文格益卑，空疏弥甚，此昔贤所为迭有纠弹之论也。然古今坟籍，浩如烟海，决非一人之力所能尽藏，所能尽读。流览类书，可以周知著作之大凡，可以略识原书之梗概，其为用诚便。倘更循是以求本书，则辗转踪迹，无容不得；较之研治一问题而茫乎不知何书可供检索者，其难易固甚彰较。然则，知类通方，此其跬步，未可厚非矣。且类书之佳者，如《初学记》、《玉海》之类，或简而能核，或博而得要，亦未可以末流之滥而并薄之。国人治学，向重记诵，初不知编制工具之书，以为执简御繁之道，通才所由难得，未始非其一因。此后倘能多撰类书，使尽其用，则昔之魁儒硕学，穷年莫殚者，今则虽中才亦可从容坐收于衽席之间，则其有助于学术发展，宁有涯乎？《庄子》称不龟手之药，或以封，或不免于洴澼絖。此言乎善用与否，存乎其人也。循斯义也，则知读类书者，或由之多识而蓄德，或由之溺心而灭质，亦系乎所趣而已，于类书何尤焉？

存佚第六

目录之别存佚，自唐释智升《开元释教录》始也。清朱彝尊《经义考》因之，而增成二目：曰阙，曰未见。四者畛分，实便检斠。孙诒让《温州经籍志》又因之，而于存、佚、未见，多所辨析。条贯谊例，益臻邃密。今为此目，即踵用诸家之例。惟类书之兴，历千余年，其间变易流衍，繁赜已极；且旧时诸书所记，书名卷帙，既多牴异，年代撰人，亦失铨贯。将欲研核得失，剖判条源，势须求之专编，非可纳之尺幅。（余拟仿朱氏《经义考》、谢氏《小学考》之例，别撰《类书考》一书，详为考订。惟属草未定，汗青尚无期也。）兹以篇章所限，仅就历代史志及各家簿录所载者，略为删夷骈赘，括正异同，排比钩稽，各以时代为次（前人世次，先后最难分晰。兹编所录，以成书年代为主；若无可考，则以撰人登第或入仕之年为主。处士以卒年为主。卒年不可知，则参稽其同时人之可考者，据以定其时代）。至于姓氏久晦，体例弗详者，及夫旧题撰人，确知假托者，则用丁国钧《补晋书艺文志》之例，别著存疑、黜伪二目，列之篇末。其有诸家簿录失载，而偶为管见所及者，亦附缀之，命曰“补遗”。自维末学敷浅，本不足以窥述作之旨；加以校课煎迫，勉分余晷成此；纰缪夺漏，定知不免，商榷至当，盖有待焉。

魏

《皇览》　《三国志》，千余篇，刘卲等奉敕撰。（《隋书·经籍志》，一百二十卷。注云：梁有六百八十卷，又有一百二十三卷。按：《隋志》所云“梁有”，谓阮孝绪《七录》及梁代诸家书目有之也。顾櫰三《补后汉书艺文志》作一百三十卷，“三”字殆误。）

[佚]

清孙冯翼辑得一卷，在《问经堂丛书》中。黄奭亦辑得一卷，在《汉学堂丛书》中。

晋

《要览》　《旧唐书·经籍志》三卷，陆机撰。(《新唐书·艺文志》同。王尧臣《崇文总目》，二卷。王应麟《玉海》引《书目》，一卷。)

[佚]

元陶宗仪、清马国翰各辑得一卷，见《说郛》及《玉函山房辑佚书》。

宋

《合皇览》　《隋志》，五十卷，何承天撰。(《新唐志》作《并合皇览》一百二十二卷，《旧唐志》无“并合”二字。)　[佚]

《合皇览》　《隋志》，五十卷，又《皇览目》四卷，徐爰撰。(两《唐志》作《并合皇览》，八十四卷。)　[佚]

齐

《史林》　《南齐书》，三十篇，东观学士奉敕撰。(《南史》同，《隋志》未收。)　[佚]

《四部要略》　《南齐书》，一千卷，萧子良集学士撰。(《南史》同。《隋志》未收。)　[佚]

梁

《皇览钞》　《隋志》，二十卷，萧琛钞。　[佚]

《类苑》　《南史》，一百二十卷，刘峻撰。(《隋志》、两《唐志》同。阮孝绪《七录》，八十二卷。《梁书》本传，无卷数。)

［佚］

《华林遍略》 《梁书》，七百卷，徐勉等奉敕撰。（《南史》同。《隋志》，六百二十卷，徐僧权等撰。两《唐志》，六百卷。）［佚］

《寿光书苑》 《隋志》，二百卷，刘杳撰。（《梁书》及《南史》本传均不载。《旧唐志》，杳误香。《新唐志》一本亦误作香。）［佚］

《法宝联璧》 联一作连。《梁书》，三百卷，简文帝敕陆罩等撰。（《南史》同，《隋志》未收。）［佚］

《学苑》 《南史》一百卷，陶弘景撰。（《梁书》本传不载，《隋志》未收。）［佚］

《鸿宝》 《梁书》，张缵撰。（《南史》同。《隋志》，十卷，无撰人姓名。按：宋王微亦有《鸿宝》，见锺嵘《诗品序》。）［佚］

《语对》 《隋志》，十卷，朱澹远撰。（《新唐志》同。梁元帝《金楼子》作三帙，三十卷。陈振孙《直斋书录解题》，一卷。）［佚］

《语丽》 《隋志》，十卷，朱澹远撰。（两《唐志》同。《日本国见在书目》作十一卷。）［佚］

陈

《书图泉海》 《隋志》，二十卷，张式撰。（两《唐志》均作张氏撰，七十卷。按：此书本名渊海，唐人避讳，改为泉。）［佚］

北　魏

《帝王集要》 《隋志》，三十卷，崔安撰。（《新唐志》作崔宏。《魏书》、《北史》宏本传皆不载。按：姚振宗疑此书本宏子浩撰，传讹为崔宏，又转写误为崔安，见《隋书经籍志考证》卷三十。）［佚］

《修文殿御览》 《隋志》，三百六十卷，无撰人姓名。（《北齐书》、《北史》，并称祖珽等奉敕撰。无卷数。《新唐志》作祖孝征等撰。孝征，珽字。按：此书初名《玄洲苑御览》，旋改《圣寿堂御览》，最后始改今名。）

［佚］

清光绪末，法人伯希和（P. Pelliot）于敦煌石室中，发见唐写本类书残卷，近人罗振玉考证，谓即此书。文见《雪堂校刊群书叙录》卷下（刘师培据所引诸书推论，亦疑即《御览》，见所作《敦煌新出唐写本提要》）。洪业驳之，以为是《华林遍略》，文见《燕京学报》第十二期，题为《所谓修文殿御览者》。按：《文渊阁书目》盈字号第五厨有《修文御览》一部，四十五册，阙。又钱谦益《绛云楼书目》，尚列此书，似全帙清初犹存；然钱书真赝未可知，恐不足据。

隋

《长洲玉镜》　《隋志》，二百三十八卷，无撰人姓名。（《北史》、《隋书》，并称虞绰等奉敕撰，无卷数。《旧唐志》作一百三十八卷。唐杜宝《大业杂记》作四百卷，柳顾言等撰。）［佚］

《玄门宝海》　《隋志》，一百二十卷，无撰人姓名。（两《唐志》并题诸葛颖撰。）［佚］

《编珠》　《崇文目》，五卷，杜公瞻撰。（郑樵《通志·艺文略》同。《宋史·艺文志》，四卷。）按：今本《编珠》二卷，题杜公瞻撰，《补遗》二卷，《续编珠》二卷，则清高士奇所辑。《四库提要》颇疑此书出明人伪托，周中孚《郑堂读书记》又疑此书与所补所续均为高士奇一手所撰，然亦无显证，故仍从朱彝尊等所考，列之于此。［阙］

《书钞》　《隋志》，一百七十四卷，无撰人姓名。（两《唐志》并题虞世南撰，一百七十三卷。《崇文目》、《通志》同。《书录解题》、《宋志》及今本，并一百六十卷。晁公武《郡斋读书后志》，一百二十卷。诸家书目多有“北堂”二字，惟《隋志》、《旧唐志》及《崇文目》无。按：世南此书，成于大业中，故《隋志》已著录。书名或作《大唐类要》，或作《古唐类苑》，皆明、清间书贾所改。）

［阙］

唐

《兔园策》 晁公武《郡斋读书志》，十卷，虞世南撰。 [佚]

《艺文类聚》 两《唐志》，一百卷，欧阳询等奉敕撰。 [存]

《麟角》 《宋志》，一百二十卷，欧阳询撰。（《崇文目》、《通志》不著撰人。） [佚]

《群书治要》 治一作理，唐人避讳改。两《唐志》，五十卷，魏征撰。（王溥《唐会要》作《群书政要》。《宋志》十卷。注云：秘阁所录。按：今本四十七卷，阙第四、第十三、第二十共三卷。） [阙]

《文思博要》 《新唐志》，一千二百卷，又目十二卷，高士廉等奉敕撰。（《唐会要》同，无目，《旧唐志》题张大素撰。《通志》同，无目。《玉海》引《中兴馆阁书目》，一卷。《宋志》同。） [佚]

《累璧》 《新唐志》，四百卷，又目录四卷，许敬宗等撰。（《通志》同，《旧唐志》无目。《唐会要》，六百三十卷。） [佚]

《摇山玉彩》 《新唐志》，五百卷，许敬宗等奉敕撰。（《通志》同，《旧唐志》不载。《唐会要》摇作瑶。按：摇又作榣。） [佚]

《策府》 《旧唐志》，五百八十二卷，张大素撰。（《新唐志》，大误太。《通志》作《册府》。） [佚]

《兔园册府》 《宋志》，三十卷，杜嗣先撰。（尤袤《遂初堂书目》，无撰人、卷数。） [阙]

《平台秘略》 《唐书》，无卷数，王勃撰。（《玉海》引勃集序，作《平台钞略》，十篇。） [佚]

《玄览》 两《唐志》，一百卷，武后撰。（《通志》同。） [佚]

《李峤杂咏》 《新唐志》，十二卷，李峤撰。（《宋志》，《李峤新咏》一卷。今本二卷。宋张庭芳有注，今仅存残卷，见王重民《敦煌古籍叙录》。） [阙]

《三教珠英》 两《唐志》，一千三百卷，目十三卷，张昌宗等奉敕撰。（《唐会要》无目。《通志》目十二卷。马端临《文献通考》，三卷。按：此书后改名《海内珠英》。） [佚]

《碧玉芳林》 两《唐志》，四百五十卷，孟利贞撰。(《通志》作四千五十卷，误。) [佚]

《玉藻琼林》 两《唐志》，一百卷，孟利贞撰。(《通志》同。) [佚]

《笔海》 《新唐志》，十卷，王义方撰。(《通志》同。) [佚]

《翰苑》 《新唐志》，七卷，张楚金撰。(《崇文目》、《通志》同。服部宇之吉《佚存书目》，一卷。按：《新唐志》又重出一部，三十卷。) [阙]

《锦带书》 《宋志》，八卷，孟铣撰。(《郑堂读书记》谓："锦带"，出《淮南子》，故取以为书名，不必加"书"字。又谓陈振孙题梁元帝撰，当是宋人附会。) [存]

《玄宗事类》 《新唐志》，一百三十卷。(《通志》作《明皇事类》。焦竑《国史经籍志》作《明王事类》，误。《四库全书总目提要》，疑是张说撰。) [佚]

《燕公事对》 《宋志》，十卷。(《玉海》引《书目》，题张说撰。) [佚]

《珠玉钞》 《通志》，一卷，张九龄撰。(巴黎所藏写本有《杂钞》一卷，首尾完具。题云："《杂钞》二卷，一名《珠玉钞》，二名《益智文》，三名《随身宝》。"卷尾又题："《珠玉新钞》一卷。"刘复有节录本，见《敦煌掇琐》。王重民有考订，见《敦煌古籍叙录》。但诸家均未言是否即九龄此书。) [佚]

《初学记》 《新唐志》，三十卷，徐坚等撰。(《通志》同。) [存]

《十九部书语类》 《新唐志》，十卷，是光乂撰。(《通志》同。《宋志》作晁光乂《十九书类语》，误。《崇文目》作《十九书语类》，脱"部"字。) [佚]

《韵海镜源》 《新唐志》，三百六十卷，颜真卿撰。(《唐会要》同。《崇文目》，十六卷。《通志》、《宋志》作鉴源，避宋太祖祖父赵敬讳改。)

[佚]

清黄奭辑得一卷。

《金銮秀集》　《通志》，二十卷，颜真卿撰。（《宋志》作《金銮秀蕊》，无撰人。焦《志》作《金銮启秀集》。）　［佚］

《青囊书》　《新唐志》，十卷，窦蒙撰。（《通志》同。《宋志》，陆贽撰。）　［佚］

《备举文言》　《新唐志》，二十卷，陆贽撰。（《崇文目》、《通志》、《通考》并同。《宋志》，三十卷。）　［佚］

《警年》　《新唐志》，十卷，陆羽撰。（《崇文目》、《通志》、《宋志》并同。）　［佚］

《词圃》　《新唐志》，十卷，张仲素撰。（《崇文目》、《通志》并同。《宋志》作《询圃》，误。）　［佚］

《元氏类集》　《新唐志》，三百卷，元稹撰。（《通志》同。焦《志》作《元史类集》，误。）　［佚］

《白氏经史事类》　一名《六帖》，又名《事类集要》。《新唐志》，三十卷，白居易撰。（《崇文目》、《通考》、《宋志》并同。《通志》分《白氏经史事类》、《六帖》为二书，《六帖》题于政立撰，误。）

［存］

今本与宋孔传《后六帖》合，共一百卷。

《起予集》　《宋志》，四十卷，姚勖撰。　［佚］

《集类》　《新唐志》，一百卷，刘绮庄撰。（《崇文目》、《通志》、《通考》、《宋志》并同。按：《遂初堂书目》有刘昆山《集类》，王士祯《渔洋诗话》卷中有《昆山编》，当即此书。绮庄官昆山尉。）　［佚］

《集类略》　《新唐志》，三十卷，高丘词撰。（《崇文目》、《通志》丘作邱。焦《志》作高正词，误。据《通志》，此书盖因刘绮庄之书而略之。）　［佚］

《金钥》　《通志》，二卷，李商隐撰。（《宋志》、《玉海》引《书目》、《通考》并同。）　［佚］

《学海》　《新唐志》，三十卷，温庭筠撰。（《通志》同。《崇文目》作二十卷，误。《宋志》作《学海两字》。）　［佚］

《记室新书》　《新唐志》，三十卷，李途撰。（《通志》、《通考》同。《宋志》，三卷。焦《志》作李远，误。《新唐志》文史类又有李太华《掌记略》十五卷、《新掌记略》九卷、林逢《续掌记略》十卷。《宋志》同。均此类之书，并佚。今惟郁知言《记室备要》三卷存，见王重民《敦煌古籍叙录》。）　［佚］

《双金》　《宋志》，五卷，郑嵎撰。（“嵎”一作“喁”。）　［佚］

《皮氏鹿门家钞》　《新唐志》，九十卷，皮日休撰。（《崇文目》、《通志》，无皮氏二字。）　［佚］

《戚苑纂要》　《新唐志》，十卷，刘扬名撰。（苑或作畹，或作英，均误。《通志》云：“记宗族内外亲姻事。”）　［佚］

《戚苑英华》　《新唐志》，十卷，袁说重修。（“说”或作“悦”。）　［佚］

五　代

《玉府新书》　《崇文目》，三卷，不著撰人。（《通志》，梁齐逸人撰。《宋志》作齐逸人《府新书》，脱“玉”字。）　［佚］

《史海》　《崇文目》，十卷，曹化撰。（《通志》同。《宋志》作《两汉史海》。）　［佚］

十　国

《新修唐朝事类》　《崇文目》，十卷，郭廷诲撰。（《通志》唐朝作唐书，廷诲作廷钧。）　［佚］

《四库韵对》　《崇文目》，九十八卷。陈鄂撰。（《通志》同，《宋志》，九十九卷。顾櫰三《补五代史艺文志》，十八卷。）　［佚］

《十经韵对》　《崇文目》，二十卷，陈鄂撰。（《通志》同。）　［佚］

《属文宝海》　《崇文目》，一百篇，郭微撰。（《通志》、《宋志》同。）　［佚］

《备忘小钞》　《郡斋读书志》，十卷，文谷撰。（焦《志》作文仝。）

［佚］

陶宗仪辑得一卷。

《名苑》　《宋志》，五十卷，杨九龄撰。［佚］

《资谈》　《崇文目》，六十一卷，范赞时撰。（《通志》，六十卷。《宋志》，六十卷，不著撰人。）［佚］

《群书丽藻》　《绛云楼书目》陈景云注，六十五卷，崔遵度撰。（顾氏《补五代史艺文志》及汪之昌《补南唐书艺文志》均作一千卷，又目五十卷，朱遵度编。按：《宋史·崔遵度传》及《朱昂传》（朱遵度事迹附见昂传）均不载，据陈振孙《直斋书录解题》卷十五，此书实南唐崔遵度撰，原书一千卷，目录五十卷，至南宋残存六十五卷。）［佚］

《古今国典》　《补南唐书艺文志》，一百卷。徐锴撰。［佚］

《广类赋》　《补南唐书艺文志》，二十五卷。徐锴撰。［佚］

宋

《事类赋》　《书录解题》，三十卷，吴淑撰。（《宋志》同。《通志》作吴叔，误。）［存］

《太平御览》　原名《太平总类》。《崇文目》，一千卷，李昉等奉敕撰。（《通考》、《宋志》同。《通志》多目录十卷。焦《志》分《御览》、《总类》为二书，误。）［存］

《古今类要》　《玉海》二十卷，谢泌撰。［佚］

《太平杂编》　《崇文目》，二卷，张齐贤撰。［佚］

《仙凫羽翼》　《崇文目》，三十卷，曾致尧撰。（《宋志》同。《通志》作僧智晓，误。曾巩《南丰集》有《先大夫集后序》，内称："公所为书号《仙凫羽翼》者二十卷。"巩记其先人著述，必不误。《崇文目》等作三十卷，均非。）［佚］

《学海搜奇录》　《宋志》，六十卷，乐黄目撰。［佚］

《文选抄》　《崇文目》，十二卷，苏易简撰。（《通志》同。）

［佚］

《文选菁英》 《宋志》，二十四卷，苏易简撰。［佚］

《文选双字类要》 《书录解题》，三卷，苏易简撰。［存］

《册府元龟》 《崇文目》，一千卷，王钦若等奉敕撰。（《通志》、《通考》、《宋志》并同。）［存］

《天和殿御览》 《崇文目》，四十卷。晏殊等撰。（《通志》、《书录解题》、《玉海》、《宋志》并同。）［佚］

《类要》 《崇文目》，十五卷，晏殊撰。（《郡斋读书志》，六十五卷。《书录解题》七十六卷，云《中兴书目》七十七卷。《通志》，七十四卷。《宋志》与《中兴书目》同。《玉海》，一百卷，《四库提要》同。《文渊阁书目》，一百六册，阙。）

［未见］

北京图书馆藏钞本三十七卷。

《国史对韵》 《郡斋读书志》，十二卷，范镇撰。［佚］

《迩英圣览》 《玉海》，十卷，丁度撰。［佚］

《鸡跖集》 《通志》，二十卷，不著撰人。（《宋志》，宋庠撰。）［佚］

《群书新语》 《通志》，十卷，方龟年撰。（《宋志》，十一卷。王圻《续文献通考》、焦《志》与《通志》同。）［佚］

《解题》 或作《经史解题》。《通志》，四十五卷，方龟年撰。（王圻《续通考》同。）［佚］

《诗苑类格》 《玉海》，三卷，李淑撰。［佚］

《国朝类要》 《玉海》，十二卷，范师道撰。（《宋志》不著撰人。）［佚］

《春秋经传类对赋》 《宋志》，一卷，徐晋卿撰。

［存］

在纳兰成德《通志堂经解》中，书名无“经传”二字。高士奇有注。

《唐书解题》 《通志》，三十卷，楼郁编。 [佚]

《韵类题选》 《书录解题》，一百卷，袁毂撰。（《通志》，不著撰人。） [佚]

《事类要领》 王圻《续通考》，十卷，何述撰。 [佚]

《蓬山类苑》 王圻《续通考》，无卷数，祝常集。 [佚]

《迩英要览》 《玉海》，二十卷，苏颂等撰。（《宋志》云卷亡。） [佚]

《重校学海》 《玉海》引《书目》，三十卷，马共撰。（《宋志》作《元祐学海》。） [佚]

《书叙指南》 《通志》，二十卷，任广撰。（《书录解题》同。《郡斋读书志》作任浚，《宋志》作书籍，焦《志》作任竣，并误。） [存]

《海录碎事》 《书录解题》，三十三卷，叶廷珪撰。（《宋志》，二十三卷。《四库提要》，二十二卷。） [存]

《后六帖》 《书录解题》，三十卷，孔传撰。（按：《文渊阁书目》、《菉竹堂书目》又有《杨氏六帖》、《项氏六帖》。《杨氏六帖》即杨伯嵒《六帖补》，《项氏六帖》，未知谁撰。） [存]

《左传类对赋》 《宋志》，六卷，毛友撰。 [佚]

《文房纂要》 《宋志》，十卷，王云撰。 [佚]

《唐鲙》 《郡斋读书志》，五十卷，张九成撰。《菉竹堂书目》有池咏《唐鲙》三册。 [佚]

《皇朝事实类苑》 一作《事实类要》。《书录解题》，二十六卷，江少虞撰。（《玉海》、《宋志》同。《四库提要》，六十三卷。钱大昕《竹汀日记抄》同。《佚存书目》，七十八卷。缪荃孙《艺风藏书记》同。按：日本元和活字本，事实作事宝，误。） [存]

《帝王经世图谱》 《书录解题》，十卷，唐仲友撰。（《玉海》、《宋志》同。《四库提要》，十六卷，今本同。） [存]

《观史类编》 《书录解题》，六卷，吕祖谦撰。 [佚]

《群玉义府》 《宋志》，五十四卷，王纶撰。 [佚]

《南北分门事类》 《宋志》，十二卷，吴曾撰。 [佚]

《前汉六帖》 《遂初堂书目》无撰人，卷数。（《宋志》，十二卷，陈天麟撰。） [佚]

《经子法语》　《书录解题》，二十四卷，洪迈撰。（《宋志》同。）　［存］

《左传法语》　《书录解题》，六卷，洪迈撰。（《宋志》作《春秋左氏传法语》。）　［佚］

《史记法语》　《宋志》，八卷，洪迈撰。（《四库提要》同。《书录解题》作十八卷，误。）　［存］

《西汉法语》　《书录解题》，二十卷，洪迈撰。（《宋志》西作前。）　［佚］

《后汉精语》　《书录解题》，十六卷，洪迈撰。（《宋志》同。）　［佚］

《三国精语》　《书录解题》，六卷，洪迈撰。（《宋志》作《三国志精语》。）　［佚］

《晋书精语》　《书录解题》，五卷，洪迈撰。（《宋志》同。）　［佚］

《南史精语》　《书录解题》，十卷，洪迈撰。（今本同。《宋志》，六卷，《四库提要》作《南朝史精语》。）　［存］

《唐书精语》　《宋志》，一卷，洪迈撰。　［佚］

《诸史提要》　《书录解题》，十五卷，钱端礼撰。（《宋志》同。）　［存］

《锦绣万花谷》　《书录解题》，四十卷，续四十卷，无名氏撰。（黄虞稷《千顷堂书目》有续集四十卷，别集三十卷。《郑堂读书记》续集之外，又有后集四十卷。按：别集为后人续增。）　［存］

《杜诗六帖》　《书录解题》，十八卷，陈应行撰。　［佚］

《左氏摘奇》　《书录解题》，十三卷，胡元质撰。（《文献通考》，十二卷。阮元《四库未收书提要》同。）　［存］

《璧水群英待问会元选要》　《四库提要》，八十二卷，刘达可编。（倪灿《宋史艺文志补》作《璧水群英集》。）　［存］

《事文类聚》　倪灿《宋志补》，前集六十卷，后集五十卷，续集二十八卷，别集三十二卷，祝穆撰。（《四库提要》同。焦《志》，二百二十二卷。日本《静嘉堂文库汉籍分类目录》有《新编古今事类全书》，亦分前、后、续、别诸集，卷数全同，当是一书。《郑堂读书记》又有新集三十六卷，外集十五卷，遗集十五卷。）

[存]

《翰墨大全》 《四库提要》，一百二十五卷，刘应李撰。（丁丙《善本书室藏书志》有元刊本，题《新编事文类聚翰墨全书》，一百二十七卷。其中后乙集三卷，乃《元混一方舆胜览》。明刊本及《静嘉堂文库汉籍分类目录》均一百三十四卷，应李字希泌，宋咸淳时人，入元不仕。此书或作刘应、李希泌编，或作熊禾集，均误。）

[存]

《记纂渊海》 焦《志》，一百卷，潘自牧撰。（《四库提要》同。高儒《百川书志》、倪灿《宋志补》并一百九十五卷。王圻《续通考》，无卷数，贾昉之集。） [存]

《玉海》 倪灿《宋志补》，二百卷，王应麟撰。（《四库提要》同。焦《志》，二百七十二卷。） [存]

《小学绀珠》 《宋志》，十卷，王应麟撰。（倪灿《宋志补》、《四库提要》同。） [存]

《源流至论》 《四库提要》，前集十卷，后集十卷，续集十卷，林马同撰。别集十卷，黄履翁撰。（《海源阁藏书目》有元本。） [存]

《皇鉴笺要》 《结一庐书目》，六十卷，林马同 撰。（《皕宋楼藏书志》有明抄本。） [存]

《事林广记》 《静嘉堂文库汉籍分类目录》，前集、后集、续集、别集、新集、外集各二卷，陈元靓撰，明钟景清增补。（《孙氏祠堂书目》，前集、后集各十卷，无撰人。一本题《新编纂图增类群书类要事林广记》，四十卷。） [存]

《山堂考索》 《百川书志》，前集六十六卷，后集六十五卷，续集五十六卷，别集二十五卷，章俊卿撰。（《四库提要》同。焦《志》作《群书考索》，倪灿《宋志补》作《山堂群书考索》。《静嘉堂文库汉籍分类目录》作《山堂先生群书考索》，章如愚撰。俊卿，如愚字。）

[存]

《务学须知》 《宋志》，二卷，邹应龙撰。 [佚]

《史韵》 《书录解题》，四十九卷，钱讽撰。（《宋志》，四十二卷。焦《志》作《回溪史韵》。钱曾《述古堂藏书目》，五十九卷。阮元《四库未收书目提要》，二十三卷。） [阙]

《鸡肋》 倪灿《宋志补》，一卷，赵崇绚撰。(《四库提要》同。《郑堂读书记》，抄本二卷。) [存]

《六帖补》 倪灿《宋志补》，二十卷。杨伯嵓撰。(《四库提要》同。) [存]

《全芳备祖》 倪灿《宋志补》，前集二十七卷，后集三十一卷，陈景沂撰。(《四库提要》同。) [存]

《古今合璧事类备要》 《四库提要》，前集六十九卷，后集八十一卷，续集五十六卷，别集九十四卷，外集六十六卷，谢维新编。(倪灿《宋志补》无古今二字。孙星衍《孙氏祠堂书目》谓别集、外集俱宋虞载撰。) [存]

《诗学大成》 《百川书志》，三十卷，毛直方撰。(《善本书室藏书志》有元刊本《联新事备诗学大成》，亦三十卷。毛直方原编，元林贞增集。贞，一作祯。) [存]

《诗韵大成》 《百川书志》，二卷，胡继忠撰。 [佚]

《书言故事》 倪灿《宋志补》，十卷，胡继忠撰。(静嘉堂文库藏明刊本十二卷，题《书言故事大全》，陈玩直注。) [存]

《群书会元截江网》 《四库提要》，三十五卷，无名氏撰。(倪灿《宋志补》云旧作十六卷，胡煦著。《铁琴铜剑楼书目》有元刊本《新编通用启札截江网》六卷，瞿氏谓与《群书会元截江网》是一人所撰。明弘治本不著撰人名氏，有胡煦序。《静嘉堂文库》藏元刊本，题《新编通用启札截江网》，六十八卷，熊晦仲撰。又宋刊本七十四卷。鄞范氏《天一阁书目·内编》又有《大学新增重修决科截江网》三十二卷，不著撰人名氏，明弘治十一年刊本。存十二卷。按：宋代坊刻以“截江网”名书者甚多，卷数往往不同，未必是一书，更未必是一人所撰。) [阙]

《秘笈新书》 笈一作籍，倪灿《宋志补》，十六卷，谢枋得撰。(内别集三卷，明李廷机补。按：傅增湘《藏园群书题记》卷八谓此书即《翰苑新书》，李廷机即李九我。) [存]

《重广会史》 《宋志》，一百卷，不著撰人。 [存]

《数类》 钱曾《读书敏求记》，四十卷，不著撰人。 [存]

金

《十史类要》　《宋志》，十卷，李安上撰。［佚］

《韵类节事》　倪灿《补辽金元艺文志》，无卷数，郑当时撰。（钱大昕《元史艺文志》作郑昌时。）［佚］

《群书会要》　《补辽金元艺文志》，无卷数，郑当时撰。（《元志》同。钱曾《述古堂书目》，十四卷，无撰人。）［佚］

《泰和编类陈言文字》　《元志》二十卷，完颜纲等修。［佚］

元

《太平广汇》　《补辽金元艺文志》，十集，九十六篇，杨惟中撰。［佚］

《经子类训》　《补辽金元艺文志》，二十卷，白珽撰。（《元志》同。）［佚］

《集翠裘》　《补辽金元艺文志》，二十卷，白珽撰。（《元志》同。）［佚］

《事偶韵语》　《补辽金元艺文志》，无卷数，凌纬撰。（《元志》同。）［佚］

《群书通要》　《四库未收书目提要》，七十三卷，无名氏撰。［存］

《韵府群玉》　《千顷堂书目》，二十卷，阴幼遇撰。（诸家书目并作阴时夫撰。时夫，幼遇字。一本作《新增说文韵府群玉》二十卷。）［存］

《破万总录》　《补辽金元艺文志》，一千卷，唐怀德撰。（《元志》同。）［佚］

《钩玄集》　《补辽金元艺文志》，无卷数，唐怀德撰。［佚］

《经世大典》　《元志》，八百八十卷，目录二卷，赵世延等奉敕撰。（金门诏《补三史艺文志》，目录十二卷。《菉竹堂书目》有《经世大典纂录》一册。）［阙］

《古赋题》　《四库提要》，十卷，又后集十卷，古雍刘氏撰。

［存］

《群书钩玄》　《百川书志》，十二卷，高耻传撰。（《补辽金元艺文志》、《元志》同。）［佚］

《丹墀独对》　《补辽金元艺文志》，十卷，吴黼撰。（《元志》同。）［佚］

《韵府群玉补遗》　《元志》，十卷，钱全衮撰。［佚］

《押韵渊海》　《元志》，二十卷，严毅撰。（《四库提要》作《增修诗学集成押韵渊海》。《宋志补》以毅为宋人。）［存］

《群书类编故事》　《四库未收书目提要》，二十四卷，王莹撰（按：莹，元末明初人，故刊本或题明王莹撰。《皕宋楼藏书志》作王罃。阮元《四库未收书目提要》同。）［存］

明

《群书备数》　《明史·艺文志》，十二卷，张九韶撰。（焦《志》、《四库提要》同。按：此书即《群书拾唾》。九韶，元末明初人，故《百川书志》题元张九韶撰。）［存］

《博文篇》　《明志》，四卷，沈易撰。［佚］

《永乐大典》　《明志》，二万三千九百卷，解缙、姚广孝等奉敕撰。［阙］

《文安策略》　《四库提要》，十卷，刘定之撰。（《八千卷楼书目》同。按：今本作《刘文安公十科策略笺释》。）［存］

《群书纂数》　《明志》，十二卷，袁均哲撰。（《四库提要》作《群书纂类》。）［存］

《韵府续编》　《四库提要》，四十卷，包瑜撰。（《孙氏祠堂书目》作《类聚古今韵府续编》。）［存］

《策府群玉》　《四库提要》，三卷，何乔新撰。［存］

《奚囊手镜》　《明志》，二十卷，杨循吉撰。［存］

《群书策要》　《明志》，一百九十六卷，徐琏撰。［佚］

《中秘元本》　《八千卷楼书目》，二十卷，吕枏撰。（一本题《吕泾野校正事类中秘元本》，二十卷，明任广德编。）［存］

《楮记室》　《八千卷楼书目》，十五卷，潘埙撰。（按：陶宗仪

《说郛》有《楮记室》一卷，亦题潘埙撰。） [存]

《涉览属比》 《四库提要》，四卷，朱文撰。 [存]

《谢华启秀》 《四库提要》，八卷，杨慎撰。（《八千卷楼书目》同。） [存]

《均藻》 《四库提要》，四卷，杨慎撰。（《八千卷楼书目》同。） [存]

《哲匠金桴》 《四库提要》，五卷，杨慎撰。（《八千卷楼书目》同。） [存]

《类隽》 《明志》，三十卷，郑若庸撰。（焦《志》、《四库提要》同。） [存]

《经济要略》 《八千卷楼书目》，四卷，应廷育撰。（按：廷育，嘉靖进士，丁氏以为清人，误。） [存]

《左粹类纂》 《四库提要》，十二卷，施仁撰。（《八千卷楼书目》同。） [存]

《骚苑》 《四库提要》，四卷，前三卷，黄省曾撰；后一卷，张所敬补。 [存]

《博搜录》 《八千卷楼书目》，一卷，桑乔撰。 [存]

《杂俎》 《四库提要》，十卷，刘凤撰。 [存]

《杂纂》 《明志》，四十卷，李先芳撰。《千顷堂书目》作《拾翠轩杂纂》。 [佚]

《策学辑略》 《天一阁书目》，十二卷，不著撰人，弘治刻本。 [阙]

《考古汇编文集》 《天一阁书目》□卷，续集六卷，明傅钺撰。 [阙]

《考古词宗》 《明志》，二十卷，祝叔祺撰。（《四库提要》，祝作况。《天一阁书目内编》亦作况。） [存]

《国宪家猷》 《四库提要》，五十六卷，王可大撰。 [存]

《修辞指南》 《明志》，二十卷，浦南金撰。（《四库提要》、《八千卷楼书目》同。） [存]

《群书纂粹》 《四库提要》，八卷，徐时行撰。 [存]

《兔园杂抄》 《八千卷楼书目》，六卷，归有光撰。 [存]

《强识略》 《明志》，二十四卷，吴楚材撰。（《四库提要》作

四十卷，吴梦材编。）［存］

《正音攟言》　《四库提要》，四卷，王荔撰。［存］

《亘史钞》　《四库提要》，无卷数，潘之恒撰。（《明志》九十一卷，今本八十一卷。）［存］

《赋苑联芳》　《八千卷楼书目》，十五卷，范钦撰。［存］

《古隽考略》　《明志》，十卷，顾充撰。（《四库提要》同。《八千卷楼书目》，六卷。）［存］

《三才考略》　《四库提要》，十二卷，庄元臣撰。［存］

《玉林摘翠》　《明志》，八卷，朱东光撰。［佚］

《天中记》　《明志》，六十卷，陈耀文撰。（《四库提要》、《八千卷楼书目》同。焦《志》，五十卷，误。）［存］

《翰林诸书选粹》　《四库提要》，四卷，张元忭撰。［存］

《黔类》　《明志》，十八卷，郭子章撰。（《四库提要》同。）［存］

《祝氏事偶》　《四库提要》，十五卷，祝彦撰。（《八千卷楼书目》同。）［存］

《广修辞指南》　《四库提要》，二十卷，陈与郊撰。［存］

《左国腴词》　《明志》，八卷，凌迪知撰。［存］

《楚骚绮语》　《四库提要》，六卷，张之象撰。（《八千卷楼书目》同。）［存］

《太史华句》　《明志》，八卷，凌迪知撰。［存］

《文选锦字》　《明志》，二十一卷，凌迪知撰。（《四库提要》、《八千卷楼书目》同。按：以上四书，连同《两汉隽言》共十六卷，亦凌迪知撰，合称《文林绮绣五种》。《明志》以《文林绮绣》为另一书，作七十卷，误。又，刊本题《文选锦字录》。）［存］

《五车韵瑞》　《明志》，一百六十卷，凌稚隆撰。（《四库提要》、《八千卷楼书目》同。据《千顷堂书目》，稚隆名以栋。）［存］

《藻林》　《明志》，八卷，卓明卿撰。（《四库提要》作《卓氏藻林》。）［存］

《稗编》　《明志》，一百二十卷，唐顺之撰。（《四库提要》同。焦《志》作《荆川稗编》，《八千卷楼书目》同。）［存］

《丽藻》　《静嘉堂文库汉籍分类目录》，八卷，邓志谟撰。

［存］

《类编杂说》　《明志》，六卷，彭好古撰。［佚］

《蟫史》　《四库提要》，十一卷，穆希文撰。［存］

《类林》　《明志》，八卷，焦竑撰。［未见］

《喻林》　《明志》，一百二十卷，徐元泰撰。（《四库提要》作元太，《八千卷楼书目》作元大。《孙氏祠堂书目》，八十卷。）［存］

《事物绀珠》　《明志》，四十六卷，黄一正撰。（《四库提要》，四十一卷。）［存］

《类镕》　《明志》，二十卷，何三畏撰。（《四库提要》作《何氏类镕》三十五卷，《八千卷楼书目》同。）［存］

《事词类奇》　《明志》，三十卷，徐常吉撰。（《四库提要》、《八千卷楼书目》同。）［存］

《六经类聚》　《四库提要》，四卷，徐常吉编。［存］

《对制谈经》　《四库提要》，十五卷，杜泾编。［存］

《骈志》　《明志》，二十卷，陈禹谟撰。（《四库提要》、《八千卷楼书目》同。）［存］

《补注北堂书钞》　《明志》，一百六十卷，陈禹谟撰。［存］

《山堂肆考》　《明志》，二百四十卷，彭大翼撰。（《四库提要》、《八千卷楼书目》同。）［存］

《经济言》　《四库提要》，十二卷，陈子壮编。［存］

《事文玉屑》　《明志》，二十四卷，杨淙撰。（《四库提要》同。）［存］

《类山》　《明志》，十卷，刘嗣昌撰。（《四库提要》、《八千卷楼书目》同。按：嗣当作胤，清人避讳改。《千顷堂书目》作《刘氏类山》。）［存］

《八经类集》　《四库提要》，二卷，许獬撰。［存］

《诸书考略》　《明志》，四卷，徐鉴撰。（《四库提要》作《诸书考录》。）［存］

《诸经记数》　《四库提要》，十四卷，徐鉴撰。［存］

《唐类函》　《明志》，二百卷，俞安期撰。（《四库提要》、《八千卷楼书目》同。）［存］

《诗隽类函》　《四库提要》，一百五十卷，俞安期撰。（《八千

卷楼书目》同。) ［存］

《类苑琼英》 《四库提要》，十卷，俞安期撰。 ［存］

《五侯鲭》 《四库提要》，十二卷，彭俨撰。(《八千卷楼书目》同。) ［存］

《经济类编》 《明志》，一百卷，冯琦撰。(《四库提要》、《八千卷楼书目》同。) ［存］

《三才图说》 《明志》，一百六卷，王圻撰。(《四库提要》作《三才图会》，《八千卷楼书目》同。) ［存］

《学海》 《千顷堂书目》，一百六十四卷，茅绚撰。又《学海·君道部》二百三十四卷，饶伸撰。(《明志》同。按：茅绚、饶伸实一人。)

［未见］

旧燕京大学图书馆藏有《学海·君道部》二百三十七卷，目录八卷。现归北京大学图书馆。

《鸿书》 《明志》，一百八卷，刘仲达撰。(《四库提要》、《八千卷楼书目》同。) ［存］

《词丛类采》 《明志》，八卷，又续集八卷，林濂撰。(《四库提要》作《藻轩闲录补续词丛类采》八卷，林瀛撰。未收前集。《千顷堂书目》作《词类丛采》，误。) ［存］

《骈语雕龙》 《四库提要》，四卷，游日章撰。(《八千卷楼书目》作《四六雕龙》。) ［存］

《文苑汇隽》 《四库提要》，二十四卷，孙丕显撰。(《八千卷楼书目》同。) ［存］

《事文类纂》 《明志》，十六卷，陈懋学撰。 ［佚］

《事言要玄》 《四库提要》，三十二卷，陈懋学撰。(按：明刊本题《事言要玄集》，与唐希言所撰书名相同，然非一书。) ［存］

《舆识随笔》 《四库提要》，一卷，杨德周撰。 ［存］

《狮山掌录》 《四库提要》，二十八卷，吴之俊撰。(《八千卷楼书目》同。) ［存］

《诸经纂注》 《四库提要》，三十四卷，杨联芳撰。 ［存］

《骈字凭霄》　《明志》，二十卷，徐应秋撰。（《四库提要》，二十四卷。）　［存］

《玉麒麟》　《八千卷楼书目》，二卷，夏树芳撰。　［存］

《词林海错》　《八千卷楼书目》，十二卷，夏树芳撰。（万历戊午刊本十六卷。）　［存］

《六纬撷华》　《明志》，十卷，詹景凤撰。　［佚］

《金海》　《明志》，一百二十卷，朱谋㙔撰。（此与梁武帝《金海》书名偶同。）　［佚］

《古今类腴》　《明志》，十八卷，陈世宝撰。（一本题王世懋撰。）　［存］

《史学璧珠》　《明志》，十八卷，钱应充撰。（《四库提要》同。《千顷堂书目》，十卷。）　［存］

《问奇类林》　《明志》，三十六卷，郭良翰撰。　［佚］

《玉海纂》　《四库提要》，二十二卷，刘鸿训编。　［存］

《文奇豹斑》　《四库提要》，十二卷，陈继儒撰。（《千顷堂书目》作《文苑豹斑》。）　［存］

《艺林累百》　《四库提要》，八卷，李绍文撰。　［存］

《读书考定》　《文瑞楼藏书目录》，三十卷，程良孺撰。　［存］

《珠玑薮》　《文瑞楼藏书目录》，八卷，西湖散人撰。　［存］

《子史类语》　《明志》，二十四卷，胡尚洪撰。　［佚］

《古俪府》　《四库提要》，十二卷，王志庆编。　［存］

《图书编》　《明志》，一百二十七卷，章潢撰。（《四库提要》、《八千卷楼书目》同。）　［存］

《丽句集》　《四库提要》六卷，许之吉撰。（《八千卷楼书目》同。《千顷堂书目》有《丽句集》十二卷，不著撰人名氏。）　［存］

《清珠渊》　《明志》，十卷，王路撰。　［佚］

《三才杂俎》　《明志》，五卷，沈梦熊撰。　［佚］

《经济八编类纂》　《明志》，二百五十五卷，陈仁锡撰。（孙殿起《贩书偶记续编》作《八编类纂》，二百八十五卷。）　［存］

《潜确居类书》　《明志》，一百二十卷，陈仁锡撰。（《八千卷楼书目》作《潜确类书》。）　［存］

《茹古略》 《明志》，八十卷，程良孺撰。(《四库提要》作《茹古略集》，三十卷。) [存]

《广韵藻》 《四库提要》，六卷，方夏撰。(《八千卷楼书目》同。) [存]

《佣吹录》 《四库提要》，首集二十卷，《次集》二十一卷，文德翼撰。 [存]

《治平通议》 一名《治平全书》，一名《治平略增定全书》，又名《古今治平略》。《八千卷楼书目》，三十五卷，朱健撰。(按：丁氏以朱健为清人，然此书实成于明代，故清《禁书总目》题明朱健撰。) [存]

《古今好议论》 《四库提要》，十五卷，吕一经编。 [存]

《群书备考》 《明志》，二十卷，袁黄撰。(《禁书总目》有《续群书备考》，明袁俨撰，无卷数。) [存]

《诸史同异》 《钦定续文献通考》，六十八卷，李清撰。(《禁书总目》作《诸史同异录》。) [存]

《五经总类》 《四库提要》，四十卷，张云鸾撰。 [存]

清

《渊鉴类函》 《清史稿·艺文志》，四百五十卷，张英等奉敕撰。(《四库提要》、《八千卷楼书目》，卷数同。) [存]

《骈字类编》 《清志》，二百四十卷，吴士玉等奉敕撰。(《四库提要》、《八千卷楼书目》，卷数同。) [存]

《分类字锦》 《清志》，六十四卷，何倬等奉敕撰。(《四库提要》、《八千卷楼书目》，卷数同。) [存]

《子史精华》 《清志》，一百六卷，吴士玉等奉敕撰。(《四库提要》，一百六十卷。《八千卷楼书目》同。) [存]

《佩文韵府》 《清志》，四百四十三卷，张玉书等奉敕撰。(《四库提要》，四百四十四卷。《八千卷楼书目》同。) [存]

《佩文韵府拾遗》 《清志》，一百二十卷，张廷玉等奉敕撰。(《四库提要》，一百十二卷。《八千卷楼书目》同。) [存]

《古今图书集成》 《清志》，一万卷，蒋廷锡等奉敕撰。(《四

库提要》、《八千卷楼书目》并不载。按：此书实陈梦雷撰。） ［存］

《文武渊海》 《八千卷楼书目》，十六卷，蒋廷锡撰。 ［存］

《红豆山庄杂录》 《八千卷楼书目》，不分卷，钱谦益撰。 ［存］

《偶书》 《八千卷楼书目》，一卷，魏际瑞撰。 ［存］

《广群辅录》 《四库提要》，六卷，徐汾撰。 ［存］

《二酉汇删》 《四库提要》，二十四卷，王训撰。 ［存］

《古今疏》 《四库提要》，十五卷，朱虚撰。 ［存］

《三才藻异》 《四库提要》、《清志》，三十三卷，屠粹忠撰。（《八千卷楼书目》同。） ［存］

《三才汇编》 《四库提要》，四卷，龚在升撰，顾理美增补。（《八千卷楼书目》同。《清志》作陈在升，误。） ［存］

《陆生口谱》 《八千卷楼书目》，四卷，陆圻撰。 ［存］

《类书纂要》 《四库提要》，三十三卷，周鲁撰。（《八千卷楼书目》同。金星轺《文瑞楼藏书目录》有《类书纂要》十二卷［北京大学图书馆藏《李氏书目》作《新刊古今类书纂要》，题明龙邱璩昆玉集纂］，与此书名偶同。） ［存］

《李氏类纂》 《四库提要》，五十卷，朱绳远撰。（《清志》，纂作聚。） ［存］

《韵粹》 《四库提要》，一百七卷，朱彝尊撰。（《清志》同。） ［存］

《五经类编》 《四库提要》，二十八卷，周世樟编。 ［存］

《花木鸟兽集》 《四库提要》，三卷，吴宝芝撰。（《清志》同。） ［存］

《古事苑》 《四库提要》，十二卷，邓志谟撰。（《清志》、《八千卷楼书目》同。） ［存］

《行厨集》 《八千卷楼书目》，十八卷，李之澎、汪建封撰。 ［存］

《编珠补遗》 《四库提要》，二卷，高士奇撰。（《清志》同。） ［存］

《续编珠》 《四库提要》，二卷，高士奇撰。（《清志》同。） ［存］

《石楼臆编》 《四库提要》，五卷，周纶撰。［存］

《古事比》 《四库提要》，五十三卷，方中德撰。［存］

《广事类赋》 《四库提要》，四十卷，华希闵撰。(《清志》、《八千卷楼书目》同。)［存］

《事物异名录》 《八千卷楼书目》，四十卷，厉荃撰，关槐增补。(一本三十八卷。)［阙］

《留青新集》 《八千卷楼书目》，二十四卷，陈枚撰。［存］

《类林新咏》 《八千卷楼书目》，三十六卷，姚之骃撰。［存］

《典引辑要》 《四库提要》，十八卷，丁昌遂撰。［存］

《读书纪数略》 《四库提要》，五十四卷，宫梦仁撰。(《清志》、《八千卷楼书目》同。)［存］

《金屑录》 《八千卷楼书目》，不分卷，吴颖芳撰。［存］

《根黄集》 《四库提要》，十卷，杨文源撰。［存］

《三体摭韵》 《四库提要》，十二卷，朱昆田撰。(《清志》同，《八千卷楼书目》作二十卷。)［存］

《考古略》 《四库提要》，八卷，王文清撰。(《清志》同。)［存］

《春秋经传类联》 《四库提要》，无卷数，王绳曾撰。(《八千卷楼书目》有《春秋左传类联》一卷，陆桂森撰。)［存］

《杜韩集韵》 《四库提要》，三卷，汪文柏撰。(《清志》、《八千卷楼书目》同。北京大学图书馆藏《李氏书目》作《杜韩诗句集韵》。)［存］

《格致镜原》 《四库提要》，一百卷，陈元龙撰。(《清志》、《八千卷楼书目》同。)［存］

《鉴古录》 《清志》，十六卷，沈廷芳撰。(《八千卷楼书目》同。)［存］

《考古类编》 《四库提要》，十二卷，柴绍炳撰。(《清志》、《八千卷楼书目》同。)［存］

《文选课虚》 《清志》，四卷，杭世骏撰。(《八千卷楼书目》作一卷，误。)［存］

《汉书蒙拾》 《清志》，一卷，杭世骏撰。［存］

《后汉书蒙拾》 《清志》，一卷，杭世骏撰。［存］

《唐诗金粉》　《清志》，十卷，沈炳震撰。（《八千卷楼书目》同。）　[存]

《类腋》　《八千卷楼书目》，八卷，姚培谦撰。（静嘉堂文库藏原刊本，题姚培谦、张卿云撰。目录云：“残存物部十六卷，地部补遗一卷。《郑堂读书记》，天部八卷，地部十六卷，人部十五卷，物部十六卷。前二部，姚氏撰。后二部，二人合撰。通行本题《角山楼增补类腋》，系赵克宜就姚本增辑，六十七卷，一本二十卷。又坊刻本《类腋补遗》一卷，张翰纯采辑，附《类腋》后。）　[存]

《古学捷录》　《四库提要》，十卷，陈应廖撰。　[存]

《读古纪源》　《四库提要》，九卷，何懋永撰。　[存]

《唐句分韵》　《四库提要》，初集四卷，续集二卷，四集五卷，马瀚撰。（《清志》同。）　[存]

《骈语类鉴》　《四库提要》，四卷，周池撰。　[存]

《骈字分义》　《清志》，二卷，程际盛撰。（《八千卷楼书目》，义作笺。）　[存]

《清河偶抄》　《清志》，四卷，程际盛撰。　[存]

《述古分类编珠》　《八千卷楼书目》，六卷，朱铨、王曰睿撰。　[存]

《方言藻》　《清志》，二卷，李调元撰。（《八千卷楼书目》同。）　[存]

《说文凝锦录》　《八千卷楼书目》，一卷，万光泰撰。　[存]

《千字文萃》　《八千卷楼书目》，一卷，张海鹏撰。　[存]

《经传绎义》　《八千卷楼书目》，五十卷，陈炜撰。　[存]

《齐名纪数》　《清志》，十二卷，王承烈撰。　[存]

《国志蒙拾》　《清志》，二卷，郭廖撰。　[存]

《清异编珠》　《八千卷楼书目》，四卷（刊本二卷），福申撰，杨文楷注。　[存]

《湖雅》　《八千卷楼书目》，九卷，汪日桢撰。　[存]

《玉海摘要》　《八千卷楼书目》，二十一卷，方维翰撰。　[存]

《挛史》　《清志》，四十八卷，王希廉撰。　[存]

《新策》　《八千卷楼书目》，六卷，日本赖襄撰。　[存]

存　疑

《袖中记》二卷（沈约撰。《旧唐志》，一卷，不著撰人。《宋志》，三卷。陶宗仪辑存一卷）。［佚］

《袖中略集》一卷（沈约撰）。［佚］

《珠丛》一卷（沈约撰。汪之昌《青学斋集》卷二十五辑得佚文四十二条，皆解释词义，疑是字书）。［佚］

《采璧》三卷（庾肩吾撰。《旧唐志》作《采璧记》。《通志》，《采璧》十五卷。《宋志》，《彩璧》五卷）。［佚］

《对林》十卷。［佚］

《对要》三卷。［佚］

《众书事对》三卷。［佚］

《要录》六十卷。［佚］

以上《隋志》

《检事书》一百六十卷（《玉海》，二百六十卷。《通志》，《检事书目》一百六十卷）。［佚］

《帝王要览》二十卷（《新唐志》，三十卷）。［佚］

以上《旧唐志》

《王氏千门》四十卷（王洛宾撰。《宋志》，王氏不著名）。［佚］

《事鉴》五十卷（郭道规撰）。［佚］

《穿杨集》四卷（马幼昌撰）。［佚］

《十三家帖》（盛均撰）。［佚］

《瀛类》十卷（韦稔撰）。［佚］

《应用类对》十卷（不著撰人。《崇文目》、《通志》题韦稔撰。《宋志》云一名《笔语类对》）。［佚］

《修文海》十七卷（王博古撰）。［佚］

《锦绣谷》五卷（孙翰撰。《通志》云："锦绣谷乃所居山名"）。

[佚]

以上《新唐志》

《麟角抄》十二卷。[佚]

《唐书类苑》二卷（邵思撰）。[佚]

《群书致类》一卷。[佚]

《九经类义》二十卷（刘济撰。《通志》、《宋志》作《九经类议》。注云：一作义）。[佚]

《雕金集》十卷（不著撰人。《通志》，刘闰国撰。《宋志》，《雕金集》三卷，刘国闰《广雕金类集》十卷）。[佚]

《王氏属对》十卷。[佚]

《经史事对》十卷（《宋志》，三十卷）。[佚]

《文鉴》五卷（不著撰人。《宋志》有沈廖子《文鉴》四十卷，钱侗《崇文总目辑释》疑即此书）。[佚]

《内范要略》十卷（唐武后撰）。[佚]

《文华心鉴》六卷。[佚]

《玉英》二卷。[佚]

《经典正要》三卷。[佚]

《修文异名录》十卷（不著撰人。《宋志》，十一卷，裴说撰）。[佚]

《子谈论》三卷（《宋志》作《诸子谈论》）。[佚]

《白氏传家记》二十卷（《宋志》，传家作家传。焦《志》作王氏，误）。[佚]

《王论家要》四卷。[佚]

《玉屑》二卷（《书录解题》，十五卷）。[佚]

《广略新书》三卷（不著撰人。《宋志》，杨名撰。注云：广一作唐）。[佚]

《琱玉集》二十卷（不著撰人。《日本见在书目》，十五卷。黎庶昌《古逸丛书》影日本旧钞卷子本，二卷）。[阙]

《碎金钞》十卷（高似孙《史略》称，唐人撰）。[佚]

《绣囊》五卷。[佚]

《儒林碎宝》二卷。［佚］

《羊头山记》十卷（徐叔旸撰。《宋志》，旸作阳）。［佚］

《书判幽烛》四十卷。［佚］

《典要》三卷。［佚］

《轺书事类》三卷（《宋志》，书作车）。［佚］

《春秋要类》五卷（《宋志》有《左传类要》五卷，疑即此书）。［佚］

《春秋义鉴》三十卷（郭翔撰）。［佚］

《略玉字》十卷。［佚］

《宝鉴丝纶》二十卷（不著撰人。《通志》、《宋志》作冯洪敏撰）。［佚］

《群书解题》八十卷（郑斋撰。《通志》，斋作齐）。［佚］

《门类解题》十卷。［佚］

《青宫懿典》十五卷（王纯臣撰）。［佚］

《搢绅集》三卷。［佚］

《稽瑞》一卷（刘赓撰）。［存］

以上《崇文总目》

《元穆类事》十类。［佚］

《珊瑚木》十卷。［佚］

《累玉集》十卷（李钦玄撰）。［佚］

《古今纂烦》十四卷。［佚］

《御览要略》（《宋志》作《大孝［一作存］僚御览要略》）。［佚］

《禁垣备对》十卷（《宋志》作王昭远《禁垣备对》）。［佚］

《浅学广闻》十卷。［佚］

《登瀛秘策》三十卷（宋并撰。《宋志》，八卷。策作录）。［佚］

《学选》二十五卷。［佚］

《经语韵对》五卷（郑潾撰）。［佚］

《续韵类选》三十卷。［佚］

《庆历万题》六十卷（钱昌宗编）。［佚］

《玉山题府》三十卷（《宋志》，二十卷）。 [佚]
《壬寅题宝》十卷。 [佚]
《熙宁题髓》十五卷。 [佚]
《注疏解题》三十一卷（周识编）。 [佚]
《千题适变》十六卷（《宋志》作陈贻范《千题适变录》）。 [佚]
《经传集外注题》五十卷（杨损之编）。 [佚]
《新唐书解题》二十卷（章辟光编）。 [佚]
《题海》八十卷。 [佚]
《续题海》八十卷。 [佚]
《韵海》五十卷（许冠编）。 [佚]
《韵类解题》五卷（张孟纂）。 [佚]
《猪肉脔》二十卷。 [佚]
《边崖类聚》三十卷（《宋志》，三十二卷）。 [佚]
《分门类海》一百卷。 [佚]
《典类》一百卷（释守熊编撰。《宋志》作僧守能《典籍》）。 [佚]
《学林》三十卷（陈镃编）。 [佚]
《诸史总要》五十卷。 [佚]
《策苑》四十卷。 [佚]
《群书数类》一卷（林撰编撰。焦《志》作林扶）。 [佚]
《经史子集名数》六卷（《宋志》作《新编经史子集名卷》）。 [佚]

以上《通志·艺文略》

《唐史属辞》。 [佚]
《经史类对》。 [佚]
《采箱子》。 [佚]
《开卷录》。 [佚]
《文选事类》。 [佚]
《文选双事》。 [佚]

《五色线》(《宋志》，一卷。《四库提要》，二卷。阮元《四库未收书目提要》以为宋朱胜非撰。《元志》有邵文伯《浩然翁手抄五色线》三卷，北京大学图书馆藏《李氏书目》有明万历书徐拱辰刻本三卷)。 [存]

《苏氏选钞》。 [佚]

《应用集类》。 [佚]

《六帖学林》。 [佚]

《掞天录》(《宋志》，《掞天集》六卷)。 [佚]

《类题玉册》。 [佚]

《题渊》。 [佚]

《续题府》。 [佚]

《选类》。 [佚]

《文选华句》。 [佚]

以上《遂初堂书目》

《骨鲠集》二十卷(宋人撰)。 [佚]

《书林韵海》一百卷(无名氏撰。或云，宋许冠撰)。 [佚]

《鲁史分门事类赋》三卷(宋杨筠撰。《宋志》，事作属，一卷，无撰人)。 [佚]

《左氏纲领》四卷(宋文济道撰)。 [佚]

《押韵》五卷(宋张孟撰)。 [佚]

《歌诗押韵》五卷(宋杨咨撰。《宋志》作杨谘《古今名贤歌诗押韵》，二十四卷)。 [佚]

《十七史类》七十七卷(三山郑某编)。 [佚]

《西汉总类》二十六卷(沈长卿编)。 [佚]

《秘府书林》二十二卷(张文伯撰，《文渊阁书目》，十册，阙)。 [佚]

《鹿门家钞诗咏》五十卷(宋皮文灿撰。《宋志》，诗作籍。《通志》题《鹿门家钞》九十卷，注云："皮日休编，作五言诗类事")。 [佚]

《群书类句》十四卷(宋叶凤撰。按：《通考》，群原作郡，误。

焦《志》题叶仪凤撰，亦误。《文渊阁书目》，七册，阙。《四库提要》，二十七卷，詹光大撰。撰人、卷数均与此不同，是另一书）。

［阙］

《书林韵会》一百卷（无名氏撰。《宋志》，二十八卷，王敦诗撰。《铁琴铜剑楼书目》有宋刊残本《书林事类韵会》二十七卷，当即此书。陆心源《皕宋楼藏书志》有《眉山重校正浙本书林事类韵会》一百卷，王百禄增辑。二王均宋人）。［阙］

《汉隽》十卷（林越撰。越，一作钺）。［存］

《选腴》五卷（王君撰。《直斋书录解题》作王若）。［佚］

《古今故事录》二十卷。［佚］

以上《通考》

《飞应韵》十五卷（颜休文撰）。［佚］

《古今语要》十二卷（乔舜封撰。顾氏《补五代史志》，语作纪）。［佚］

《册府元龟音义》一卷。［佚］

《集类》三十卷（薛高立撰）。［佚］

《类事》十卷。［佚］

《经史要览》三十卷（尹弘远撰）。［佚］

《章句类纂》十四卷。［佚］

《检志》三卷（李知实撰。实，一作宝）。［佚］

《理枢》七卷（李慎微撰。微，一作徽）。［佚］

《九经对语》十卷。［佚］

《子史语类拾遗》十卷。［佚］

《经语协韵》二十卷（黄彬撰）。［佚］

《语类》五卷（朱澮撰）。［佚］

《十议典录》三卷。［佚］

《学堂要记》十卷（李德孙撰）。［佚］

《搢绅要录》二卷。［佚］

《文场纂要》二卷（段景撰）。［佚］

《文场秀句》一卷（不著撰人。按：《新唐志》题王起撰，入总

集类）。[佚]

《雕玉集类》二十卷。[佚]

《蒋氏宝车》十卷。[佚]

《琼林采实》三卷。[佚]

《丛髓》三卷。[佚]

《文髓》一卷（卢重华撰。重，一作丛）。[佚]

《劲弩子》三卷。[佚]

《玉苑丽文》五卷。[佚]

《叠辞》二卷（段景撰）。[佚]

《金匮》二卷。[佚]

《半臂》十卷（常修撰）。[佚]

《紫香囊》二十卷。[佚]

《穷神记》十卷。[佚]

《事解》七卷（李齐庄撰）。[佚]

《康国集》四卷（李大华撰）。[佚]

《京国记》二卷（文选乔撰。乔一作奇）。[佚]

《皇览总论》十卷。[佚]

《张楚金翰苑注》十一卷（雍公睿撰）。[佚]

《广略》六卷（黎翘撰）。[佚]

《名字族》十卷（杨知恽撰）。[佚]

《白氏玉连环》七卷。[佚]

《白氏随求》一卷。[佚]

《引证事类备用》三十卷。[佚]

《琼林会要》三十卷。[佚]

《青云梯籍》二十卷。[佚]

《南史类要》二十卷。[佚]

《粹籍》十五卷。[佚]

《六朝采要》十卷。[佚]

《十史事语》十卷。[佚]

《十史事类》十二卷。[佚]

《三传分门事类》十二卷。[佚]

《嘉祐新编二经集粹》十卷。[佚]

《鹿革事类》二十卷。[佚]

《文章丛说》十卷。[佚]

《碎玉》四卷。[佚]

《渊海集》百九十五卷。[佚]

《书林》四卷。[佚]

《宝龟》三卷。[佚]

《离辞笔苑》二卷。[佚]

《诗句类》二卷。[佚]

《南北事偶》三卷。[佚]

《珠浦》一卷。[佚]

《重广策府沿革》一卷。[佚]

《鸿都编》一卷。[佚]

《文章库》一卷。[佚]

《十三代史选》三十卷。[佚]

《唐朝事类》十卷。[佚]

《群玉杂俎》三卷。[佚]

《增广群玉杂俎》四卷。[佚]

《分声类说》三十二卷。[佚]

《书林书类》一百卷（《文渊阁书目》有《书林事类》三十一册，残缺，当即此书。《菉竹堂书目》亦有《书林事类》三十一册）。[佚]

《初学须知》五卷（孙应符撰）。[佚]

《古今异偶》一百卷（谯令宪撰）。[佚]

《班史名物编》十卷（王倬撰）。[佚]

《群书故事》十五卷（邓至撰）。[佚]

《故事类要》三十卷（邓至撰）。[佚]

《黉堂要览》十卷（陈彦禧撰）。[佚]

《广六帖学林》三十卷（陈绍重撰）。[佚]

《摭史》四卷（王资深撰）。[佚]

《十子奇对》三卷（萧子美撰）。[佚]

《庄子寓言类要》一卷。[佚]

《三传合璧要览》二卷。[佚]

《三子合璧要览》二卷。 [佚]

《四子合璧要览》二卷。 [佚]

《汉规》四卷（郑大中撰）。 [佚]

《仕途经史类对》十二卷（僧道蒙撰）。 [佚]

《读书记》四卷。 [佚]

《名臣四科事实》十四卷（魏彦惇撰）。 [佚]

《语本》二十五卷（王仲闳撰）。 [佚]

《汉唐事实》十五卷。 [佚]

《国朝韵对》八卷。 [佚]

《引证事类》三十卷（按：此与《引证事类备用》卷数相同，疑是一书）。 [佚]

《古今通编》八卷。 [佚]

以上《宋志》

《敏求机要》十三卷（刘芳实、刘茂实撰。一本题刘芳实编，刘茂实注）。 [存]

《分门古今类事》二十卷（一本题宋宋某撰，见《十万卷楼丛书》，《四库提要》谓是宋如璋之子）。 [存]

《太学新编画一元龟》一百卷（《文渊阁书目》有《画一元龟》十三册，孙星衍《廉石居藏书记》作《类编秘府图书画一元龟》，二十册。又日本有残本，见《佚存书目》）。 [阙]

《四六丛珠》四十卷（明抄本及《静嘉堂文库汉籍分类目录》均作《圣宋名贤四六丛珠》，一百卷，宋叶蕡撰。钱曾《述古堂书目》，四十卷，亦题叶蕡撰。《四库提要》卷一九三则谓叶适撰，又谓王明嶅《四六丛珠汇选》十卷，即此书之节本）。 [存]

《万卷菁华》前集八十卷，后集八十卷（《四库提要》，续集三十四卷。《天一阁书目内编》作《大学增修声律资元万卷菁华》，明抄本，存前集四十九卷）。 [阙]

《增修声律万卷英华》九十二卷。 [佚]

以上倪灿《宋志补》

《事文类聚新集》三十六卷，《外集》十五卷（富大用撰）。［存］

《事文类聚遗集》十五卷（祝渊撰）。［存］

《经史事类书泽》三十卷（张谅撰》。［佚］

《声律关键》八卷（郑起潜撰）。［佚］

《万宝事山》二十卷（钱缙撰）。［未见］

《静嘉堂文库汉籍分类目录》有《万宝诗山》三十八卷，题宋叶景达撰。《北京大学图书馆藏李氏书目》有宋、元间广勤堂刻本，亦三十八卷。又，近人罗振常《善本书所见录》则作二十六卷，叶景达撰。按：二书书名、卷数及撰人均不同，或疑“事山”即“诗山”，恐非。

《竹素钩玄》三十卷（俞希鲁撰）。［佚］

《书林广记》二十卷。［佚］

《群书一览》十卷（《文渊阁书目》，十册，阙。《四库提要》子部类书类有《类编古今事林群书一览》十卷，题宋祝穆撰。日本《经籍访古志》则作八十卷，何士信编集，未知是否一书）。［未见］

《士林龟镜》。［佚］

《纂图增注群书类要事林广记》四十卷。［佚］

以上倪灿《补辽金元艺文志》

《小学日记故事》十卷（虞韶撰）。［佚］

《居家必用事类》十卷（或云熊宗立撰。《铁琴铜剑楼书目》作《居家必用事类全集》，不著撰人姓氏）。［存］

以上《补元志》

《学苑精华》（齐廓撰）。［佚］

《古今文典》（鲁直集）。［佚］

《读经史要略类编》（曹理集）。 ［佚］

《随类录》二百卷。 ［佚］

以上王圻《续通考》

《金海》三十卷（梁武帝撰）。 ［佚］

《集事渊海》四十七卷（《百川书志》作《群书集事渊海》，并云，弘治年刊。《四库提要》定为明初人作）。 ［存］

《学山》一百卷（《千顷堂书目》有《丘陵学山》一百卷。王完辑）。 ［佚］

《沧海遗珠》十卷（吴相撰。钱谦益《绛云楼书目》有《沧海遗珠续编》，不著撰人，亦无卷数。缪荃孙《艺风藏书再续记》有《沧海遗珠》八卷，明沐昂撰。《四库提要》收入总集类，与此非一书）。 ［佚］

《文献汇编》一百卷（司马泰撰）。 ［佚］

《群书类考》二十二卷（凌翰撰。黄虞稷《千顷堂书目》作凌瀚）。 ［佚］

《经史文编》三十卷（吴琉撰）。 ［佚］

《三才广志》三百卷（吴琉撰。《天一阁书目内编》作一千一百八十四卷，明抄本，存一百九十三卷）。 ［阙］

《艺林华烛》一百六十卷（曹大同撰）。 ［佚］

《古今玄屑》八卷（王家佐撰）。 ［存］

《翼学编》十三卷（宋应奎撰）。 ［佚］

《儒数类函》六十二卷。目四卷（汪宗姬撰。《四库提要》作《儒函数类》）。 ［存］

《记事珠》十卷（刘国翰撰）。 ［佚］

《博闻类纂》二十卷（商浚撰。《四库提要》作商维浚）。 ［存］

《典籍便览》八卷（范泓撰，范涞注）。 ［存］

《事典考略》六卷（徐袍撰）。 ［存］

《客窗余录》二十二卷（王光裕撰）。 ［佚］

《古今事类通考》十卷（刘业撰。《四库提要》无古今二字）。 ［存］

《事言要玄集》二十二卷（唐希言撰）。［佚］

《伦史鸿文》二十四卷（林琦撰）。［佚］

《文林广记》三十一卷（雷金科撰）。［佚］

《枳记》二十八卷（吕元启辑）。［存］

《纂言钩玄》十卷（王勣撰）。［佚］

以上《明志》

《古今诗材》八卷（萧元登撰）。［存］

《十二先生诗宗集韵》二十卷（裴良甫编，《铁琴铜剑楼书目》、《海源阁藏书目》有宋刊本）。［存］

《经学对仗》三卷（朱景元撰。《绛云楼书目》作宋景元）。［存］

《诸史偶论》十卷（《铁琴铜剑楼书目》有明初抄本《诸史偶类》十卷，瞿氏定为南宋人所作，与《提要》合，当即一书）。［存］

《裁纂类函》一百六十卷。［存］

《三场通用引易活法》九卷。［存］

《启札云锦裳》八卷（《菉竹堂书目》有《启札云锦囊》十一册）。［存］

《启札锦语》七卷。［存］

《启札青钱》十八卷（《佚存书目》作《新编事文类聚启札青钱》十卷）。［存］

《启札渊海》二卷。［存］

《含元斋别编》十卷（赵枢生撰）。［存］

《艺圃萃盘录》十卷（周汝砺等撰）。［存］

《异物汇苑》十八卷（闵文振撰）。［存］

《史说萱苏》一卷（黄以升撰）。［存］

《故事选要》十四卷（王思义撰）。［存］

《庶物异名疏》三十卷（陈懋仁撰）。［存］

《清异续录》三卷（李琪枝撰）。［存］

《四六霞肆》十六卷（何伟然撰）。［存］

《策统纲目》三十九卷（卓有见撰）。[存]

《古史汇编》四卷（韩孔赞撰）。[存]

《子史类纂》二十四卷（冯廷章撰）。[存]

《类雅》二十卷。[存]

《对类》二十卷（北京大学图书馆藏《李氏书目》，一卷，日本抄本）。[存]

《大政管窥》四卷。[存]

《汲古编》四卷。[存]

《天华山房秘藏玉杵臼》三卷（吴培鼎撰）。[存]

《古今记林》二十九卷（汪士汉撰）。[存]

《经济宏词》（宏，本作弘，因避清讳改）十二卷（汪学信编，汪以时选辑）。[存]

《是庵日记》十四卷（杨拥编）。[存]

以上《四库提要》

《诗学大成》三十卷（林贞撰。贞，一作桢）。[存]

《事物异名》二卷（余廷璧撰）。[存]

《见物》五卷（李苏撰）。[存]

《百子钞奇》四卷（邓伟撰）。[存]

《编年拔秀》二卷（孙森撰）。[存]

《槎庵小乘》四十卷（来斯行撰）。[存]

《四六纂组》十卷（胡吉豫撰）。[存]

《广连珠》一卷（陈济生撰）。[存]

《博雅备考》二十七卷（张彦琦撰）。[存]

《万言肆雅》一卷（屈曾发撰注）。[存]

《四书类典赋》二十四卷（甘绂撰）。[存]

《韵府约编》二十四卷（邓恺撰）。[存]

《缀吟》一卷（章履仁撰）。[存]

《韵学会海》十六卷（卢宏启、徐作霖撰）。[存]

《读诗识物》二十四卷（方焕撰）。[存]

《文选集腋》二卷（胥斌撰）。[存]

《文选类隽》十四卷（何松撰）。［存］

《字林集字偶语》四卷（吴受福撰）。［存］

《运甓编》一卷（吴受福撰）。［存］

以上《八千卷楼书目》

黜伪

《圣贤群辅录》二卷，一名《四八目》，旧本题晋陶潜撰。

《类书读》三十卷，旧本题宋吴淑撰。

《文选类林》十八卷，旧本题宋刘攽撰。

《记室新书》七十卷，旧本题宋方龟年撰。

《诗律武库》前后集三十卷，旧本题宋吕祖谦撰。

《四六膏馥》七卷，旧本题宋杨万里撰。

《八诗六帖》二十九卷，旧本题宋王状元撰。

《类编古今事林群书一览》十卷，旧本题宋祝穆撰。

《翰苑新书》前集七十卷，后集上二十六卷，后集下六卷，别集十二卷，续集四十二卷。旧本题宋谢枋得撰。按：明《文渊阁书目》有《翰墨全书》，又有《翰墨新书》。周中孚《郑堂读书记》卷六十一谓二者书名、卷数俱不相合，当非一书。又疑《翰墨新书》即《翰苑新书》之原名。《铁琴铜剑楼书目》有《新编簪缨必用翰苑新书》，前集七十卷，题莆阳锦水亭主人纂辑，潭阳三槐堂主人校阅。续集不题撰人。抄本。

《可知编》八卷，旧本题明杨慎撰（一本题梁禾撰）。

《五车霏玉》三十四卷，旧本题明吴昭明撰，汪道昆增订。

《诗学事类》二十四卷，旧本题明李攀龙撰。

《韵学事类》十二卷，旧本题明李攀龙撰。

《韵学渊海》十二卷，旧本题明李攀龙撰。

《异物汇苑》五卷，旧本题明王世贞撰。

《汇苑详注》三十六卷，一名《类苑详注》，或作《汇书详注》。旧本题明王世贞撰，邹善长重订。（按：实明晋江邹道元辑，见金星韬《文瑞楼藏书目录》卷四，《故宫普通书目》卷三。善长，或即道元字。）

《缥缃对类》二十卷，旧本题明屠隆撰，吴勉学考注。

《时物典汇》二卷，旧本题明李日华撰。

《十三经类语》十四卷，旧本题明罗万藻撰，鲁重民纂注。序选一卷，明何兆圣辑。

《经世篇》十二卷，旧本题清顾炎武撰。

并存

补　遗

《修文殿御览残本》一卷，见罗振玉《鸣沙石室遗书》。［存］

《唐写本古类书三种残卷》，第一种存四百余行，第二种存四十余行，第三种约存百行，见《鸣沙石室古籍丛残》。［存］

《古类书残卷》，存四百五行，当即《古类书三种》第一种之另一写本。刘师培考订，以为或成于唐末，见《敦煌唐写本提要》。［存］

《兔园策府残卷》，仅存序文之半，见《鸣沙石室佚书》。王国维考订，以为即杜嗣先所撰《兔园册府》，盖成书后即传写者。见《观堂集林》卷二十一。［存］

《白朴》三卷，唐白居易撰，见王楙《野客丛书》。［佚］

《魏氏手略》二十卷。唐魏謩撰，见《旧唐书》本传。［佚］

《略出籯金残本》二卷，李若立撰，唐张球写，见《鸣沙石室古籍丛残》。按：此外尚有写本四，或题《籯金》，或题《略出籯金》，均残缺。据王重民考订，李若立事迹无考，张球则唐末人。其书本名《籯金》，一百篇，分为五卷。见《敦煌古籍叙录》。［存］

《人镜阳秋》二十二卷，明汪廷讷撰。［存］

《圆机韵学活法全书》十四卷，明李衡编，旧本题王世贞增校。［存］

《万斛珠类编》八卷，李衡编。郑振铎《西谛书目》作清秦锡淳

辑，旧本题明王凤洲纂。［存］

《注释采眉故事》十卷，明陈继儒编。［存］

《博物典汇》二十卷，一本十九卷。明黄道周撰。［存］

《异识资谐》四卷，明薛朝选辑。［存］

《续异识资谐》四卷，明薛朝选辑。［存］

《精选黄眉故事》十卷，旧本题明邓百拙生汇编。按：邓百拙生即邓志谟。书名一作《故事黄眉》。［存］

《白眉故事》十二卷，明邓志谟撰。按：书名一作《故事白眉》。［存］

《百子金丹》十卷，清郭伟撰。［存］

《增订二三场群书备考》四卷，明袁黄撰，沈昌世等增订。［存］

《古今类传》四卷，清董榖士、董炳文撰。［存］

《留青采珍集》二十四卷，清陈枚选辑。按：清《禁书总目》有枚所辑《留青全集》、《留青广集》，均被销毁，此集与《留青新集》盖幸存者。又，《留青全集》一本题《凭山阁留青全集》。［存］

《经腴类纂》二卷，清孙颜编辑，见《小嫏嬛山馆汇刻类书》［存］

《竹书纪年隽句》不分卷，清王曰睿编辑，见《小嫏嬛山馆汇刻类书》。［存］

《山海经腴词》不分卷，清朱铨编辑，见《小嫏嬛山馆汇刻类书》。［存］

《左传绀珠》二卷，清王武沂原纂，萧士麟补辑，见《小嫏嬛山馆汇刻类书》。按：一本八卷，萧士麟作萧士宁。［存］

《尔雅贯珠》不分卷，清朱铨编，见《小嫏嬛山馆汇刻类书》。按：一本二卷，“贯珠”作“串珠”。又按：以上三书，或合为一帙，总题《分类绀珠》。［存］

《广治平略》三十六卷，清蔡方炳撰。［存］

《奇偶典汇》三十六卷，清梅自馨编辑，蒋锡瑞续编。［存］

《巾经纂》二十卷，清宋宗元撰（宋，一作朱）。［存］

《类纂精华》三十卷，清高大爵等纂辑。［存］

《诗材类对纂要》四卷，清任德裕撰。［存］

《四书典制类联音注》不分卷，清阎其渊编。 ［存］

《续广事类赋》三十卷，清王凤喈撰注。 ［存］

《小知录》十二卷，清陆凤藻辑。 ［存］

《碎金海录》二十卷，清王恒振纂。 ［存］

《广广事类赋》三十二卷，清吴世旃撰注。 ［存］

《千金裘》二十七卷，清蒋义彬纂。 ［存］

《千金裘二集》二十六卷，清蒋义彬、徐元麟合纂。 ［存］

《续同书》八卷，清福申撰。 ［存］

《词林海错类选》四卷，清福申撰。 ［存］

《事类赋统编》九十三卷，清黄葆真增辑。一本题清林意诚撰。 ［存］

《灵檀碎金》六十八卷，《附录》一卷。清郎玉铭撰。 ［存］

《人镜类编》四十六卷，清程之桢撰。 ［存］

《策学渊萃》四十六卷，无名氏撰。 ［存］

《试律大观》三十二卷，清竹屏居士辑。 ［存］

《诗韵合璧》五卷（附《虚字韵薮》一卷），清汤文潞编。 ［存］

《天地人物掌故海》不分卷，不著撰人。 ［存］

《四书五经类典聚成》三十四卷，清戴兆春纂。 ［存］

《策府统宗》六十五卷，清刘昌龄等增订。按：阮元《四库未收书提要》有《策学统宗前编》五卷，谭巽中、谭金孙、谭正叔编。 ［存］

《世守拙斋识小编》十卷，清范濂辑。 ［存］

《金壶精萃》二卷，清田普霖、张仰山撰。一本题清郝在田撰，无卷数。 ［存］

《秘府略》一千卷，日本滋野贞主等撰。按：此一大型类书，成于淳和天皇时，盖受《北堂书钞》、《艺文类聚》等书之影响。今只残存二卷。 ［阙］

新　增

《文枢要录》(?)。

《会史》(?)。

《分门节要》（?）。

以上尤袤《遂初堂书目》，并佚。

《明善编》（?）“四册，全。”（册数及卷帙全、缺，均据原书。下同。）《致知编》“七册，阙。”

《读书志》（?）“二十六册，阙。又一部八册，全。”

《画一元龟》（?）“十三册，阙。”

《群书备览》（?）“三十二册，阙。”

《数类一览》（?）“四十一册，阙。”

《万英会元》（?）“五册，阙。”

《集言》（?）“八册，阙。”按：《菉竹堂书目》有《通典集言》，亦八册，不知是一书否。

《宋朝类书》（?）“十册，阙。”

《宋朝类苑》（?）“八册，残缺。”按：此疑即是江少虞《皇朝事实类苑》，书今存。

《事类合璧》（?）“九十册，残缺。”

《兼金合璧》（?）“三十册，阙。”

《事类备要》（?）“二十六册，阙。”

《玉府》（?）“九册，阙。”

《事文小编》（?）“四册，阙。”

《群书备类》（?）“一册，阙。”按：《菉竹堂书目》作《群书类备》。

《群书备检》（?）“三册，残缺。”

《群书引论》（?）“八册，阙。”

《学林》（?）“十册，阙。”按：宋王观国亦有《学林》十卷，书名、卷帙均相同。然观国所作以辨别字体及音义为主，非类书。此当是陈镃书。

《声律会元》（?）“十册，阙。”

《分门字苑》（?）“五册，阙。”

《故事备要》（?）“四册，阙。”

《故事合璧》（?）“二册，阙。”

《分门故事》(?)“四册，阙。”

《坦明故事》(?)“四册，阙。”

《词学题苑》(?)“十册，阙。”

《格物类编》(?)“三册，阙。”

《经史百家制度》(?)“三册，阙。”

《经学会元》(?)“六册，阙。”

《文史括要》(?)“三册，阙。”

《考古集》(?)“一册，缺。”

《百衲锦》(?)“一册，阙。”

《独善兼善书》(郑师中)“一册，阙。”

《师诲》(?)“三册，完全。”

《善俗十书》(?)“四册，阙。”

《琐碎录》(?)“六册，阙。”按：郑振铎《西谛书目》有《宋琐碎录》十卷，明抄本。

《博闻录》(?)“五册，阙。”

《群书备要》(?)“一册，阙。”

《儒家备要》(?)“三册，阙。”

《大学碎金》(?)“一册，阙。”

《通用碎金》(?)“二册，阙。”

《内翰谈苑》(?)“一册，阙。”

《郑氏谈绮》(?)“一册，阙。”

《武库琅函》(?)“一册，阙。”

《闺阁类编》(?)“一册，阙。”

《婚姻备用》(?)“二册，阙。”按：《菉竹堂书目》有《婚姻备要》，亦二册。

《志书分纪》(?)“二册，阙。”

《故事全璧》(?)“一册，阙。”《菉竹堂书目》作《故事合璧》二册。

《六艺类要》(?)“二册，完全。”

《文史联珠》(?)“四册，阙。”

《好还集》(房融)“二册，阙。”

《广益集聚宝论》(?)“二册，阙。”

《事类广记》（?）“四册，阙。”

《词学题海》（?）“十册，阙。”

《居家必用》（?）“五册，阙。一部二册，阙。”按：与《居家必用事类》、《居家必用事类全集》或即一书。《居家必用事类全集》十卷，钱大昕《补元史艺文志》云：“或云熊宗立撰。”罗振常《善本书所见录》云，有正德刊本。

《万启类编》（?）“一册，阙。”

《珍珠囊》（?）“四册，阙。”

《诗苑丛珠》（?）“六册，阙。”按：北京大学图书馆藏《李氏（盛铎）书目》有《新编增广事联诗苑丛珠》三十卷，存卷一至五，卷九至三十，明初刊本，不著撰人名氏。

《诗学集成》（?）“五册，阙。”

《诗学大成》（?）“五册，阙。”按：宋毛直方有《诗学大成》三十卷，元林贞（一作桢）增集。又，《善本书室藏书志》有《新刊增补古今名家诗学大成》二十四卷，明刊本，题李攀龙撰。《故宫善本书目》有《增广类联诗学大全》三十卷，林桢撰。

《启札天机锦》（?）“五册，阙。”

《启札云锦囊》（?）“十册，阙。”

《尺牍法言》（?）“一册，阙。”按：《天一阁书目》有《尺牍法言》二卷，明高弇辑，明刊本。

《手简捷径》（?）“一册，阙。”《菉竹堂书目》，二册。

《忘筌书》（?）“二册，阙。”

《三昧集》（李端叔）“一册，阙。”

《四六矜式》（?）“一册，阙。”

《四六锦绣》（?）“一册，阙。”

《四六标准》（李梅亭）“三册，阙。”《菉竹堂书目》有《李梅亭四六》八册。

《集英四六》（?）“二册，阙。”

《古今类事》（?）“三册，阙。”按：《四库提要》子部小说家类有《分门古今类事》二十卷，不著撰人名氏。书成于宋南渡之初。《提要》疑即宋如璋之子所撰。又，彭元瑞《知圣道斋读书跋》亦作二十卷，书名无“分门”二字。注云：“从内府影宋本抄出。”

《类对事苑》(?)“六册，阙。”
《事类旁通》(?)“一册，完全。”
《六艺珍驾》(?)“一册，阙。”
《赋学捷法》(?)“一册，阙。”
《诗对赛大成》(?)“二册。阙。”

以上杨士奇《文渊阁书目》。除个别加按语注明者外，其余并佚。又，此等书是否全系类书，殊难判定，姑据旧辑著录。下同。

《诸子琼林》(?)四册。
《史子朴语》(?)三册。按：毛扆《汲古阁珍藏秘本书目》有宋抄本，十二卷。
《经世大典纂录》(?)一册。
《数类》(?)四十一册。按：钱曾《述古堂书目》，四十卷。
《金玉新书》(?)十二册。
《建章录》(?)十四集。

以上叶盛《菉竹堂书目》。除个别加按语注明者外，其余并佚。

《古今集类》(?)一百卷。
《偶记》(俞翘集)。

以上陈第《世善堂藏书目录》，并佚。

《纂古类要》(?)。
《韵偶》(?)。
《姬氏类钞》(?)。
《龙庵类钞》(?)。
《诏诰章表机要》(?)。
《增广韵林》(?)。

《纂言必法》（？）。

《古今钩玄》（？）二十册。

《钩玄辑要》（？）十二册。

《博物策会》（？）八册。按：《故宫普通书目》作十七卷，明戴璟撰，嘉靖刊本。

《编年拔秀》（？）。

《数书精萃》（？）。

《广志》（郭义恭）三十六册。按：丁丙《善本书室藏书志》有明抄本一百十卷。

《四六云锦》（？）五册。

《古今事类》（？）按：此与《古今类事》或即一书。

以上钱谦益《绛云楼书目》。除个别加按语注明者外，并佚。

《诗坛丛韵》（？）二十八卷。按：《西谛书目》有明刊本，吴绶撰。《故宫善本书目》，同。

《博平恭裕王安減锦囊诗对》（？）。

《对偶菁华》（蔡潮）一卷。

《正韵诗押》（赵继忠）二十二卷。

《王氏类苑详注》（王世贞？）三十六卷。

《群书纂要》（徐琏）一百九十六卷。

《唐汇林》（陆应阳）。

《玉府钩玄》（沈尧中）六卷。

《彭氏类编杂说》（彭好古）六卷。

《经籍要览》（陈亹）。

《三才管见》（程廷策）。

《三才括典》（潘晟）四卷。

《博古奇句联珍》（刘四宁）十二册。

《鸿乙通》（周献臣），一名《瓮书》。

《广韵府群玉》（倪巨）。

《子史类语》（胡尚洪）二十四卷。

《经史词林》(唐汝谔)。

《雨牍》(陈懋仁)一卷。

《事物别名》(卢一元)三卷。

《古今合字》(卢一元)一卷。

《续抄》(徐良彦)二卷。

《阅古类奇》(张元玘)。

《稽古汇编》(?)六卷。

《日用便览事类》(?)十卷。

《经史子集名数》(?)六卷。

《音注对类》(?)二十卷。

《喻林髓》(?)十卷。

《续韵府群玉》(?)四十卷。

《会萃古今事类》(王伯埙)二百卷。

《经史事类书泽》(张谅)三十卷。

《静语》(白珽)。

以上黄虞稷《千顷堂书目》。并存。

《内阁书抄》(?)六十卷,内府抄本。

《汉集》(?)十卷。

以上钱曾《述古堂藏书目》。并未见。

《戆叟类语》(韩琦)二十六卷,抄本。未见。

《汉唐事笺对策机要》(?)十二卷,后集二卷。按:瞿镛《铁琴铜剑楼书目》作前集十二卷,后集八卷,元刊本。孙殿起《贩书偶记续编》有道光二年刊本,元朱礼撰。存。

以上季振宜《季沧苇书目》。

《日涉编》(明陈阶)十二卷。

《廿一史言行略》(过元旼)四十二卷。

以上孙星衍《祠堂书目外编》。并存。

《类类编》（清潘之藻）十集，无卷数。

《事类赋补遗》（清张均）十四卷。

以上周中孚《郑堂读书记》。并存。

《新编通用启札截江网》（?）六卷，元刊本。

《重添校正蜀本书林事类韵府》（?）二十七卷，宋刊残本。按陈振孙《直斋书录解题》谓此书盖仿袁毂《韵类题选》而加详。

《圣宋千家名贤表启》（?）四册，宋刊残本。

以上瞿镛《铁琴铜剑楼书目》。并存。

《梧冈杂识》（?）二册。

《炳烛偶钞》（?）一册。

以上陈揆《稽瑞楼书目》。并存。

《分类时务通纂》（清陈昌绅）五十卷。

《策学备纂》（清蔡启运、吴颍渊）三十二卷。

以上梁启超《饮冰室藏书目录》。并存。

《臆见汇考》（明游日升）五卷。

《名物通》（?）十卷。

《縠玉类编》（清汪兆舒）五十卷。

《识小类编》（清夏大观）八卷。

《干支集锦》（清秦嘉谟）二十四卷。

《数纪典故补》（清李元春）上集三卷，中集四卷，下集三卷。又一卷，外录二卷。

《乡言解颐》（清林亭年）五卷。

《镜源遗照集》（清张均）三十卷。

《古学记问录》(清吴蔚文)五卷。按:《浙江图书馆图书目录》作十五卷。

《异号类编》(清史梦兰)二十卷。

《新义录》(清孙璧文)一百卷。按:后改名《六艺通考》。

《蠹存》(清方旭)二卷。

《辨名小记》(清钱保塘)一卷。

以上孙殿起《贩书偶记》。并存。

《振绮类纂》(清翁天游、宗观)。

《群书古学捷》(陈应麐辑,张熊、江朝宗注)十卷。

《试策笺注》(清檀萃撰,曾力行注)四卷。按:原名《采真汇编》。

《左国类典详注》(清吴模)六卷。

《西山柿》(清王显曾)三卷。

《初学数纪典故便录》(清李元春)二十七卷。

《碎金集》(清张道超)四卷。

《经典萃华》(清方苹野)六卷。

《骈字摘艳》(清任科职)五卷。

《艺苑零珠》(清李象梓)六卷。

《经史总论》(清李象梓)一卷。

《囊剩》(清赵古农)四卷。

以上孙殿起《贩书偶记续编》,并存。

《万卷菁华》(黄庭坚?)二十四卷,明抄本,

《群书集事渊海》(?)十一卷,明刊本。按:《故宫善本书目》作四十七卷,明初人撰,弘治刊本。此系残卷。

《新刊大字分类校正日记大全》(明虞韶辑,熊大木注)九卷。

《古今经世格要》(明邹泉)二十八卷,明刊本。

《喻林髓》(明徐元太辑,邹道元删校),九卷。按:存卷一至四,九至十三。天启刊本。

《新刻本宁李先生详训对类》（明李维桢?）二卷。明刊本。

《鼎镌洪武元韵勘正补订经书切字海篇玉鉴》（明武纬子补订，王衡勘正）二十卷，万历刊本。

《新镌赤心子汇编四民利观翰府锦囊》（赤心子），万历刊本。

《（　）锲旁注事类捷录》（明邓志谟）四册，万历刊本。

《新刻一札三奇》（明邓志谟）四卷，万历刊本。按：北京大学图书馆藏《李氏书目》有《新刻一启三奇》八卷，明邓志谟辑，明爱庆堂刊本。

《鼎镌四民便览柬学珠玑》（?）四卷，明刊本。

《艺林寻到源头》（明余昌宗）二册，明刊本。按：一本题余恒辑。

《新刻石渠阁汇纂诸书法海》（明陈继儒）三十四卷，明末刊本。

《新镌翰府素翁云翰精华》（?）六卷，万历刊本。

《（　）镌海内名家手柬鳞鸿新札》（?）四卷，万历刊本。

《鼎镌校增评注五伦日记故事大全》（明吴宗礼辑，彭滨评注）四册，万历刊本。

《新刻暗然堂类纂皇明新故事》（明潘士藻）六卷，明刊本。

《忠信堂四刻分类注释合象初类日记故事》（?）三卷，明刊本。

《新刻太仓藏版全补合象注释大字日记故事》（?）三卷，明刊本。

《新刊徽郡原版绘象注释魁字登云日记故事》（明何胤宗校正）二卷，明刊本。

《新镌翰林考正历朝故事统宗》（李廷机、邱宗孔）三卷，明刊本。

《新刊徽郡原板校正绘图注释魁字登云三注故事》（龙阳子校正）四卷，明刊本。

《诸家笔筹》（?）不分卷，明刊本。

《新板增补天下便用文林妙锦万宝全书》（?）四卷，明刊本。

《鼎镌吴宇野汇选四民切要时制尺牍芳规》（明吴从先）四卷，明刊本。

《鼎镌十二方家参订万事不求人博考全编》（博览子?）六卷，明刊本。

《新刻张侗初先生汇编四民便用注释札柬五朵云》(明陈士龙注释)四卷,明刊本。

《新锲两京官板校正锦堂春晓翰林查对天下万民便览》(明邓仕明)四卷。

《伯敬锺先生注释捷用云笺》(明锺惺?)二卷,明刊本。

《新锓李先生类纂音释捷用云笺》(明李光祚)三卷,明末刊本。

《新刻增补注释会海对类》(?)十七卷,明刊本。

《( )镌彭会魁类编古今文髓》(明彭好古)六卷,明刊本。

《魁璧堂日记故事》(?)四卷。按:与《明心宝鉴》合一册,清刊本。

《注释分类玉堂故事》(清巴兆申)五卷,康熙刊本。

《闻鹤轩酬应录见》(清卢𩋙)二十三卷,康熙刊本。

《凭山阁纂辑诗林切玉》(清陈枚)十二卷,康熙刊本。

《增补万宝全书》(清毛文焕)三十卷,乾隆刊本。按:又一本二十卷,续五卷,光绪石印本,与明刊本不同。

《考数问奇诸家字法五侯鲭》(清陈三策)四卷,清刊本。

《别俗正音汇编大全》(张玉成)二卷,乾隆刊本。

《海南日抄》(清张眉大)三十卷,嘉庆刊本。

《日典纪要》(?)不分卷,清抄本。

以上郑振铎《西谛书目》。并存。

《艺林伐山》(明杨慎)二十卷,隆庆刊本。

《经传类编》(明徐侍扬)四卷,万历刊本。

《大千生鉴》(明刘维诏)六卷,万历刊本。

《圆机诗学活法全书》(明李衡)二十四卷,万历刊本。

《尚古类氏集》(明王文翰)十二卷,明刊本。

《宇宙文芒》(明卢效祖)十二卷,明刊本。

《古史谈苑》(明钱世扬)二十六卷,万历刊本。

《八编类纂》(明陈仁锡)二百八十五卷,天启刊本。

《玉圃珠渊》(明邵景尧)十卷,万历刊本。

《诸子纲目》(明李元珍)一卷,按:附《昭代子快》一卷,明刊本。

《类选苑诗秀句》（明顾起纶）十二卷，万历刊本。

《事类捷录》（清邓志谟）十五卷，重刊本。

《璇玑碎锦》（清万树）二卷，光绪刊本。

《诗句题解韵编》（清陈维屏）六卷，原刊本。

《诗赋解题》（清魏茂林）十二卷，原刊本。

《陶人心语》（清唐英）六卷，乾隆刊本。

《异号类编》（清史梦兰）二十卷，《止园丛书》本。

《左颖》（清高士奇）六卷，康熙刊本。

《国颖》（清高士奇）二卷，康熙刊本。

《月日纪古》（清萧智汉）十二卷，道光刊本。

《资治新书》（清李渔）三十四卷，光绪刊本。

《王言辑要》（?）四卷，光绪刊本。

《事类异名》（?）不分卷，抄本。

《经训摘要》（?）不分类，抄本。

《史鉴摘事》（?）不分卷，抄本。

以上《故宫普通书目》，并存。

《唐诗类苑》（明张之象）二百卷，万历刊本。

以上《故宫善本书目》。存。

《名句文身表异录》（明王志坚）二十卷，康熙刊本。

《新刊古今类书纂要》（明璩昆玉）十二卷，日本覆刻天启本。

《昭代选屑》（明李本纬，王家宾）三十卷，日本刊本。

《类编残本》（明晏璧），明抄本。

《国朝三十五科同馆诗赋解题》（清魏茂林）七卷，卷首二卷，道光刊本，又同治刊本。

《国朝十二科同馆诗赋解题》（清魏茂林）五卷，卷首一卷，道光刊本，又同治刊本。

《类赋玉盆珠》（清梁树）五卷，同治刊本。

《三才记略》（?）一卷，清刻本。

《续记纂渊海》（?）八十卷，清抄本。

《吉字韵编》（?）存六卷，清抄本。

以上《北京大学图书馆藏李氏书目》。并存。

《编珠正录》（清童翼驹）一百五十八则，《续录》三十二则。底稿本。

《事类赋补遗》（清张均）十四卷，嘉庆巾箱本。

《类赋》（清史以甲）二十一卷，旧抄本。

《续类赋》（清史以甲）二十七卷。

《校补玉海琐记》（清张大昌）二卷，光绪刊本。

《喻林一叶》（清王苏）二十四卷，咸丰刊本。

《五杂组》（明谢肇淛）十六卷，万历刊本。

《名物通》（明锺惺?）十卷，明刊本。

《白眉故事》（明许以忠）十卷，通行本。

《事类通考》（明刘叶）十卷，明刊本。

《调燮类编》（?）四卷，道光巾箱本。

《月满楼甄藻录》（清顾宗泰）一卷，道光刊本。

《记事珠选》（清张以谦）十卷，嘉庆刊本。

《典制类林》（清唐式南）四卷，原刊本。

《策海》（清瞿曾）十卷，巾箱本。

《典林琅嬛》（?）二十四卷，巾箱本。

《续典林琅嬛》（?）三十卷，巾箱本。

《金胪精粹》（?）四卷，排印本。

《古学万花谷》（?）残存三卷，巾箱本。

《文料大成》（?）四卷，光绪巾箱本。

《通天晓》（?）残存二卷，石印本。

《十三经注疏琐语》（清沈淑），光绪刊本。

《十三经注疏锦字》（清李调元），四卷，原刊本。

《五经类林》（清成履中）不分卷，残，乾隆刊本。

《五经典林》（清何松）残存二十七卷，光绪刊本。

《经籍类典》（清姜嶷）初集三十八卷，续集残存二十八卷，道光刊巾箱本。

《四书五经类典集成》（清戴兆春）三十四卷，石印本。

《五经类典》（?）残存三十一卷，石印本。

《诗经类编合考》（清张金麟）残存六卷，通行本。

《左氏类选》（明樊王家）八卷，明刊本。

《春秋左传分类赋》（清夏大观）四卷，通行本。按：附《说左约笺》二卷。

《左传连珠》（清俞樾）一卷，光绪重定本。

《春秋人地名对》（清俞樾）一卷，《曲园丛书》本。

《四书文翼》（清罗荆璧）四卷，抄本。

《四书人物类典串珠》（清臧志仁）残存二十四卷，嘉庆刊本。

《四书典制类联音注》（清阎其渊）残存三十一卷，通行本。

《廿四史分类辑要》（?）残存十卷，巾箱本。

《历代史腴》（清周金坛）二卷，连元阁刊本。

《通鉴纲目分类策论检题》（清钱塘梦蝶生）不分卷，光绪石印本。

《铸史骈言》（清孙玉田）十二卷，石印本。

《子史辑要正续合编》（清胡本渊、胡肇昕）四卷，巾箱本。

《增辑事文类聚》（明罗瑄）四卷，雍正刊本。

《文选诗赋题摘艳》（清志古居士）二卷，嘉庆刊本。

《选材录》（清周春）一卷，道光刊本。

《文选类诂》（今人丁福保）不分卷，医学书局排印本。

《诗本事》（清程羽文）一卷，康熙刊本。

《唐诗题解类编》（?）残存十一卷，巾箱本。

《应制诗赋题解》（清丁湘锦）四卷，致远堂刊本。

《增删韵府群玉定本》（清徐可先妻）二十卷，康熙巾箱本。

《韵府附勘》（?）一卷，抄本。

《韵对屑玉》（清欧达澈）三卷，咸丰重刊本。按：前附辨字一卷，李天淇增注。

《诗骚韵注》（清洪升）残存一卷，抄本。

《词林合璧》（清朱璜）十二卷，巾箱本。

《韵谱群芳》（清姚焜）八卷，乾隆刊本。

《虚字韵薮》（清潘维城）五卷，道光刊本

《诗句题解韵编》（清陈维屏）六卷，道光刊本。

《诗句题解韵编四集》（清倪承瓒）十二卷，光绪排印本。

《诗句题解汇编》（?）四卷，附姓氏考一卷，石印本。按：又一部有续编五卷。

《玉谱类编》（清徐寿基）四卷，光绪刊本。

《籁记》（清陈叔齐）一卷，刊本。

以上《江苏省立国学图书馆图书总目》。并存。

《南北史捃华》（清周嘉猷）八卷，覆刊本。

以上《江苏省立第二图书馆书目续编》。存。

《古今名喻》（明吴仕期）八卷，明刊本。

《群书典汇》（明黄道周）十四卷，清刊本。

《新编分门古今类事》（?）二十卷，清刊本。

《事类统编》九十三卷（清林味经撰）。

《仰止子详考古今名家润色诗林正宗》（清余象斗）十八卷，康熙刊本。

《经策通纂》（清吴颎炎等）四百三十卷，光绪石印本。按：此书包括《经学辑要》三十四卷，《策学备纂》三百九十六卷。《策学备纂》与《饮冰室藏书目录》所著录者撰人、卷数均不同。

以上《南京大学图书馆中文旧籍分类目录初稿》。并存。

《策学纂要》（清戴朋、黄卷）十六卷，乾隆刊本。

《春秋左传汇辑》（清吴炳文）三十卷，乾隆刊本。

《三才略》（?）一本，排印本。

《古事萃览》（?）八本，稿本。

《星轺日记类编》（清席裕琨），光绪石印本。

《新学备纂》（清渐斋主人）二十六卷，光绪石印本。

以上《浙江公立图书馆图书目录》。并存。

《文选品汇》（明李廷机）十八卷，万历刊本。
《四六鸳鸯谱》（明阴太乙、苏紫盖）十二卷，崇祯刊本。

以上《安徽师范大学图书馆古籍善本书目》。并存。

旧 跋

丙子（1936）秋，予在珞珈山，始创为此编，凡九阅月涂稿乃定。时吾师新宁刘君方掌教武汉大学，因得时时请益。师亦乐于裁成，遇纰漏处皆签贴，小差误必见，蝇头细字，一篇有多至五六签者，盖前辈诲人不倦如此。戊寅（1938）夏，予由锺祥赴汉，原稿散失，而挚友周大璞君乃就武汉大学所藏副本为别录一通。己卯（1939）冬，予在湘西，应某学术机关试，周君所写本寄蜀，友人宫元芳女士及内子张素心女士复为合写一本，经月乃就。壬午（1942）夏，新宁刘君及怀宁杨铸秋前辈既各撰序文，而乡人金克木先生又为抄寄资料，补正多处。戋戋一帙，亦劳多人心力乃成，迄今偶一翻检，犹觉良师益友之厚谊温情，跃然纸上，不知其何幸而至此也。书中舛驳尚夥，《存佚》一篇，尤不自慊；而年来旅食四方，得书匪易，终无暇重加董理。即《永乐大典》，顾颉刚先生以为可以改属类书者，亦未遑据以补入。草率成书，知不免覆瓿之诮。然世乱方亟，即此戋戋者固已收拾于散佚之余，仅乃获存。然则付之梓人，公之当世，倘亦可援敝帚自珍之语以解欤！

一九四三年二月，作者记于重庆沙坪坝

［选自《张涤华文集》（第二集），安徽师范大学出版社2011年版］

论《康熙字典》

《康熙字典》是清初所修的重要官书之一，它标志着封建时代字书发展的最高峰。出版以来，流传极广，影响极大，不但读书人经常使用它，就是不识字的人也往往知道它。到今天，比它后出的字书虽然已经很不少了，可是，它依然在流行，而且不断地在重印。这说明了它在读者的心目中还有一定的地位，至少并没有废弃掉。《康熙字典》为什么会有这么大的“神通”呢？这是值得研究的。

今年（1962）是《康熙字典》成书的246周年。在246年的长时间中，对于这本书，一向还很少有人做过全面的论述。现在打算根据手边所有的材料进行初步的探索，全文分以下三段：一、成书的经过和编纂的目的；二、《康熙字典》与旧有字书的关系；三、《康熙字典》的评价。其中第三段是重点，所以讨论得比较详细一些。

一

《康熙字典》开始编纂于清圣祖（玄晔）康熙四十九年，完成于五十五年，前后历时五年多（1710—1716年）。编纂的缘起，《清实录》卷二四一有记载：

> 康熙四十九年三月初九日，上谕南书房侍直大学士陈廷敬等：朕留意典籍，编定群书。比年以来，如《朱子全书》、《佩文韵府》、《渊鉴类函》、《广群芳谱》，并其余各书，悉加修纂，次第告成。至于字学并关切要，允宜酌订一书。《字汇》失之简略，《正字通》涉于泛滥；兼之各方风土不同，南北音声各异。

司马光之《类篇》，分部或有未明；沈约之《声韵》[1]，后人不无訾议；《洪武正韵》虽多驳辩，迄不能行，仍依沈韵。朕尝参阅诸家，究心考证，凡蒙古、西域、洋外诸国，多从字母而来，音由地殊，难以牵引。大抵天地之元音发于人声，人声之象形寄于点画。今欲详略得中，归于至当，增《字汇》之阙遗，删《正字通》之繁冗，勒为成书，垂示永久。尔等酌议式例具奏。[2]

不久，编书的机构就成立了。总阅官是张玉书、陈廷敬；纂修官是凌绍雯等二十七人；纂修兼校刊官是陈世倌。书成之后，康熙很高兴，亲自写了一篇序，说：

……自《说文》以后，字书善者，于梁则《玉篇》，于唐则《广韵》，于宋则《集韵》，于金则《五音集韵》，于元则《韵会》，于明则《洪武正韵》，皆流通当世，衣被后学。其传而未甚显者，尚数十百家。当其编辑，皆自谓毫发无憾，而后儒推论辄多同异：或所收之字繁省失中，或所引之书滥疏无准，或字有数义而不详，或音有数切而不备，曾无善兼美具，可奉为典常而不易者。朕每念经传至博，音义繁赜，据一人之见，守一家之说，未必能会通罔缺也。爰命儒臣，悉取旧籍，次第排纂，切音解义，一本《说文》、《玉篇》，兼用《广韵》、《集韵》、《韵会》、《正韵》，其余字书，一音一义之可采者，靡有遗逸。至诸书引证未备者，则自经史百子，以及汉、晋、唐、宋、元、明以来诗人文士所述，莫不旁罗博证，使有依据。然后古今形体之辨，方言声气之殊，部分班列，开卷了然，无一义之不详，一音之不备矣。凡五阅岁而其书始成，命曰《字典》。于以昭同文之治，俾承学稽古者，得以备知文字之源流，而官府吏民亦有所遵守焉。[3]

① 《声韵》指沈约的《四声谱》，见《梁书·沈约传》，《隋书·经籍志》作《四声》一卷。
② 此文又见《东华录》卷八五。《康熙字典》卷首也载入。
③ 《康熙字典》卷首，又见《清通考》卷二一八。

这一段话说得更是详细。我们拿它和上引的“上谕”合看,《康熙字典》一书纂修的整个过程(从出主意到编成,到命名)就很清楚地呈现在我们的面前了。

当时为什么要编这部书呢?当然不会像康熙序中所说的那样单纯。由现在推想起来,其主要原因,大约有以下几个:

第一,玩弄过去封建王朝的老圈套,借修书来笼络知识分子,作为一种怀柔手段。古代封建王朝开创初期,基础还不巩固,唯恐知识分子捣乱,所以常常多方进行笼络,修书就是惯用的手段之一。唐太宗作文学馆,用来安排陈、隋旧臣;宋太宗也把诸国降附的名士集中到弘文馆里。这两朝初年都修了许多大书,像唐代的《文思博要》、《瑶山玉彩》、《三教珠英》,宋代的《太平御览》、《册府元龟》、《太平广记》、《文苑英华》等,卷数都多到几百,乃至一千多[①]。明代成祖永乐间也修了《永乐大典》,卷数更多到两万以上[②]。这就是一脉相承的把戏。清初统治者也继承了这个衣钵。上引康熙四十九年上谕就曾说到,在编字典之前,曾经陆续修纂了《朱子全书》、《佩文韵府》、《渊鉴类函》、《广群芳谱》等书。这些书都是所谓“不急之书”,可是当时却动员了许多人力,花了许多时间,其用意显然不是为了编书,而是为了把许多知识分子驱向故纸堆中,使他们脱离政治,消磨民族意识。诸书告成之后,紧接着就来修纂《康熙字典》,可见仍然是这一政策的继续[③]。

第二,采用过去封建王朝的又一骗人手法,在武力大事镇压之后[④],来一套稽古右文的把戏,借以点缀升平,炫耀新朝的文治。上引《康熙字典序》,一开头就说:“《易传》曰:‘上古结绳而治,后世圣人易之以书契,百官以治,万民以察。’周官外史,掌达书名于四方,保氏养国子,教以六书,而考文列于三重,盖以其为万事百

① 参看张端义《贵耳集》卷中、王明清《挥麈后录》卷一、刘壎《隐居通议》卷十三。据《新唐书·艺文志》,《文思博要》1 200卷(又目录12卷),《瑶山玉彩》500卷,《三教珠英》1 300卷。又据《宋史·艺文志》,《太平御览》1 000卷,《册府元龟》1 000卷,《太平广记》500卷,《文苑英华》1 000卷。

② 《永乐大典》22 877卷(又目录60卷)。

③ 康熙十二年(1673),诏举山林隐逸;十七年(1678),又诏举博学鸿词;十八年(1679)又开馆修明史。这些把戏也同修《康熙字典》一样,其目的都在于牢笼知识分子,特别是明末的遗民。

④ 据《清实录》、《东华录》、《清史稿》等书记载,康熙间爆发的反清运动,规模较大的就有八九起,但都被武力镇压下去。

物之统纪，而足以助流政教也。”这一段话把编纂字书的意义说得异常重大，有意地抬高了《字典》的身价。下文接着列举《说文》以下的许多字书，并且加以批评，认为“曾无善兼美具，可奉为典常而不易者”。于是再说到《字典》的编纂，大加吹嘘，争胜前人的意味是充分地流露出来了。末了说：“于以昭同文之治，俾承学稽古者，得以备知文字之源流，而官府吏民亦有所遵守焉。”用钦定的形式颁布字书，使知识分子和官府吏民都“奉为典常”，所以书名叫做“字典”。从上引的这些话来看，可见康熙是把这部书的编纂同“政教”（就是政治教化）密切地联系在一起的，绝不是把它看成只供翻检之用的普通字书。秦始皇统一天下之后，就来一个“书同文”[①]，康熙也说什么“昭同文之治”，专制皇帝炫耀文治的心理原是后先一辙的。

第三，通过修书，检查并销毁一切不利于清朝的文献记录，借以加强封建统治。清朝268年间，禁书焚书接连不断，其间自以乾隆时为最甚，读清代禁书总目及《哀焚书》等文[②]，可以想见其酷烈。但康熙朝迭兴文字之狱，像庄廷鑨明史案、戴名世南山集案等，都株连很多，销毁的书也很不少[③]。此外，像钱谦益的《有学集》身后被禁，吴伟业的《鹿樵纪闻》刻印时也几乎酿成大狱[④]，类似的事件还多得很。近人王钟麟说：“清起东土，入主中华，自以客帝临朝，嫌猜特甚。当顺治、康熙、雍正之世，一切政术，惟务摧残，劫持牢笼，靡所不施，故文字之狱屡作，伏尸之祸接踵。”[⑤]这是不错的。康熙修明史、修《康熙字典》以及修其他诸书，都是以修书为名，而实际上是摧残文化。《康熙字典序》说：“爰命儒臣，悉取旧籍，次第排纂。……至诸书引证未备者，则自经史百子以及汉、晋、唐、宋、元、明以来诗人文士所述，莫不旁罗博证……”经过这样一番搜罗，也不知有多少文献记录由于所谓“违碍”之故

---

① 《史记·秦始皇本纪》：“二十六年，书同文字。”

② 清代禁书目录，有姚觐元《清代禁毁书目》（补遗）、孙殿起《清代禁书知见录》、陈乃乾《索引式的禁书总录》等。《哀焚书》，章炳麟作，见《检论》卷四（《章氏丛书》第十八册）。

③ 明史案、南山集案，见清全祖望《鲒埼亭集》外编卷二十二《江浙两大狱记》。

④ 《有学集》被禁及《鹿樵纪闻》酿祸事，见清徐珂《清稗类钞》第28册，商务印书馆1917年版。

⑤ 王忠麟：《索引式的禁书总录序》。

而被窜改、被销毁了！后来乾隆开四库馆，寓禁于征，变本加厉，也不过师康熙的故智罢了。

综括以上所说，可知《康熙字典》所以出现于清初，有着重要的社会政治原因（它是为封建统治服务的，它是封建社会的产物），绝非偶然。不然的话，康熙对小学本来是不感兴趣的[①]，他怎么会忽发豪兴来搞什么字书呢？

二

《康熙字典》的出版，在中国字书史上有一定的进步意义。在它出版以前，历代虽然已经先后出现了大量的各种类型的字书，但就编排、收字、注音、释义等方面看，都或多或少地存在着一些缺点，对读者，特别是对一般读者来说，实用价值是不大的[②]。《康熙字典》一方面兼收并蓄地采取了旧有字书的某些长处，一方面又作了一些必要的改革和创造，因而在很大程度上提高了字书的水平，使当时相当多的读者得到一部比较完备、比较方便的工具书，可作读书治学之用（当然，它对后世的读者也有一定的作用）。应该说，它是取得了一些成就的。

《康熙字典》之所以取得一些成就，正如上面所指出的，主要就因为它继承了历代字书的优良传统，并在这一基础上前进了一步。因此，要了解《康熙字典》，那就有必要了解它同旧有字书的关系；而要了解这一点，又有必要简略地回顾一下中国字书的发展过程。

中国最古的字书是《史籀》十五篇，相传为周宣王时太史籀所作，是一部教学童的书[③]。这本书久已失传，体例已不可考[④]。段玉

---

① ［清］徐珂：《清稗类钞》第28册“徐咸清精小学”条：“康熙己未，开博学鸿词科，命京外官吏各举郡县有才学而堪与试者，道府争以徐咸清荐。辞不获，遂入都。……冯公溥为荐于廷。圣祖曰：‘有著述乎？’曰‘有。’曰：‘为何？’曰：‘《资治文字》。’曰：‘《资治文字》何谓耶？’曰：‘字书也。’旁一相曰：‘字书，小学耳。’遂罢。”这个故事充分说明了康熙对字书本来是不感兴趣的。《清稗类钞》，商务印书馆1917年版，稗六十九第62页。

② 《尔雅》、《说文》等书，学术价值很高，但对一般读者并不适用。

③ 班固《汉书·艺文志》小学家首列《史籀》十五篇。自注：“周宣王太史作《大篆》十五篇。”又说：“《史籀篇》者，周时史官教学童书也。”

④ 《史籀篇》，东汉初年已经失去六篇，西晋末全佚。清马国翰辑本（见《玉函山房辑佚书》），即以《说文》中的籀文当之，实非《史籀篇》之旧。

裁、黄侃曾说它的形式同后来的《三仓》差不多，也只是推测之词，确否很难断定[①]。

秦代以后，字书逐渐增多，体裁也不断演变，主要有以下几种：

（1）用韵语编字——以《仓颉篇》为代表。

《汉书·艺文志》："《仓颉》一篇。"班固自注："秦丞相李斯作。"这本书共七章，每章十五句，每句四字，押韵。每章各有标目。篇首第一句是"始有仓颉"，书就由此命名[②]。李斯之外，同时有赵高作《爰历》六章，胡毋敬作《博学》七章，体例与《仓颉》相同。汉朝初年，"闾里书师"合《仓颉》、《爰历》、《博学》为一书，以六十字为一章，共五十五章，三千三百字，号称《仓颉篇》[③]。《仓颉篇》以后，西汉司马相如作《凡将篇》，以六字、七字为句。史游作《急就篇》，基本上也是每句七字，但间有三字、四字句。两书都押韵，也与《仓颉篇》相同。此外，李长有《元尚篇》，扬雄有《训纂篇》，东汉贾鲂有《滂喜篇》。晋人又把《仓颉篇》作为上卷，《训纂篇》作为中卷，《滂喜篇》作为下卷，号为《三仓》[④]。东汉以后，作者辈出，成书很多，但都是《仓颉篇》的支与流裔[⑤]。这一派的书可惜都失传了，只有《急就篇》还保存了下来。这一派可以代表字书的第一期，其特点是押韵、便蒙，类似歌诀，同后世的《千字文》差不多，严格地说，还不能称为真正的字书。

（2）按义编字——以《尔雅》为代表。

《汉书·艺文志》："《尔雅》三卷，二十篇。"今本十九篇。前三篇（《释诂》、《释言》、《释训》）是字义的解释，大致是把义同义近的字列在一起，然后以一个当时比较通用的字来注释它，又大

① ［清］段玉裁《说文解字叙·注》："周之字书，汉时存者《史籀》十五篇，其体式大约同后代《三仓》。"（《说文解字注》卷十五上）黄侃《说文略说》："《三仓》、《急就》，由章句以组成。由此上推《籀篇》，以教学童，必为韵语。……自《三仓》以下，《埤仓》、《广仓》，既因其名，虑同其体。"（《制言》第十五期）《三仓》见下面注④。

② ［清］谢启昆《小学考》："李斯作《仓颉篇》，首'始有仓颉'句，遂以名篇，犹史游之《急就》也。"浙江书局，清光绪十四年（1888）刻本，卷九第5页。

③ 据《汉书·艺文志》。

④ 《三仓》有不同说法，见段玉裁《说文解字叙》注。此据《北史·江式传》及《隋书·经籍志》。

⑤ 东汉以后的字书，除《滂喜篇》外，尚有班固《太甲篇》、《在昔篇》，崔瑗《飞龙篇》，蔡邕《圣皇篇》、《黄初篇》、《吴章篇》、《女史篇》等等（均见《隋志》），都是《仓颉篇》一派。

都是以今语释古语，以通语释方言。第四—第十九篇（《释亲》、《释宫》、《释器》、《释乐》、《释天》、《释地》、《释丘》、《释山》、《释水》、《释草》、《释木》、《释虫》、《释鱼》、《释鸟》、《释兽》、《释畜》），是把事物名称加以分类，逐一解释其意义，大致是以俗名释雅名，以今名释古名。所以，《尔雅》一书，实为通雅俗古今之名而作，对读古书有很大帮助①。就今天看来，可以说是一部最古的“义典”②。《尔雅》相传为周初（公元前十一世纪）周公所作，自不可信，但《汉志》既已著录，则至迟在西汉末年（公元前一世纪）也必然已经编纂成书了③。后世沿袭《尔雅》的体制的字书也很不少，比较重要的有：

（汉）刘熙《释名》八卷（据《隋书·经籍志》，今本二十七篇）。

孔鲋（?）《小尔雅》一篇（据《汉志》，今本十三篇）。

（魏）张揖《广雅》三卷（据《隋志》，今本十卷）。

（宋）陆佃《埤雅》二十卷。

罗愿《尔雅翼》三十二卷。

（明）朱谋玮《骈雅》七卷。

方以智《通雅》五十二卷。

（清）吴玉搢《别雅》五卷。

史梦兰《叠雅》十三卷。

此外还很多。这些字书，尽管与《尔雅》体例完全相同的只占极少数，大多数都或多或少地有些变动，但总的说来，都是以义为纲、分类编列的，都是《尔雅》的流派。

（3）按形编字——以《说文解字》为代表。

《隋志》：“《说文解字》十五卷，汉许慎撰。”这部书也简称《说文》。它的体制是以形为纲，也就是按字的偏旁定出不同的“部首”而后按次序排列。《仓颉篇》和《尔雅》都不便于检查，到了

① ［晋］郭璞《尔雅注序》：“夫《尔雅》者，所以通训诂之指归，序诗人之兴咏，总绝代之离辞，辨同实而殊号者也。诚九流之津涉，六艺之钤键。”这几句话就说明了要读古书不能不通《尔雅》。

② 以形为纲的字书（如《说文》），可以称为“形典”；以音为纲的书（如《切韵》），可以称为“音典”（或“韵典”）；以义为纲的字书（如《尔雅》），就可以称为“义典”。

③ 《汉志》本于刘歆《七略》。《七略》成书在西汉末。

《说文》，才把书中所收的9 353字分成540部，每部的字都以部首为偏旁。部首的次序是“据形系联”的，也就是以字形相近为次[①]。这样，整部书便有了一个体系，检查起来也就方便多了。这是许慎的创造，也是字书的一大进步。《说文》以后，用这种体制编字的成为字书的主流，其中比较重要的有：

（晋）吕忱《字林》七卷。

（北魏）江式《古今文字》四十卷。

（梁）顾野王《玉篇》三十卷。

（明）梅膺祚《字汇》十二卷（又首末二卷）。

张自烈《正字通》十二卷（又首卷一卷）。

这些书（其中《字林》、《古今文字》二种已佚），虽然在字体、部数、字数、字次等方面各有异同，但都是分部编次的书，都属《说文》一派。《康熙字典》也属这一派。

（4）按韵编字——以《切韵》为代表。

按义编字是以义为纲，按形编字是以形为纲，按韵编字则是以音为纲。这一类的书，以魏李登《声类》为最早[②]，其书久佚，影响不大。影响很大而编制也较为完备的，有隋陆法言等的《切韵》。《切韵》原有五卷，久佚，近年才发现了一些唐人的手抄本[③]。《切韵》之后，唐孙愐的《唐韵》、宋陈彭年等的《广韵》、丁度等的《集韵》等书都属于这一派，又分为三小类：

1）以审音为主，而意兼存字。如《唐韵》、《广韵》、《集韵》等书，就《切韵》递增字数并登正、隶、讹、俗各体，这就使韵书兼有字书之用。

2）把按部首编字的字书改为按四声编字的字书。如南唐徐锴的

① 许慎《说文解字叙》：“据形系联。”段玉裁注：“系者县（悬）也，联者通也。谓五百四十部次第，大略以形相连次，使人记忆易检寻。”按：许书部首的排列，主要以形相近为次，间或也有以义为次的，也有随便放在一起的，但只占极少数。

② 李登《声类》十卷，《隋志》著录，唐以后失传。清陈鳣辑得一卷。《声类》的体例唐封演《闻见记》曾经说：“以五声命字，不立诸部。”可见它是以音为纲的。

③ 这些唐人手抄本大都残缺，只有王仁煦的增订本（名《刊谬补缺切韵》）是完整的。又，《唐韵》、《广韵》、《集韵》都是《切韵》的增订本，所以《切韵》也已被保存在这些韵书之中。

《说文篆韵谱》（五卷）就属这一类[①]，宋李焘《说文解字五音韵谱》（三十卷），也采用徐锴的办法[②]。这一类的书，完全改变了《说文》的面目，对于已明韵部的人检查较便，对于不明韵部的那就反而增加麻烦了。

3）部首依照《说文》的次序，每一部的字则按韵排列。如宋司马光等的《类篇》（四十五卷），就属这一类[③]。说文派的《玉篇》，分部并不亦步亦趋地依照《说文》[④]，《类篇》却同《说文》完全一样（只有草、木、水三部，因字多分为上下，所以有543部，较《说文》多出3个）。各部的字，《说文》或先名后事，或以声音为次，或以意义的同异为次[⑤]，较难掌握。《类篇》则依见于《集韵》为先后[⑥]。在未有编划的字书之前，这也不失为简便之一法。

（5）按声调编字——以《龙龛手鉴》为代表。

《龙龛手鉴》（四卷），辽释行均撰，成于公元997年[⑦]。其书凡部首之字，以平上去入为序；各部之字，也按四声排列。它的体例与《类篇》大致相同，不过，《类篇》的部首字仍依《说文》原来的次序，不按四声排列罢了。李焘《说文解字五音韵谱》也受此书的影响，但体例小有改变。

（6）按声母编字——以《四声篇海》、《五音集韵》为代表。

《四声篇海》（十五卷），金韩孝彦撰。此书取《玉篇》542部，

---

① 《四库全书总目提要》卷四十一："南唐徐锴，取许慎《说文解字》，以四声部分，编汇成书。"本书徐铉序："舍弟楚金（锴字），特善小学，因命取叔重（许慎字）所记，以《切韵》次之，声韵区分，开卷可数。"从这些话可以看出锴书的体例。

② 李焘书初稿本依司马光《类篇》次序，后来虞仲房告诉他：《五音谱》发端实因徐氏，则谱宜以徐氏为本（见该书后序），遂改以《集韵》为次。这样一来，《说文》始一终亥的旧序就完全改变了。

③ 《类篇》旧题司马光撰，书中说解也间有光所加按语。但据原书跋语，实际是王洙、胡宿等人相继修纂而成，不过，成书后光又加整理并奏上而已。书本十四篇，外目录一篇，每篇各分上中下，故又称四十五卷。

④ 《玉篇》部首始于一、上、示，终于十干十二支，与《说文》相同，但中间则全不相同。它又删去《说文》所立的部首11个，新添了13个，所以总数为542部，也比说文多两部。

⑤ 先名后事的，如玉部的字；以声音为次的，如示部的祉、福、祐、祺等字；以意义的同异为次的，如示部的祈、祷等字。详见黄侃《说文略说》。

⑥ 如一部先列丕字，次元字，次天字，这是按照《集韵》，丕在脂韵，在元、先二韵之前的缘故。这样的排列，就与《说文》不同。

⑦ 据原书释智光序，《龙龛手鉴》成于辽圣宗统和十五年，即宋太宗至道三年（公元997年）。沈括《梦溪笔谈》以为辽兴宗重熙二年（公元1033年）辑者，误。

按守温三十六字母的次序排列，又取《类篇》、《龙龛手鉴》等书，增加杂部三十七，共579部。凡同母之部，各依四声为先后；每部之内，又依笔划为先后[①]。它的编排方法，有因有创，在字书演进史上很可注意。《五音集韵》（十五卷），孝彦子道昭撰。此书取《玉篇》、《类篇》等书的字改并部次，别以五音，系以三十六字母，又以一百六十韵贯之，虽是韵书，也兼有字书的性质[②]。按声调编字和按声母编字，也是以音为纲，同按韵编字的可以统一起来，属于一个更大的类型。

（7）按笔划编字——以《字汇》、《正字通》为代表。

按笔划编字的字书又分为两小类：

1）按划形（即点划之形）为次。这一类以宋李从周《字通》（一卷）为最早。此书分部不用《说文》门类，而是按隶书的点划，共分89部，601字。名目繁碎，检查很不便，后世的字书也没有沿用它的体例的[③]。只有近人所创的检字法，分点起、撇起、直起、横起等类，与李书有相通之处。

2）按划数（即点划之数）为次。这一类以《四声篇海》为最早。《四声篇海》已见上文，但这书的部首仍以三十六字母为次，不按划数分先后。部首字、部中字完全按划数编列的是《字汇》和《正字通》，而《康熙字典》则直接继承了这一传统。

（8）分类编字——以《六书故》、《六书统》为代表。

《六书故》（三十三卷），宋戴侗撰。此书分九部：一、数；二、天文；三、地理；四、人；五、植物；六、动物；七、工事；八、杂；九、疑。又细分为479目，各以其所谓“字母”统“字子”，大旨在于以六书明字义，但究不便于检查。《六书统》（二十卷），元杨桓撰。此书以六书统诸字，所以名叫“六书统”。六书之下各分子目，计象形10目，会意16目，指事9目，转注18目，形声18目，假借18目。象形、会意、转注、形声四者，大致因袭《六书故》的

① 见《四库全书总目提要》卷四十三。

② 此书系道昭因其父孝彦未成之稿续加修订而成。明代曾将《四声篇海》、《五音集韵》合刻，总题《篇韵类聚》。《五音集韵》收53 525字，与《集韵》同。

③ 参看《四库全书总目提要》卷四十一。

门目而加以推衍，指事、假借二者，则是杨桓自己区分的[①]。戴、杨的书，大变《说文》以来分部的成法，都有支离破碎之嫌，但它们勇于创造的精神，是值得称赞的。

以上八大类之外，还有三个小类，可以统称为“杂类”。这三小类是：

1）保存古字的书。例如：

无名氏《古今字》一卷。

（后汉）卫宏《古今官书》一卷。

郭训《古今音字》一卷。

（宋）郭忠恕《汗简》一卷。

夏竦《古文四声韵》五卷。

娄机《汉隶字原》六卷。

2）通俗训蒙的书。例如：

（后汉）郭训《杂字指》一卷。

服虔《通俗文》一卷。

（魏）张揖《难字》一卷。

（晋）李虔《续通俗文》二卷。[②]

殷仲堪《常用字训》一卷。

葛洪《要用字苑》一卷。

（宋）颜延之《诂幼》二卷。

（北魏）周氏《杂字解诂》四卷。

（北齐）颜之推《训俗文字略》一卷。

（隋）王劭《俗语杂字》一卷。

3）辨正错误的书。例如：

（魏）张揖《错误字》一卷。

（梁）邹诞生《要用字对误》四卷。

（北齐）李铉《字辨》四卷。

（唐）张参《五经文字》三卷。

玄度《九经字样》一卷。

颜元孙《干禄字书》一卷。

① 《四库全书总目提要》对《六书故》、《六书统》都有批评，可以参看（见卷四十一）。

② 李虔，钱大昕疑即李密，密一名虔。

（宋）郭忠恕《佩觿》三卷。

张有《复古编》三卷。

（元）李文仲《字鉴》五卷。

这三小类的书，每一种都不是包括全部文字的，而只是就某一方面“征材类聚”，以供读者检用，可以说是“专科字书”（与此相对待，以上八大类可以说是“普通字书”）。三类之中，第一类保存下来的大多难以据信，第二类几乎全部亡佚，只有第三类还有许多可供参考的。近年大家很注意“正字法”，因而这一类的书就更受重视了①。

上述八类的书（杂类不计），不一定能全按时代排列，但每一类的创始的书，却有先后可分。所以，从这八大类的递变，也就清楚地可以看出中国字书的发展过程。

《康熙字典》的体例，就编字说，采用部首法，其渊源出于《说文》；就注音说，汇集古今韵书的音切，并参考他书以为补充；就释义说，《尔雅》以下的字书的义训大都收入；就辨正形体说，除了根据《说文》以外，连杂类中辨正错误的书也采摭很多。由此可见，历代各种类型的字书，它都或多或少地加以利用。正由于凭借深厚，集合众长。所以才能后来居上，在字书中占有重要的地位，这实在不是偶然的。

《康熙字典》虽然兼采群书，但对它影响最大的却是《字汇》和《正字通》。因此在这里，需要对这两部字典多作一点介绍。

梅膺祚《字汇》十四卷，卷首有膺祚从兄鼎祚序。序作于万历乙卯（明神宗四十三年，公元1615年），《字汇》成书大约也就在此时。根据这篇序文以及书中凡例等项，可以看出这部字典在编排等方面对旧有字书作了重大改革，有许多为后来字书遵循的好办法都是它所首创的，兹列举如下：

（1）大胆地简化了部首。《说文》的540部，是就小篆区分的，所以部首较多。后来字体变更，由篆而隶而楷，《说文》的部首已经不能适用，许多字书仍旧遵守许慎成法，可以说是“穷而不变”。《字汇》首先把540部简化为214部，纠正了分部过于繁琐的毛病，

① 以上分类，采黄侃《说文略说》。本段多采黄说。

实在是合理的、进步的。

（2）部首字和部中字的排列一律按笔划多少为先后。上文说过，《说文》部首的次序是“据形系联”的；但是，由于字体变更，在后世通行的楷书里，这样“据形系联”的迹像已经很不清楚，不能再用来排列次序。《说文》各部的字，排列的先后有多种标准，相当复杂，也不便于检查。《玉篇》等字书，在这方面并没有什么改进。韵书以韵部隶字，较有系统，但不明韵部区分的仍然难以利用。《字汇》以笔划的多少为分部的次序，又以笔划的多少为列字的次序，整齐划一，易检易记，比起过去的字书来，这又是一个很大的进步。

（3）每卷卷首各有一图，图中每行分十格，载明本卷所有的部首及所在的页数。这实际就是分卷的目录，也有检查方便的好处。

（4）附件很多。这本字典，除了开头有序文、凡例（十四条）和总目以外，又有首末二卷。首卷列“运笔”、“从古”、“遵时”、“古今通用”、“检字”等五项。“运笔”，排列各种形体的字71个，分别说明每个字的落笔先后；“从古”，列古字当从者179字，以明六书之义；“遵时”，采当时通用的字109个，一一注明古作某，告诉读者应当遵用通行的写法，不必拘泥古体；“古今通用”，列举135字，古今对照，说明可以随便选用；“检字”，则把许多疑难的字排列在一起，使读者可以按照笔划在这里寻检。末卷列“辨似”、“醒误”、“韵法”等三项。“辨似”，列举点划相近的字473个，分为225组（内二字相似的211组，三字相似的7组，四字相似的5组，五字相似的2组），一一加以分辨；“醒误”，列举坊本经常刻错的字68个，也用对照的方法，分别指出其错误；“韵法”，有直图，又有横图，都是用来说明四声和反切的。以上八项附件的编制，编者显然费去不少的时力，但对读者却有很大的用处，这也是本书的优点之一。

张自烈《正字通》十二卷[①]，卷首有康熙庚戌（康熙九年，公元1670年）张贞生序和凡例（十条）。此外，也有首卷，照抄《字汇》的首末二卷，只是删去了“韵法”一项。首卷之后，有“引证

① 《正字通》旧本或题明张自烈撰，或题清廖文英撰，或题二人同撰。清钮琇《觚剩》谓书实出自烈手，文英购得之，因掩为己有，见《觚剩》内“著书三家”条。

书目”和“总目”；引证书目是《字汇》所没有的。据此书凡例，知道它是为了补正《字汇》的缺漏和错误而作，所以体例完全依照梅氏之旧（书中称《字汇》为旧本），只是在注释、引书等方面作了一些改进。但总的看来，变动是不大的。

《康熙字典》的体例，是直接沿用《字汇》、《正字通》两书的，上引康熙的“上谕”就说：“增《字汇》之阙遗，删《正字通》之繁冗，勒为成书，垂示永久。”《四库全书总目提要》也说：“《字汇》疏舛，《正字通》尤为芜杂。康熙四十九年，乃谕陈廷敬等删繁补漏，辨疑订讹，勒为此书。仍两家旧目，以十二辰纪十二集，部首之字以划之多寡为序，部中之字亦然。”[①]这里虽然都高自位置，贬低两家，但也明白承认《康熙字典》是在两书的基础上增益而成的。在以下几方面，它都因袭了两书：

1）用214个部首统书中所有的字；

2）部首字、部中字都按笔划排列；

3）用子、丑、寅、卯等十二辰标记十二集；

4）除序文、凡例、总目等以外，首卷也有等韵、检字、辨似等附件（也有末卷，但内容与《字汇》不同）；

5）收字基本上相同，只是有所增删；

6）注音、释义，采用两书的更多。

《正字通》是《字汇》的增订本，《康熙字典》又是《正字通》的增订本，三书有着一脉相承的关系。没有两书做蓝本，《康熙字典》能否在五年多的时间内编成，很成问题。《字汇》和《正字通》在明清之际本来风行一时[②]；可是，自从《康熙字典》出现以后，官书便代替了私家撰著。到后来，甚至连梅、张两人的姓名也渐归湮没，他们的筚路蓝缕之功，自然更是没有多少人知道了。

以上说明《康熙字典》和历代字书的关系，指出它的“因袭”的一面；但《康熙字典》也还有“创造”的一面。不过，这一面我

---

① 《四库全书总目提要》卷四十一。

② ［清］朱彝尊《汗简跋》：“小学之不讲，俗书繁兴。三家村夫子，挟梅膺祚之《字汇》、张自烈之《正字通》以为《兔园册》，问奇字者归焉，可为冷齿目张也。”（《曝书亭集》下册卷四十三，第524页。上海国学整理社1937年版）朱氏虽对二书加以贬斥，但这一段话也说明了它们在当时盛行的情况。

们打算在下一段里结合《康熙字典》的优点来讨论，因此，这里就不多说了。

三

《康熙字典》出版以后，学术界对它的毁誉不一。有极力称赞的，如《四库全书总目提要》就说：

> ……去取得中，权衡尽善……信乎六书之渊海，七音之准绳也。①

《四库全书简明目录》也说：

> 根据六书，蒐罗百氏，每字详其声音训诂，皆先今韵，后古韵；先正义，后旁义。又备载古文，以溯其本；兼列俗体，以订其讹。义例精密，考证赅洽。自《说文》、《玉篇》以下，历代字书，此其总汇矣。②

两书都是清代的官书③，它们对钦定的《康熙字典》只能恭维备至，不敢加一贬词，这是完全可以理解的。但私家评论也确乎有许多是同两书一致的，这里姑举一例，如近人张元济说：

> 余自束发受书，案头置一《康熙字典》，遇有疑义，辄翻阅之。其于点划之厘正，音切之辨析，足以裨益写读者殊非浅鲜。后出诸书，陈义多所增益，然于形声二事，殊不能出其范围。且搜罗之备，征引之富，尤可谓集字书之大成。④

以上这些意见，可以代表一个方面；另一方面，则是对它大加

---

① 《四库全书总目提要》卷四十一，经部小学类二。
② 《四库全书简明目录》卷四，经部小学类。
③ 《四库全书总目提要》和《四库全书简明目录》都是乾隆时奉敕修的，都是官书。
④ 张元济：《节本康熙字典序》（节本，商务印书馆，1949年版）。

诃斥的，如陆费逵就指出它的“四大病”[①]，黄侃也说有五弊[②]，蟫魂更列举十项缺点[③]。问题既然这么多，于是有人就说它“朽蠹之质不足刻雕”[④]，有人说它“百孔千洞，决非区区补缀所能为役；而呰窳老旧之范型，亦愈见其扞格不适于用”[⑤]。这都是采取全盘否定的态度，简直认为不值一顾了！

平心而论，称赞它的，指责它的，都有正确的一面，但可惜并不全面。称赞它的，意见往往嫌笼统，并未能把它的长处一一表章出来；指责它的，列举还有未尽，有些地方证据也不够充实、有力。因此，就今天说起来，对《康熙字典》进行比较全面的分析，作出比较公平的评价，确是完全必要的。

一部字书的价值，一般总是从收字的数量，编排的形式，辨形、注音、释义的方法，以及引例和附件的多少好坏等方面来衡量。现在评价《康熙字典》，也想就这几项来分别说明，但为节省篇幅起见，优缺点结合在一起讨论，每项举例也只举有代表性的。几项之中，“释义”对全书至关重要，“引例”方面原书错误较多，因此，这两项说得多一些，举例也稍为多一些。具体的分析要从具体的情况出发，各方面的情况既不相同，自然也就不能同样对待了。

以下共分七项：

（一）收　字

在收字方面，《康熙字典》有下面几个优点：

（1）求全求备，收字比旧有字书都多。中国现存的重要字书，《说文》9 353字，《广雅》18 150字，《玉篇》22 561字，[⑥]《广韵》26 194字，《集韵》53 525字，《龙龛手鉴》26 433字，《洪武正韵》32 254字，《字汇》33 179字，《正字通》33 549字，《康

① 陆费逵：《中华大字典序》（《中华大字典》，中华书局1915年版）。

② 黄侃：《论康熙字典之非》，《制言》第四十期（1937年）。

③ 蟫魂：《书康熙字典后》，《大中华》一卷五期。

④ 章炳麟：《检论》卷四《清儒》，《章氏丛书》第十九册。

⑤ 黄云眉：《清代纂修官书草率之一例——康熙字典》（见《史学杂稿订存》，山东人民出版社1960年版，第243页）。

⑥ 此据今本，内有后人增加的字。顾野王原本，据封演《闻见记》，只16 916字。

熙字典》49 030字[①]。从上举的数字看，似乎以《集韵》为最多，但《集韵》里面有大量的异体字，实际上并不比《广韵》多多少[②]。所以，就收字而论，《康熙字典》的完备是空前的。

（2）新增的字、冷僻的字以及可疑的字，或标明，或另列，意存分别，既便于考校，也见出态度的矜慎。《正字通》之例，凡较《字汇》多出的字，都在分卷目录的部首之下注明，如人部下注云："旧729字，今增大字12。"《康熙字典》用其例，但改为分载各部各划之后，并加"增"字以示分别。这样，哪些字是新增的，就更清楚了。《补遗》一卷，收"凡有音义可入正集而未经增入者"[③]；《备考》一卷，收"凡无可考据，有音无义，或音义全无者"[④]。其实，前者是僻字，后者是不可施用的字，把它们同正集的字区别开来，也是比较妥当的。

（3）单字之外，收入大量语词，使字典兼有词典之用。字典本来是以单字为对象的，但单字之外，如能兼收语词，那就是从语言出发，把文字看成记录语言的符号，不是仅仅罗列一个个的单字，这样对读者也就更有用[⑤]。《康熙字典》在这方面做出了一定成绩，如"奴"字的注释中就列举了雍奴（地名，又泽名）、念奴（人名）、驮索迦（梵语"奴"）、飞奴（鸽）、烛奴（烛檠）、酪奴（酪）、木奴（柑桔）、竹奴、青奴（竹夫人）、锡奴（温足缾）、荔枝奴（龙眼）、狸奴（猫）[⑥]等十二个词。这一类的例子很多。如把全书所收的语词都摘出来，数量是很可观的。这是这本字典的一大贡献。

收字方面也存在许多缺点，主要是：

（1）常用的字少，不常用的字多，两者夹杂在一起，检阅不便，实用性很差。张元济说："每检一字，必遇有不能识亦不必识者

① 此数系连《补遗》、《备考》所收的字合计。正文只42 174字。

② 《集韵》自称新增27 331字，实不可靠。

③ 见《补遗》卷说明。

④ 见《备考》卷说明。

⑤ 黄侃以"溷于辞书"为《康熙字典》的缺点之一（见《论康熙字典之非》），我们不同意这种看法。

⑥ "猫"原误为"獭"。

参错其间，耗有限之光阴，糜可贵之纸墨。”[①]这几句话道出了《康熙字典》读者的共同感觉。当然，旧有字书也大都有这种毛病，但《康熙字典》收字最多，这一缺点就显得更突出些。张元济的节本，删去原书中“奇诡生僻无裨实用”的字三万八千多，留下的只有十分之二弱[②]，看去就要清爽得多。当时如准补遗、备考之例，把常用字与罕用字区分开来（自然，区分起来有一定困难），这个缺点是可以补救一些的。

（2）收字重复。如穌字，禾部、革部都收入；辮字，系部、辛部都收入。这一类很有一些。由于有两部并收的字，总字数的计算也因之受到了影响。

（3）失收的字很多。《康熙字典》虽然号称收字完备，但是失收的字依然很多，特别是宋、元以来民间通用的俗字、简体字等等，数以万计，而采入的却极为寥寥。所以《字典》一书并不能反映历代所创造的文字的全貌。此外，也有注解中已经出现而部中却失收的，如火部“熍”下注云：“同燆。”而同部并未收入“燆”字。又如毛部“毡”下注云：“俗髶字。”而髟部并未收入“髶”字。这一类，更是不应有的疏忽。

（二）辨　形

“辨形”是指解释形体、辨正点划而言。字有形、音、义三要素，我们想要真正认识一个字，必须正确地掌握这三个方面。但就字书来说，这三个方面都是不容易处理得好的。即如汉字的形体，它的结构、演变以及点划之间的细微差别，讲起来就很复杂、很烦琐。《康熙字典》在这方面做了以下几项工作：

（1）搜罗了许多重文、异体字。《康熙字典·凡例》说：“六书之学，自篆、籀、八分以来，变为楷法，各体杂出，今古代异。今一以《说文》为主，参以《正韵》，不悖古法，亦复便于楷书。考证详明，体制醇确。”《字典》所收的字，都用楷体，其有各种不同形体的，则列于本字之下，或在注解中注出。如“一”下列古文“弌”，“信”下列古文“㐰”、“訫”。又如“歌”下列古文“可”、

① 张元济：《节本康熙字典序》（节本，商务印书馆，1949年版）。

② 数字也见《节本康熙字典序》。

"哥"，又在注解中说明或作"謌"，又作"䛩"。有时分列两处，但其实也是异体字，如"啟"与"启"分列，但实是一字。[①]通过这几种方式，重文、异体字就差不多都包括进来了。《凡例》又说："集内所载古文，除《说文》、《玉篇》、《广韵》、《集韵》、《韵会》诸书外，兼采经史音释及凡子集字书，于本字下既并载古文，复照古文之偏旁笔划，分载各部各划，详注所出何书，便于考证。"这样的处理，对研究字形也有一定的方便。

（2）对字形做了一番解析辨正的工夫。《说文》最重字形，每字都解析形体，以见造字之义。《康熙字典》把《说文》中这一类的话保留了很多。如"旦"下就说："从日，见一上。一，地也。""歬"下也说："从止在舟上。"这都是直接引用《说文》。《说文》以外的字书也引来说明字形，如"𣥗"下引《六书正讹》："两足相距不行也。从两止，上下，会意。"又如"改"下引《五经文字》："'改'从戊已之已。"这一类也很多。有些字形体相近，易于混淆，《康熙字典》也在注解中详加说明，使读者了解其区别。如"玉"下引许多书，指出"玉"和"王"篆体都作三横一直，只是帝王之"王"中间一划靠近上一划，而珠王之"王"三划相距很均匀。后来人不懂得这种区别，于是就把珠王之王旁加一点作"玉"，这就把两个字的来历讲得很清楚。它如"夾"下云："'陜'字从此。从夾有所持，从二入，与夹从人别。"又如"韎"下云："《字汇》：'韎与佅同，宜从末，中划短；莫佩切者，宜从未，中划长。'按：《说文》从末，无从未，《字汇》强分为二，非也。《正字通》驳《字汇》之误，而以诸书为皆从未，尤非。"（华按：《说文》从末，《尔雅》等书则从未，《字汇》区分为二，并不误。）像这一类考辨点划的按语，全书中是很多的。

（3）对于错别字以及能否通借也往往加以说明，使人易于分辨。这一项同上一项都与"正字"有关。本来辨明了点划，字就不至用错。但《康熙字典》对于错别字一般都特别指出，借以引起注意。如"寻（按：繁体作'尋'）"下云："从口，俗从几，作'尋'，非。"又如"步"下云："从少，反止也。从少，非。"又如

① "啓"下又列异体"晵"，注释中也说明与"启"同。

“第”下云：“《韵会》旧注作‘苐’，非。苐，草也。”又如“段”下云：“从殳，耑省声。与‘叚’别。叚乃假借之义，古马切。俗通用，非是。”又如“筑”下云：“筑字之讹。”当然，由于约定俗成，有些简体后来代替了繁体，不一定再看成错别字。但就字书说，指出它们本来的区别还是必要的。《康熙字典·凡例》：“集内有‘或作某’、‘书作某’者，有‘与某字通’、‘与某字同’者。或通或同，各有分辨。‘或作’者，显属二字，偶尔假借也。如《礼·祭法》：‘厉山氏之有天下也’，则‘烈’或作‘厉’。《左传》：‘晋侯见锺仪，问其族，曰：泠人也’，则‘伶’或作‘泠’。‘书作’者，形体虽异，本属一字也。如‘花’作‘华’、‘尳’作‘逵’等类。条分缕析，各引经史音释为证。”这一类，书中也很多。其标“通”的，如“豺”下云：“与犲通。”“劫”下云：“通作刧，亦通作刦。”标“同”的，如“胭”下云：“胭脂，与燕脂同。”“閆”下云：“同阎。”标“或作”的，如“驮”下云：“或作佗。”“筆”下云：“或作笔。”标“本作”的，如“茶”下云：“本作荼。”“暮”下云：“本作莫。”标“亦作”的，如“答”下云：“亦作荅。”“策”下云：“亦作筴。”其不可通的，也在注解中加以解释。如“閑”下就指出“閑”与“間”音同义别，不能随便通用。又如“尊”下也指出尊卑之尊、酒器之尊都应作“尊”，俗以“樽”为酒器是不对的，因为“樽”的本义是“林木茂盛”。

上述三项是做得比较好的。但在辨形方面，《康熙字典》也存在着一些缺点：

（1）字体区分不清。《说文》在本字之下往往指出古文作某。它所谓“古文”，指“壁中书”，也就是指六国的文字[①]。《康熙字典》在某些字下面也指出古文作某。但它却没有说明这个“古文”究竟指的是什么。从实际上看，它把《玉篇》、《集韵》以及《一切经音义》等书所收的异体字一概都算做古文，这是很有问题的，因为其中有一些是“今文”[②]，有一些是讹体，不一定都是古文。又，正俗的分别，书中也没有划清。黄侃批评这一点说：“俗书诚难尽废，然

① 壁中书，汉代发现的孔子宅壁中的藏书，字体用六国通用的文字，与小篆、隶书都不同，汉人误以为上古的文字。所以《说文叙》说：“古文，孔子壁中书也。”

② 前人称隶书为“今文”（有时也兼包隶、楷两者而言）。

亦需略为区画。虽考见本原，非当日编纂诸臣所任，但小加分析，令后出字不与旧文相溷，亦非甚难。今观其书，见字即收，羮羹一类，而每画后之增字，及编后之备考、补遗，又往往羼以正字。若以正字为正编，而以后出字为增字，以讹变不可究诘者为备考，岂不井然有条乎？”①当然，严格区别增与俗、本字与后出字，有时并不容易，但大体上加以划分，如黄氏所说，也确有好处，至少杂乱的毛病是可以避免的。

（2）解析形体有误。《说文》是“形书”，每字都解析形体，字书本应如此。《康熙字典》有的解析，有的不解析（后一种远较前一种为多），体例已经不划一；它所解析的，又往往有错误。如“元”下云：“元字从二从人。”②考《说文》“元”下本作“从一，兀声。”徐锴不懂“元”与“兀”的声音关系，疑“兀”下不当有“声”字。段玉裁就指出：“以‘髡’从兀声、‘軏（按：即軏字）’从元声例之，徐说非，古音元、兀相为平入也。”③由此可见，解为“从二从人”，是完全搞错了。又如“告”下引《说文》云：“牛触人，角著横木，所以告人也。从口从牛。”《说文》的解说其实是牵强附会，段玉裁就曾加以批评，他说：“如许说，则告即楅衡也。于牛之角寓人之口为会意。然牛与人口非一体，牛口为文，未见告义。且字形中无木，则告意未显。且如所云，是未尝用口，是告可不用口也，何以为一切告字见义哉？愚谓此许因童牛之告而曲为之说，非字意。”④段玉裁是非常尊信许慎的，但这里也提出异议，可见这样解析字形是不对的。《康熙字典》对《说文》不能纠正，像这类的错误也大都沿袭下来了。

（3）注解中所说古文作某、与某字同，多不可靠。如“娍”下云：“古文㨔”。王引之《康熙字典考证》：“《说文》、《玉篇》、《广韵》、《集韵》、《类篇》，娍字均无古文作㨔之文。惟《说文》‘娍’字作‘㨔’。此盖以娍字篆文误为娍字古文。”⑤又如“𠛎”下云：

① 黄侃：《论康熙字典之非》，《制言》第40期（1937年）。

② 儿、人是一字，所以说“从人”。

③ ［清］段玉裁：《说文解字注》卷一。

④ ［清］段玉裁：《说文解字注》，卷二。

⑤ 《字典丑集中考证》。

"《玉篇》古文猒字。"考《玉篇》原文实作"肰"不作"猒"[①]。这些地方显然都是张冠李戴。又如"蕿"下云："同苦"。考《集韵》"蓰"下说是同苦，"蕿"下却没有说同苦。蕿与苦虽相通，但不能直接说成"同苦"。这是《字典》说"同"而其实不同。又如"鋿"，《玉篇》也作"鐨"，而《字典》却没有说。这是其实相同偏又不说"同"[②]。此外，《字典》所说"与某字通"、"或作"等等，问题也很多，但因与释义有关，这里暂不多说。

(4) 计算笔划有出入。汉字的笔划计算起来有时并不容易，例如亞（亚）字为什么是八划，馬（马）字为什么不是九划而是十划，诸如此类的问题，初学就难于掌握。《康熙字典》虽有按笔划排列的"检字"，但却没有像《字汇》那样说明运笔的先后，因而便不能帮助读者解决上述一类的问题。这是一个缺点。但还可以原谅，因为一般字书也都不谈运笔，不独《字典》如此。最不可原谅的，是《字典》本身计算笔划也常有出入。如"祭"字入示部六划，而"示"为五划，全字为十一划，但从祭的"憏"却入心部十二划（际、漈、穄等字又入十一划）。又如"盈"字入皿部五划，而"皿"为五划，全字为十划，但从昷的"榲"却入木部九划（温、瘟、韫、轀等字又入十划）。诸如此类，忽彼忽此，使人检查困难。作为字书来说，这种现象是不应该有的。

（三）注　音

注音正确是好的字书必须具备的条件之一。《康熙字典》的十八条凡例中就有六条是讲注音的，足见对这方面极为重视。但是，它的注音工作却做得比较差，只有以下几项勉强可以说是优点：

(1) 备载各书音切。《凡例》说："音韵诸书，俱用翻切，人各异见，未可强同。今一依《唐韵》、《广韵》、《集韵》、《韵会》、《正韵》为主，同则合见，异则分载。其或此数书中所无，则参以《玉篇》、《类篇》、《五音集韵》等书。又或韵书所无，而经、传、史、汉、老、庄诸书音释所有者，犹为近古，悉为采入。至如《龙龛》、《心镜》诸书，音切类多臆见，另列备考中，不入正集。"又说："字

① 《字典午集上考证》。

② 以上二例，采蟫魂《书康熙字典后》。

兼数音，先详考《唐韵》、《广韵》、《集韵》、《韵会》、《正韵》之正音，作某某读；次列转音。如正音是平声，则上去入以次挨列；正音是上声，则平去入以次挨列。再次列以叶音。则一字数音，庶无挂漏。”如“丁”字，《字典》先引《唐韵》、《集韵》、《韵会》、《正韵》，注云：“并当经切，音玎。”这就是所谓“正音”。又引《广韵》、《集韵》、《韵会》，注云：“并中茎切，音朾。”这就是所谓“转音”。又引《韵会小补》，注云：“叶都阳切，音当。”这就是所谓“叶音”。一般的字，大都注出这三种音，又大都既用反切，又用直音。诸书音切，《字典》中确实罗列了不少，因此，康熙序文中曾经吹嘘“无……一音之不备”，《凡例》中也自诩“集古今切韵之大成”。虽然都过分夸大，但当时做了一番抄撮的工作，为读者提供了一些便利，也是应该肯定的。

（2）对某些字的音读做了一些辨正。如“霓”下云：“‘雌霓’之‘霓’，五的反；‘云霓’之‘霓’，五兮反。”与《南史·王筠传》合[①]。又如‘毌’下云：“‘贯高’之‘贯’，音冠，本毌丘复姓。后去丘为毌氏，又作贯氏。魏有毌丘俭。今多呼为‘父母’之‘母’，非也。”与《史记索隐》合[②]。此外，如“甄”下指出有二音：三国以前读居延切，音坚；三国以后，因孙权尊其父坚为帝，江左诸儒为吴讳，改读之人切，音真。又如“传”下指出有平去两读：“驿传”之“传”，平去二音可以互读；“传道”、“传闻”、“传授”之“传”则一定读平声，“纪传”之“传”则一定读去声。又如“心”下注云：“按《字汇》、《正字通》‘心’俱音‘辛’，误。‘辛’在真韵，齐齿音也；‘心’在侵韵，闭口音也。如心字去声，音近‘信’，然不得竟以信字音之者，盖信字为真韵内辛字之去声，乃齐齿音也。若侵韵内心字之去声，乃闭口音，有音而无字矣。字有不可直音者，此类是也。”像这一类的辨正，对读者都有用处。又如“杓”下，辨音读之异，长达数百字，那就更详细了。

（3）保存了方音的一些材料。如“怎”下云：“按此字《广

---

① 《南史·王筠传》记沈约作《郊居赋》，以草稿示筠，筠读至“雌霓连蜷”，约抚掌喜笑，说：“仆常恐人呼为霓。”按“云霓”之霓，读ní；“雌霓”之霓，读niè。

② 《史记·田完世家》：“（齐宣公）伐卫，取毌丘。”《索隐》云：“毌音贯。古国名，卫之邑，今作毌者，字残缺耳。”

韵》、《集韵》皆未收，唯韩孝彦《五音集韵》收之。今时扬州人读争，上声；吴人读尊，上声；金陵人读津，上声；河南人读如槙。各从乡音而分也。”又如“毛”下云：“又蒙晡切，音模。《佩觿集》：‘河朔谓无曰毛。’《后汉·冯衍传》：‘饥者毛食。’注：‘太子贤曰：案衍集作无。今俗语犹然者，岂古语亦通乎？当读如模。’”又“无”下引方以智《通雅》：“江、楚、广东呼无曰毛。”又如“侬”下云：“吴人谓人‘侬’，即人声之转。瓯人呼若‘能’。”又如“风”下引陈第《毛诗古音考》：“或曰：今太行之西，汾、晋之间，读风如分，犹存古音。”这一类材料并不多，有一些，记录得也不精密，但就研究方音来说，都是很宝贵的。此外，书中还搜集了一些地方字，同时也记下了读音，如“孬”下云“呼怪切，歪去声，不好也。范成大《桂海杂志》：‘土俗字：⿱不长，音矮，不长也。奀音动，人瘦弱也。⿱不⿰彳寸音腊，人不能举足也。’孬与⿱不长、奀诸文同，范所谓俗字，皆六书所不收。”这些字是地方字，其读音也是方音。比如“孬”在有些方言区域里就读成闹的平声（nāo），并不读歪的去声的。

《康熙字典》注音方面的缺点，黄侃曾指出四点：“古今杂陈，然否不辨。吴棫、杨慎之说本非定论，而亦取之，一弊也。《正韵》之书，乃昔人所云当代不行之典，于今不用之仪，牵取入书，转为审音之障碍，二弊也。所引《唐韵》，清世久无其书，何所依凭，辄造此目？三弊也。引《广韵》、《集韵》多与原书不符，未知向壁造之，抑将别有善本？四弊也。”[①]四弊之中，“古今杂陈”一弊为最严重。清初，古音之学尚未大明，编纂诸臣对古今音的演变也很隔膜，因而只能把韵书的音切堆砌在一起，而不能加以分辨，自然更谈不上说明语音的发展了。如“上”字，上古本读平声，汉代以后才转为上声，南北朝以后又分为上去两读。《康熙字典》“上”字下，先注时亮切，次注是掌切，次注辰羊切。以去声居先，上声次之，平声又次之，次序显然很乱。又“辰羊”切“常”而“上”的古音读“堂”，两者也不相合。此外，《康熙字典》常常喜欢标榜“正音”，而正音究竟以何时何地的音为标准却很不明确。《凡例》中

① 黄侃：《论康熙字典之非》，《制言》第40期（1937年）。

说："先详考《唐韵》、《广韵》、《集韵》、《韵会》、《正韵》之正音……"似乎这些韵书中所列的音切就是正音。但书中所谓"转音"，也往往出于这些韵书。这样一来，正转之分，就很不清楚。又，《广韵》等韵书大都杂有古今南北之音，不加分别地统认为正音，也未免把问题看得太简单了。以上所说，都是注音方面的主要缺点。至于引用叶韵说以及有些字音失收等等，由于有的错误显然，有的关系较小，这里就不一一讨论了。

（四）释　义

释义是编纂字书的主要环节。一部字书价值的高下，在很大程度上取决于释义的工作做得如何。《康熙字典》对释义是相当注意的，也取得了一些成绩，主要有下面几项：

（1）罗列各书义训，解释详细。中国字书，从《说文》起，才算有像样的注释（《说文》称作"说解"），但仍很简单。《玉篇》原本的注释较详，但经宋人删削，今本也很简略。韵书兴起之后，注解才渐渐加详。像《广韵》东韵的"东"字下就注了二百多字，"公"字下就注了六七百字。不过，注文中大多数是姓氏、人名，同字义其实不大相干。而且，《广韵》收字26 194，注文只191 692字，平均每字的注释还不到8个字，总的说来，依然很简单。《字汇》、《正字通》的注释，比旧的字书大大增多。《康熙字典》在两书的基础上又加以补充，因而注文更为详细。我曾粗略地统计了一下，全书注文超过五百字的有六十四条；超过一千字的，有十六条，如田部开头的田、由、甲三字，注文就多到三千五百字左右，密行细字，整整占了两面，其详细实为字书中所仅见。又如"佛"字下叙述佛教的源流，"钱"字下叙述钱币的沿革和论钱的专著，都很有系统，更简直像是具体而微的百科全书了。康熙在序文里说：《字典》释义，主要是根据《说文》、《玉篇》，兼用《广韵》等韵书及其他字书。此外，经史子集也无不旁罗博证，使有依据。足见当时在这方面是做了不少的工作，虽然未能做到"无一义之不详"①，但搜集之勤也是不容埋没的。

① 也是康熙序文中语。

（2）增收新义，补旧有字书之不足。中国字书注重古义，对后起义往往不收，这就不容易看出字义的发展。《康熙字典》在这方面注意是同样不够的，但也间或收入一些新义，数量还不算太少。这里姑举几个例子。如“们”字，有些字书不收，有些字书只收“们浑，肥满貌”一义。《字典》便增收做“形尾”[①]的一义，注云：“今填词家我们、俺们。”又如“找”字，《集韵》说是“与划同，舟进竿谓之划。”《洪武正韵》也说是“拨进船也。”《字典》便增收“找零”一义，注云：“俗音爪，补不足曰找。”又如“捱”字，《集韵》只说“拒也”，《字典》便增收“拖延”一义，注云：“俗谓延缓曰捱。”又如“托”字，《集韵》、《韵会》只说“同拓”，《字典》便增收“柈名”一义，注云：“宋曰托子，今曰托盘。”又如“妈”字，《广韵》、《集韵》虽已收入，但读如“姥”。《广韵》虽也释为“母也”，但又说“一曰牝马”。《字典》则注云：“俗读若马，平声，称母曰妈。”这就明确得多了。

（3）剖析字义，辨别同异，对读者有指导作用。如“饥”下云：“按《说文》饥、饑二字，饥训饿，居夷切；饑训谷不熟，居衣切。汪来虞方伯说，饑馑之饑从幾，饥渴之饥从几，诸韵书俱分列支、微两韵。止《集韵》饥字训或从幾，经传颇通用。《长笺》云：‘近代喜茂密者通作饑，趋简便者通作饥，遂成两谬，经传不误，恐传写之讹也。’”又如“饿”下云：“按《韩子·饰邪篇》：‘家有常业，虽饥不饿。’《淮南子·说山训》：‘宁一月饥，毋一旬饿。’以此推之，饿甚于饥也。故《孟子》‘朝不食，夕不食’，兼饥饿言。”又如“祥”下云：“凡吉凶之兆皆曰祥。……《左传·昭十九年》：‘郑之未灾也，里析曰：将有大祥。’注：‘祥，变异之气。’疏：‘祥者善恶之征。’《中庸》‘必有祯祥’，吉祥也；‘必有妖孽’，凶祥也。则祥是善事，而析以灾为祥者，对文言耳。《书序》‘亳有祥桑’，《五行传》‘时有青眚、青祥、白眚、白祥之类，皆以恶征为祥。’‘是祥有善恶，故杜（预）云‘变异之气’。”像这一类，有的指出同义之间的细微差别，有的指出字义有泛指、特指之不同，对我们正确理解古书是有很大帮助的。

① 形尾是词的后面表示语法意义的附加部分。

（4）或订正旧籍，或并存异说，对不同的问题能够分别对待。《康熙字典》对旧籍中的错误之处，往往加按语明白指出。如“焉”下云：“《读书通》：‘焉，通作案。《礼·三年问》：焉使倍之。《荀子·礼论篇》作案使倍之。’按：《荀子》内案字颇多，皆系方言，不与焉通。《读书通》非。”又如“耿”下云：“按《说文》：‘耿，耳著颊也。从耳，炷省声。杜林说：耿，光也。从火，圣省声。凡字皆左形右声，杜说非也。’徐锴曰：‘凡字多右形左声。此说或后人所加，或传写之误。’语载徐本《说文》。盖许以杜说为非，徐以许左形右声为误，《字汇》、《正字通》并录其说，而不折衷其是非。不知耿，光也，以杜说为优，至谓凡字皆左形右声，与凡字多右形左声，则许、徐之说皆非也。《周礼》六书贾公彦疏辨之详矣。贾之言曰：书有六体，形声实多。若江河之类，是左形右声；鸠鸽之类，是右形左声；草藻之类，是上形下声；婆娑之类，是下形上声；圃国之类，是外形内声。衡辬……之类，是内形外声。形声之等有六也。”这一类的考订，全书中很多。又如“飕”下，征引群书，说明有的作“飕”，有的作“颾”，并存备考，不下断语，态度也较谨慎。由于原文相当长，这里不赘引了。

此外，注释中还引用了大量的外来语，其中以梵语为最多。如“塔”下，就引用了摩诃萨埵（好施）、僧婆（雁）、窣堵波（塔）以及浮屠（塔；佛教徒）等四个。又如“犛”下，除梵语之外，又杂引波斯语、蒙古语等等。这些都是研究外来语的好材料。在别的字书中也很少见。

《康熙字典》的释义，因为它是为封建政治服务的，所以带有明显的阶级性和时代局限性，缺点是很严重的，现在也只举出主要的几项：

（1）宣扬封建统治思想。《字典》是封建社会的产物，授意纂修的是封建皇帝，实际执行的是封建文人，因而封建统治阶级的思想意识就渗透在字义的解释中，特别是某些字，表现这一点更为明显。如君、帝、王、臣、仆、隶等字下面，就引用了大量的古书（所引用的都是古书的糟粕），强调尊卑贫贱的区分，并说这是命运注定的。如“民”下引《书·咸有一德》：“后非民罔使，民非后罔治。”“奴”下引《汉书·卫青传》：“人奴之生，得无笞骂足矣，安望封侯乎?”都是典型的例子。书中又尽力宣扬封建道德，如“妇”下引《尔雅》:“妇之言服也。服事于夫也。”又引《礼·昏义》:“妇人先嫁三月，教以妇德、妇言，妇容、妇功。”又引《郊特性》:“妇人，从人者也。幼从父兄，嫁从夫，夫死从子。”男尊女卑，三从四德，这些要不得的观念毫无遗漏地包罗进来了。这一类的例子，全书中是很多的。

(2) 污辱少数民族。清朝的统治者满族也是少数民族，《字典》里对这一点是绝口不提的（如满、胡等字下都没有只字道及）。但它对其他的少数民族或古代的部族则常有一些极其荒谬的说法。如“闽”下云:“按《说文》云:闽，东越蛇种也。故字从虫，门声。”又“猺”下云:“獏猺，狗种也。”(“狗”下也有“狗国”的话。)又“犵”下云:“犵狫，蛮也。明田汝成《炎徼纪闻》:‘犵狫一曰犵獠，种有五。蓬头赤脚，轻命死党。以布一幅横围腰间，旁无襞绩，谓之桶裙。男女同制。花布者为花犵狫，红布者为红犵狫。各有族属，不通婚姻。又打牙犵狫，剽悍尤甚。又剪头犵狫，男女蓄发寸许。又猪屎犵狫，喜不洁，与犬豕同牢，得兽即咋食如狼。又狇狫，俗与犵狫同，掘地为炉，厝火环卧，以牛衣藉之，不施被席。又猫、犵、狑、獠四种，皆溪洞民。广西桂林有犵獞。”像这一类的记载，居然见之钦定的官书，真是对少数民族的绝大污辱。后来有些抄袭《康熙字典》的字书，连这一类的话也沿用了下来，那就更是无识了。

(3) 解释不科学。《康熙字典》中有大量的不科学的解释，如“珊”下云:“珊瑚，石也。”“鲸”下云:“海鱼也，大者长千里。”“马”下云:“马有肝无胆。”“猴”下云:“此兽无脾。”“獭”下云:“诸畜肝叶皆有定数，独獭肝一月一叶，十二月十二叶，其间又有退叶。”“蝗”下云:“蝗字从皇，今其首、腹、背皆有王字。”这些话已经够荒诞了，有些讲阴阳五行的，那就更为可笑。如“怒”下云:“怒，东方气也……色青。”“雪”下云:“凡草木华五出，雪华独六出，阴之成数也。”“性”下云:“性者，生之质也。若木性则仁，金性则义，火性则礼，水性则知，土性则信。”尤妙的是“天”的注释。在这里，《字典》征引了许多离奇的旧说，如引《朱子语类》云:“《离骚》有九天之说，诸家妄解云:有九天。据某观之，只是九重。盖天运行有许多重数，里面重级较软，在外则渐硬。想到第九重，成硬壳相似，那里转得愈紧矣。”接着就加按语：“按天形如卵白，其中之絪缊融密处，确有七重。第八重，白膜稍硬。最后九重，便成硬壳。可见朱子体像造化之妙。”这简直是想入非非，哪里还谈得上什么科学性呢?

（4）古今义杂糅不分。字有本义，有引申义，有假借义。引申义和假借义是由本义派生的。它们之间的相互关系以及演变的过程，凡是可以考见的，字书应该加以说明。《康熙字典》在这一方面做得也很差。所以，黄侃就批评它：“字之本义，引申、假借，无所甄明，先后失次。”①这里举两个例子。如“能”下列六义：1）熊属；2）善，胜任；3）顺习；4）三足鳖；5）与“台”通，三能，星名；6）与“耐”通。1）是本义；2）、3）是引申义；4）、5）严格地说，只是同音字，意义上并不相干；6）是假借义。就次序说，4）、5）应该放在最后。就关系说，2）、3）、6）如何由1）发展而来，也应该说明，可是，《字典》只是把它们胡乱地堆在一起就算了事了。又如“两”下列五义：1）再也；2）匹耦；3）匹；4）车数；5）二十四铢曰两②。其实，“车数”一义是本义（“两”本指车辆），应该居先；“再”、“匹耦”、“匹”三义是引申义，应次之；“铢两”一义不大相干，可列于最后。《字典》的排列也是不妥的。车有两轮，所以用“两”来做计算车数的单位。轮的数目既是“两”，所以引申为“再”（二次），为“匹耦”（一对儿），为“匹”（两端为一匹）。演变之迹本来是很容易说明的，可是，《字典》也没有做到。

（5）说明字的用法不够。上文说过，《康熙字典》已经注意到同义字的辨别，这是好的。从某些字的注释来看，《康熙字典》也注意到字的用法。如“上”下云：“按字有动静音，诸韵皆以上声是掌切为升上之上，属动；去声时亮切为本在物上之上，属静。今详《说文》上声上字，高也，是指物而言，则本在物上之上亦作上声矣。依诸韵分动静音为是。”这里所谓动静，一指动词，一指方位词。“上”有上去二声，意义也不同，就是由于两个“上”词性不同。

① 黄侃：《论康熙字典之非》，《制言》第40期（1937年）。

② 还有“假两”一义，因系合成词，故未列。上引“三能”也是合成词，但因《字典》说是与“三台”通，故列入。

《康熙字典》能指出这一点，当然是好的。但是，由于当时还没有比较清楚的语法观念和足够的词汇学知识，必要的术语也很缺乏，因之这方面便不可能做出较好的成绩。如“两”和“二”同义，都是数目字，但用法却不同，不同之点在于：第一，“两”常用来指称本来成双或被认为成双的事物，不容许有第三者存在，如两仪、两端之类是；第二，“两”可以做副词用，如“两全其美”、“两败俱伤”之类是，而“二”则不能做副词用。像这种用法上的差别，字书应该指出来让读者了解并学会掌握它。可是，就《康熙字典》来说，这方面显然做得太不够了。

（6）字义失收。《康熙字典》虽然罗列各书义训，尽力求全求备，但失收的字义依然很多。如杜牧《山行》：“停车坐爱枫林晚。”“坐”是“因为”或“由于”的意思。这一义，《字典》就未收。又如杜甫《曲江》：“莫厌伤多酒入唇。”“伤”是“过”的意思，“伤多”就是“过多”。这一义，《字典》也未收。又如元稹《遣悲怀》：“泥他沽酒拔金钗。”“泥”（去声）是“央求”、“软缠”的意思。这一义，《字典》也未收。像这类的例子，真是俯拾即是。唐代著名文学作品中的字义都漏未收入，宋、元以后的新起的字义失收的就更多。如“吩”下未收“吩咐”一义，“掉”下未收“失落”一义，“稍”下未收“略”义，“再”下未收“复”义。又如“须”字，张相《诗词曲语辞汇释》收了一大串意义，《字典》也大都未收。我们在上文把“增收新义”也算做《字典》的优点之一，但增收的远较失收的为少，可谓功不掩过。熊希龄在《中华大字典·序》里批评《康熙字典》说：“一义之释类引连篇，重要之义反多阙漏。”这是完全不错的。

（五）引　例

引例是引书举例。中国字书，从《说文》起就有引例。这是很好的传统。但《说文》所征引的大多限于经书，也不是每一个字的每一意义都有一个例，而且有些例也不一定与所解说的字义相应。后来的许多字书对这一方面都不大注意，改进很少，有些甚至不如《说文》。《康熙字典》努力改变了这种情况，书中的引例数量特别丰富，除了僻字僻义之外，差不多每一字每一义都有例子，使读者从举例上可以了解字的意义和用法，这确是很大的贡献。《凡例》说："《正字通》援引诸书，不载篇名，考之古本，讹舛甚多。今俱穷流溯源，备载某书某篇，根据确凿。如《史记》则《索隐》、《正义》兼陈，《汉书》则师古、如淳并列；他若郭象注庄，高诱注吕，悉从原本，不敢妄增。"这种办法和精神都是很好的，因为举出篇名，就便于核对原书，找出根据，不像有些字书只笼统地标举《史记》、《汉书》、杜诗、韩文，使人无法复查。所以，总的说来，《康熙字典》在注重引例这一点上，是比较突出的，也是有很多好处的。但是，《康熙字典》并未能严格地贯彻《凡例》的精神，它的许许多多错误也大都出在引例上。王引之的《康熙字典考证》举出了2 588条，后人又续举了两三千条，其中绝大部分是与引例有关的。[①]各家所举之外，我个人又发现了一些错误，也大多与引例有关。现在根据这些材料，综括成几个项目，每项各为举例说明如下：

（1）所引出于杜撰，非原文。如"枉"下云："《周礼·秋官·司寇》：'救日以枉矢。'注：'汉时名飞矛。用以守城……'"其实，《秋官·司寇》并没有"救日以枉矢"的话，也没有"汉时名飞矛"这条注解。又如"嵮"下云："《集韵》：丁年切。"其实，《集韵》未收嵮字，也没有丁年切。又如"蕢"下云："《唐韵》：'侯裥切，音苋，堇草。'"其实，《唐韵》久佚，《字典》所引《唐韵》系根据徐铉校《说文》所用的反切[②]。可是，《说文》中未收蕢字，那末，《字典》又从哪里得到《唐韵》的音切来加以征引呢？

（2）所引篇名出于杜撰，非原书所有，或以甲为乙，张冠李戴。如"杠"下引《尔雅·讲武》，而《尔雅》实无《讲武》篇[③]。"良"下引《庄子·危言》，而《庄子》实无《危言》篇[④]。此外，虽非全出杜撰，而篇名有小误，为数也不少。如书中引《列子·汤问》大多误为"殷汤篇"；引《荀子·赋篇》大多误为"赋论篇"或"赋论"。至于记忆不清，误甲为乙的，如以《人间世》为《逍遥

① 王引之的《考证》全部是有关引例的。

② 《四库全书总目提要》卷四十一《康熙字典提要》："《唐韵》久佚，今能一一征引者，徐铉校《说文》所用，即《唐韵》之翻切也。"

③ 实《释天》文。

④ 实《列御寇》文。

游》（见“嗅”下注），以《史记·项羽本纪》为《汉书·高祖纪》（见“过”下注），以《礼·学记》为《乐记》（见“占”下注），这一类，简直到处都是。甚至还有以《史记·三王世家》为《荀子·劝学篇》（见“滫”下注），以韩愈《原道》为《淮南子·原道》的（见“梗”下注），那就更离奇了！[①]

（3）所引与原文不符。《康熙字典》引书是不忠实的，常常任意改窜，有时还只是字句小异，有时简直面目大变，又可细分为以下三项：

1）妄增。如“纷”下云：“《前汉·礼乐志》：‘羽旄纷纷。’注：‘纷纷，言其多。’”按《礼乐志》载《郊祀歌·练时日》章，原文为“驾飞龙，羽旄纷。”不作“纷纷”。全章都是三字句，也决无突出四字之理。这是因为注文有“纷纷”而妄增（纷即纷纷，所以注文直云“纷纷言其多”）。又如“箫”下云：“《礼·月令》：‘仲夏之月，命乐师均管箫参差之音。’”按《月令》原文并没有“参差之音”四字，也是《字典》妄增的。又，原文“管箫”上尚有“琴瑟”二字。

2）妄删。如“通”下云：“《尔雅·释岁》：‘四时通政。’”按原文作“四时和为通政”，“和为”二字决不可删，而《字典》竟删去[②]。又如“脅”下云：“《晋语》：‘重耳过曹，闻其骈脅，欲观其状。”按原文重耳自卫过曹，曹共公不礼，闻其骈脅，欲观其状，可见欲观骈脅的是曹共公，《字典》省去曹共公句，竟似重耳欲观别人的骈脅了，删得尤其没有道理。

3）妄改。如“芜”下云：“《楚辞·离骚》：‘哀众草之芜秽。’”按原文实作“众芳”。又如“逻”下云：“杜甫诗：‘春山紫逻长。’”按杜甫《送贾阁老出汝州》诗，原句实作“云山紫逻深。”又如“稗”下云：“《前汉·艺文志》：‘小说谓之稗说。’又‘稗官’。”按原文实作：“小说家者流，盖出于稗官，街谈巷语道听途说者之所造也”。这些都是妄改的例子。

（4）句读乖谬，时有脱误。《字典》的引例，有时由于编纂者水

---

① 此外，尚有以经为传或以传为经的，也有以正文为注或以注为正文的，这一类也是张冠李戴，为数也还不少，但这里不列举了。

② 《尔雅》也没有“释岁”，实《释天》文。

平不高，误解文句，有时由于只凭记忆，又懒于查对，也造成许多错误。可再细分为以下三项：

1）误断。如“汤”下云：“《楚辞·九歌》：‘浴兰汤兮沐芳华。’”按原文“华”字属下句，不连“芳”读。又如“但”下云：“又音燕，古不知吹人。《淮南子·说林训》：‘使但吹竽，使氏厌窍，虽中节而不可听。’注：‘但音燕。’”按原注“但”读燕言钽同也。是说“但”读如燕人之言“钽”，不是说读为燕。《字典》在“燕”字断句是错的。又如“诰”下云：“《庄子·达生篇》：‘诶诒为病数日。’”按原文作“诶诒为病，数日不出”。《字典》在“日”字断句也是错的。

2）误脱。如“索”下云：“屈原《离骚》：‘……羌内恕以量人兮。’”按原文“恕”下有“己”字，《字典》误脱。又如“竞”下云：“又，季康子曰：‘敝邑有社稷之事，使肥与职竞焉。’”按此哀公二十三年《左传》文，上文引襄公十年传文，此处说“又”，似乎是同一年的传文了，应补“哀二十三年”五字。又，“职”上原有“有”字，也误脱。又如“伏”下云：“《左传》隐十一年：‘既伏其罪矣。’”按原文“既”上有“许”字。“许”是全句的主语，不应删去，可知也是误脱；但这样误脱之后，文义就看不清楚了。

3）误记。正像篇名的混淆一样，引例中标举人名也常有以甲为乙的。如“芣”下把郝隆说成谢安，“连”下把霍去病说成霍光，“㲼”下把班固说成张衡，“长”下把李商隐说成杜甫，“槚”下把郑众说成郑玄，“然”下把刘绩说成赵用贤，都显然出于误记。甚至“蜺”、“蛟”、“蟜”三字下，都把王延寿说成王逸；“汁”下又把“刘子集”当做人名①。这种错误就更为严重了。

（5）校订粗疏，错字满纸。《康熙字典》的错字之多，简直达到惊人的程度。全书像是没有经过校订似的，鲁鱼亥豕，泛滥成灾，当时任事诸人的粗枝大叶一至于此！这一类的例子太多，下面姑举几个：如“珝”下薛综误为薛琮，“筮”下巫咸误为巫威，“素”下古诗误为古书，“返”下秦嘉诗误为秦嘉传。又如“惪”下误以“执一”二字为“热”，“駇”下误以“如马”二字为“駕”，“鐸”下误

① 王引之《字典巳集上考证》：“（《周礼释文》：）‘汁音叶，刘子集反’，谓刘昌宗音子集反，非以刘子集为人名。”

以“山石”二字为“岩”。数字容易错误，《字典》中错的更多。如“丈”下昭三十二年误为昭二十三年，“介”下昭二十年误为二年，“供”下僖四年误为僖元年。这一类，王引之改正了不少，但还改之未尽。尽管错字不全出于引例，不过究以引例为多，所以我们也把它作为一项，附列于此。

此外，《康熙字典》的引例，还有前后不一致、为例不纯的。如全书只称《礼记》为《礼》。而“于”下引《仪礼·聘礼》，却又破例称《仪礼》为《礼》。又如全书称《诗》毛公传为毛传，而“僤”下却又破例称为“毛氏”。这也是不应有的，但在全书中已经算是比较小的毛病了。

（六）编　排

编排主要指分部以及部首、部中字的排列等等而言。上文已经指出，《康熙字典》的体例直接沿用《字汇》和《正字通》。两书在编排上的一些好的创造，《康熙字典》也都继承了下来。就分部说，三者都采用部首法，部首数目都是214，其排列的次序也完全一样——唯一的变动是《康熙字典》把“玄”移至“玉”上，使它居于午集之首，这是由于“玄”是康熙的“御名”（玄晔）之故[①]。就部中字的排列说，三者都以笔划的多少为序。这些地方确较以前的字书为方便。但这些与其说是《康熙字典》的优点，毋宁说是《字汇》、《正字通》的优点。《康熙字典》在编排方面改进并不多，偶有变动，也是得失互见。至于两书没有解决的问题，它也同样没有解决。现在提出几项如下：

（1）单字的分部。《康熙字典·凡例》说：“《说文》、《玉篇》，分部最为精密。《字汇》、《正字通》悉从今体，改并成书，总在便于检阅。今仍依《正字通》次第分部，间有偏旁虽似而指事各殊者，如煛字向收日部，今载火部；隸字向收隶部，今载雨部；颎、潁、颖、穎四字，向收页部，今分载火、水、禾、木四部。庶检阅既便，而义有指归，不失古人制字之意。”在这些单字的下面，《字典》又各加按语，指责《字汇》、《正字通》归部不妥[②]。但汉字由篆

① 《正字通》对《字汇》也有唯一的变通，即把氏部移置于气部之前。

② 只有“穎”字下未加。

变为隶、楷，形体已经搞乱了，就楷体的偏旁来分部，困难是很多的。《字典》仅仅做了这么一些小小变动，并不能解决根本的问题[①]。况且就读者来说，把潁、熲、穎、穎分载水、火、禾、木四部，还不如《字汇》、《正字通》统归页都的检查方便呢！

（2）确定偏旁的标准。单字的分部完全根据楷体的偏旁，但偏旁的种类很多，位置也不固定；有的字，从外形看起来，可做偏旁的似乎还不止一个。这样一来，凭什么来确定偏旁就很成问题。根据上引的一条《凡例》，好像《康熙字典》是以意义为确定偏旁的标准；"问"字入口部不入门部，"災"字入火部不入巛部，也好像是严格地执行这一标准。可是，实际上例外是很多的。如"杲"字宜入日部却入木部，"料"字宜入米部却入斗部，"辦"字宜入力部却入辛部，"麾"字宜入毛部却入麻部，如此之类，显然都不是以意义为标准。既不以意义为标准，那就是依据"形"或"声"了？可是，就"形"来说，偏旁有上下左右内外之别，《字典》有时从上，有时从下，有时从左，有时从右，有时从内，有时从外，显然相当混乱。就"声"来说，"酋"字入酉部不入八部，"龥"字入龠部不入页部，是合乎从声的标准的；但"柔"字入木部不入矛部，"臧"字入臣部不入爿部，"靡"字入非部不入麻部，就又不合乎从声的标准了。此外，还有不能确定偏旁而勉强配合的，也有可以确定而又移于他处或并不明见的[②]，形形色色，五花八门，几乎不可捉摸。一般人使用《康熙字典》，常常感到查字有困难。偏旁不易确定，实在是主要原因之一。

除了上述两项之外，像部首虽较《说文》简化，但仍有二百多个，检查依然不便。又像一字两部并收的（上文已举例），不但与收字有关，对编排也有影响。又像每一部中的单字，《康熙字典》都是一个接一个地排下去；一字有多义的，这许多意义也是接连着排，中间虽有空格，但并不醒目。这种排列的方法，大都因仍《字汇》、《正字通》之旧，翻阅起来很不方便，老问题一直没有解决[③]。又像

① 近年《新华字典》、《辞海》对部首又大加改并简化，问题就解决了不少。

② 张元济对这几种情况都举了大量的实例来说明，见《节本康熙字典·凡例》，可以参看。

③ 后来《中华大字典》等字书，单字平列，每字诸义，分条列证，又用数码标明，看起来就清爽得多了。

部首和部中的字都按笔划排列先后，但同笔划的部首就很多（如三划、四划、六划的，都多到三十个左右），部中同划的字更多（如手、山、草等部同划的字往往多到六七十以上），这些字如何排列，也是问题。对于这一问题，《康熙字典》也没有提出任何解决的办法。总之，就编排方面说，《康熙字典》存在的问题还是很多的。

（七）附　件

近代的字书，除了解说文字的正文以外，还常有许多附件，如插图、表解、附录之类。这种附件的有无、多少和好坏，对字书的价值很有影响。中国过去的字书，有的完全没有附件，有的虽有一些，但作用不大。《康熙字典》继承了《字汇》、《正字通》的传统，书中收入一些附件，而且数量还相当多。这些附件分载卷首和卷末。卷首除序文、上谕、凡例、纂修人员姓名等以外，又有以下几项：

（1）字母切韵要法。又分：1）证乡谈法；2）分九音法；3）分十二摄韵首法；4）寄韵法；5）借入声法。

（2）字母关钥歌诀。又分：1）揭十二摄法；2）分四声法（附图）；3）明显四声等韵图；4）切字样法；5）贴韵首法；6）赞嘱等韵西江月二首；7）检篇海部首捷法；8）检篇卷数法；9）揭韵摄法；10）揭入声法；11）明等第法；12）明摄内相同法；13）变形十八部。

（3）等韵切音指南。

（4）总目。

（5）检字。

（6）辨似。

卷末有补遗、备考各一卷，每卷之前也都有总目。以上这些东西，有的与近代字书中的附件性质不大相同，有的科学性有问题。从今天看起来，并不是样样都有用。但在二百多年以前，字书能为读者多方谋方便，收入这么多的附件，这总算是十分难得了。

根据上面的分析，现在可以下一个简短的结论：清初小学尚未大明，《康熙字典》成书之时，小学大师如戴（震）、段（玉裁）、二王（念孙、引之）及钱大昕等都还未出，纂修诸人大都是文士，没有一个是专精语言文字的[①]；书成于众手，体例难于划一；纂修的时间只有五年多，也不算很长；尤其重要的，是那时还是封建社会，还在专制皇帝的淫威十分酷烈的时候，一些封建文人，由于时代以及思想意识等等的局限，也绝不可能不把许许多多陈腐的、落后的、要不得的东西带进字书里来。正是由于这些原因，《康熙字典》不能达到更高的水平，不能使人满意，特别是不能适应今天读者的需要，这是不足为奇的。近几十年来，我们已经有了不少的比较合用的字典、辞典，如《中华大字典》、《新华字典》、《汉语辞典》、《现代汉语词典》、《辞海》、《辞源》等等，相形之下，《康熙字典》的种种缺点更为明显，它已成了过时的东西也就更为清楚了。不过，如果用历史的眼光来看，我们也不难看出：《康熙字典》吸收了历代字书中很多的有益成分，融会综合，并加以发展，在收字、辨形、注音、释义、引例等方面都比以前的字书完备些、细密些、合用些；编排上采用《字汇》、《正字通》的成法，检查较为便捷；附件也比较多。集此众长，仍不失为封建时代字书发展的最高峰，对二百多年来的无数读者起过一定的指导作用。同时，它又是后来许多字书的蓝本，承袭沿用之迹还清楚地可以看出，编排的体例影响尤其深远；就是它的缺点和错误，也可作为前车之鉴，使后世编纂字书的人不致再蹈覆辙。所以，总的说来，我们对《康熙字典》应该采取批判的态度，正确地认识它的短长所在，适当地利用它的有用的部分（例如它所积累的丰富资料以及对某些字的处理方法，等等），这才是公平的，合理的。如果全盘否定，一棍子打死，那就未免是一偏之见了。

［选自《张涤华文集》（第三集），安徽师范大学出版社2011年版］

① 只有万经是经学名家万斯大之子，史学名家万斯同之侄，禀承家学，稍治金石文字，但也非专家。

《说文》段注与辞书编写

清段玉裁的《说文解字注》（以下简称“段注”或《说文注》），是一部向来公认的名著，学者们对它的评价极高。如王念孙说：“千七百年来无此作矣。”（《说文解字注序》）张炳翔也说：“小学之书，以《说文》为冠；而从来言《说文》者不下数十家，又当以段氏为冠。”（《说文段注跋》）尽管段注还有一些缺点，如有些地方不免武断之类，但它的成就和影响是大的。

段注只是一部古字书的注释，本身并不是辞书。但是，它的体例以及书中所采用的一些具体做法，却对辞书编写有很大的启发，值得借鉴、吸收。段注问世以后出版的一些辞书，在这方面则做得似乎很不够。

我以为段注的最大长处，是能从多方面提供有关字、词的有用知识，从而有助于读者提高运用文字和阅读古籍的能力。

在文字方面，段注对字的点画偏旁、不同写法以及音读等等都有所解释，有些地方又或说明形、音的演变，或订正前人的错误。所有这些，对读者都有用处。这里姑举三例：1）《春秋经》“齐人来归卫俘”，《左传》作“卫宝”。谷梁，公羊两家经传都作“卫宝”。杜预因此怀疑左氏经有误。段注指出俘，孚声；宝，缶声，古音同在尤幽部，二者是字异义同。不得疑经误，也不得疑传误。（见八上人部“俘”下注，上海古籍出版社1981年版382页。以下引用此书，只注页码。）这样，就解决了杜预提出的问题，也为读者可能发生的疑问作了解释。2）《说文》：“沦，小波为沦。……《诗》曰：‘河水清且沦猗。’”今本《毛诗》“猗”，或作“漪”。左思《吴都赋》：“濯明月于涟漪。”亦作“漪”。段注指出“猗”与“兮”同，《汉石经·鲁诗》残碑作“兮”，可证。后人妄加水旁作“漪”，左思也承其误（见十一上二水部“沦”下注，549页）。今按《书·秦誓》："断断猗，无他技。"《礼记·大学》引"猗"作"兮"。可见段注是正确的。3）《说文》："䳇，鹦䳇也。从鸟，母声。"段注："《曲礼·释文》：'婴，本或作鹦。母，本或作鹉。同音武。诸葛恪茂后反。'按裴松之引《江表传》曰：'恪呼殿前鸟为白头翁，张昭欲使恪复求白头母，恪亦以鸟名鹦母，未有鹦父相难。'此陆氏所谓茂后反也。据此，知彼时作母、作䳇，不作鹉。至唐武后时，狄仁杰对云：'鹉者，陛下之姓，起二子则两翼振矣。'其字、其音皆与三国时不同。此古今语言文字变移之证也。《释文》当云：'母，本或作䳇，古茂后反，今作鹉，音武。'乃合。"（四上鸟部"䳇"下注，156页。）这就把形体、音读以及古今的演变都讲清楚了。像这一类的解说，段注中俯拾即是，以上所举不过是尝鼎一脔罢了。

但段注最有特色也最精彩的地方还在于它对词的解释。下面试分项举例并加说明：

一、辨析同义词的细微差别

例如《说文》："盈，满器也。"（五上皿部，212页）。段注："满器者，谓人满宁（贮）之……水部'溢'下云'器满也'，则谓器中已满。'满'下云'盈溢也'，则兼满之、已满而言。"《说文》盈、满、溢分散在三处，作了不同的解释，意存分别，但一般读者未必注意到。段注把它们联系起来加以比较、剖析，三者同中有异就非常清楚，而《说文》的精微之处也就被发掘出来了。又如《说文》："听，聆也。""聆，听也。""闻，知声也。"（十二上耳部，592页。）听、聆、闻同属耳部，排列也很近，但听、聆互训，闻又训知声，三者之间的分别似乎并不明显。段注"听"下云："凡目所及者云视，如视朝、视事是也。凡目不能遍而耳所及者云听，如听天下、听事是也。""聆"下云："聆者，听之知微者也。""闻"下云："往曰听，来曰闻。《大学》曰：'心不在焉，听而不闻。'"这就进一步对听与聆的差异（程度的差异。听是一般的听，聆是精细的听，听后就了然于心），听与闻的差异（施受的差异。听是施动，闻是受动），作了精密的剖析。段注中诸如此类的解说，对许（慎）意或作阐发，或作必要的补充。这正是它的高明的地方。

二、注意词的语法意义的不同

词有词汇意义，又有语法意义。一般辞书大都只注意词汇意义，对语法意义则或完全忽略，或注意不够。在《马氏文通》出版以前，中国人尽管很早已有语法观念，但并未建立体系比较完整的语法学，必要的语法术语也很缺乏，因之解释词义便很少与语法相结合。段玉裁眼光敏锐，在《说文注》中注意到语法方面，这是非常难能可贵的。下面举几个例：

五上喜部："喜，乐也。""憙，说（悦）也"。段注在"憙"下云："口部'嗜'下曰：'憙欲之也。'然则，憙与嗜义同，与喜乐义异。浅人不能分别，认为一字。"（205页）喜是高兴、快乐，憙是爱好。二者有自动、他动之异，段氏显然意识到了这种区别。

又如八下见部："观，谛视也。"段注："凡以我谛视物曰观，使人得以谛视我亦曰观。犹之以我见人，使人见我皆曰视。"（408页）又"览，观也。"段注："以我观物曰览，引申之使物观我亦曰览。《史记·孟荀列传》：'为开第康庄之衢，高门大屋尊宠之，览天下诸侯宾客，言齐能致天下贤士也。'"（同上）近人认为古代汉语中的动词有一种使动用法，上引的观、览等词正是有致使义。由此可见，动词的使动用法，段注中也早已明确地指出来了。

词的语法意义，就是词的关系语义，也就是一个词和别的词发生了关系才产生的意义。段氏善于观察词与词之间的关系，他又熟悉古籍，可以多方引例举证，因此，他在《说文注》中就能于解释词汇意义之外，还适当地说明词的语法意义。

三、区分词的不同用法

有些词，后世混用，古代却严格分用，绝不通融。遇到这类情况，段注一定指出，提醒读者要注意这种区别。如十二下女部"孃"下注："按《广韵》：孃，女良切，母称。娘亦女良切，少女之号。唐人此二字分用画然，故耶孃字断无有作娘者，今人乃罕知之矣。"（625页）此说唐诗可以验证。如杜甫《兵车行》"耶孃妻子走相送”，作“孃”；《江畔独步寻花七绝句》“黄四娘家花满蹊”，作“娘”。的确“分用画然”。其实唐以前也是如此。如古乐府诗中凡是指称母亲的都用“孃”，凡是指称少女的都用“娘”，例证很多。后来废“孃”用“娘”，这种区别就看不出来了。

又如三下田部：“畴，耕治之田也。”（695页）段注：“许谓耕治之田为畴；耕治必有耦，且必非一耦。故贾逵注《国语》曰：‘一井为畴。’杜预注《左传》曰：‘并畔为畴。’并畔则二井也。引申之：高注《国策》、韦注《汉书》：‘畴，类也。’王逸注《楚辞》：‘二人为匹，四人为畴。’……盖自唐以前无不用从田之畴，绝无用从人之俦训类者。此古今之变，不可不知也。”杨倞正是由于不知训类的字本当用“畴”，因而校注《荀子》时就错误地说什么“畴，当为俦”，反而闹了笑话。

又如三下革部：“鞭，殴也。”（110页）段注：“《左传》：‘诛屦于徒人费，弗得，鞭之见血。’又‘公怒，鞭师曹三百。’皆谓鞭所以殴人之物，以之殴人亦曰鞭。经典之鞭皆施于人，不谓施于马。……非若今人竟谓以杖马之物杖人也。盖马箠曰策；所以击马曰箠，以箠击马曰敇，本皆有正名，不曰鞭也。击马之箠用竹，殴人之鞭用革，故其字亦从竹、从革不同。”所谓“本皆有正名”，就是说本来都有专用字，唐代以后混用，于是人们就不知道殴人和击马的分别了。

此外，段注分辨“二”与“再”，说：“凡言‘二’者，对偶之词；凡言‘再’者，重复之词，一而又有加也。”（158页。又区分“再”与“两”，见354页）又分辨“乐”与“悦”，说：“乐者，无所箸之词；悦者，有所箸之词。”（205页）诸如此类，段氏都从对古籍的分析中看出它们的分别，有时还自创术语，用来说明语言现象。这些都值得进一步研究。

四、集中处理相关条目

《说文》的体例：每字作为一条，各有说解，很少指出条目之间意义上的联系。段注则常把一些孤立的、分散的，但词义却有关联的条目贯串起来，在一两条注释中予以综合的说明。这样，既指出词汇有体系性，又能使读者闻一知十，便于比较联系和掌握运用，实在是一个很好的办法。

例如五上皿部："盥，澡手也。"（213页）段注："凡洒（按：洒，古洗字）手曰澡，曰盥，洒面曰頮，濯发曰沐，洒身曰浴，洒足曰洗。"十一上二水部"洒"下也有大致相同的说明（563页）。

又如四下骨部："体，总十二属也。"（166页）什么是十二属？《说文》没有说明。段注则作了详细的解释，说："今以人体及许书核之，首之属有三：曰顶，曰面，曰颐。身之属三：曰肩，曰脊，曰臀。手之属三：曰肱，曰臂，曰手。足之属三：曰股，曰胫，曰足。合《说文》全书求之，以十二者统之，皆此十二者所分属也。"段玉裁对《说文》十分精熟，因而能够融会贯通，化零为整。毫无疑问，这对读者是很大的方便。

这一类的例子还很多，如一下艸部"荷"下列举荷的各个部分的名称（34页），十四上金部"镡"下列举剑的各个部位的名称（710页），如此等等，都极详赡，也都是《说文》的很好的补充。

此外，如异体字、假借字、古今字等，段注也各在正条之下一一注明，这里不分别举例了。

五、推阐词汇的演变

段玉裁是有历史观点的，他看出经过一定的历史时期，词汇和词义都有变化。因此，他在《说文注》中特别注意这种词汇演变现象，常常加以探索和阐明。这又有两种情况：

一是指出古今语不同。例如八下舟部："舟，船也。"（403页）段注："《邶风》：'方之舟之。'传曰：'舟，船也。'古人言舟，汉人言船。毛公以今语释古，故云舟即今之船也。"又如四下刀部："副，判也。"（179页）段注："郑仲师注《周礼》云：'贰，副也。'贝部贰下因之。《史记》曰：'藏之名山，副在京师。'《汉书》曰：'臧诸宗庙，副在有司。'周人言贰，汉人言副，古今语也。"古与今是对待的，段注在"今"字下对此有解释，说："今者对古之称。古不一其时，今亦不一其时也。……如言目前，则目前为今，目前以上皆古。如言赵宋，则赵宋为今，赵宋以上为古。如言魏晋，则魏晋为今，魏晋以上为古。班固作《古今人表》，汉人不与焉，而谓之古今人者，谓近乎汉者为今人，远乎汉者为古人也。”（223页）这是很能说明问题的。

段氏不但根据文献记录指出古今语的异同，也常用清代的语言来训释古语。如八上衣部“襦”下注：“襦若今袄之短者，袍若今袄之长者。”（394页）这种例子，书中也很多。

二是指出词的古今义不同。词汇有敏感性，经常发生变动；词义也不是固定的，新义代旧义而兴，或新旧义同时并存；新旧义之间，又或有一定联系，或看不出有什么关系。这些现象在一种语言里往往都有（当然，也有词义从古至今没有改变的）。《说文》所收都是汉代以前的古义，对汉代以后产生的新义，段注一般把它补充进来，并加以适当的说明，使读者了解古今义的区别，不致用今义来解释古词。以下举几个例：如七下疒部：“痂，疥也。”（350页）段注：“按痂本谓疥，后人乃谓疮所蜕鳞为痂。此古义、今义之不同也。”按：后世只称痂为疮痂，再也没有称痂为疥疮的了。这是词义新陈代谢的例。又如十二下亡部：“亡，逃也。”（634页）段注：“亡之本义为逃，今人但谓亡为死。”按：“逃亡”一词，今仍使用，足见本义并未消失。这是词义新旧并存的例。又如“粪”下段注：“古谓除秽曰粪，今人直谓秽曰粪，此古义今义之别也。凡粪田多用所除之秽为之，故曰粪。”（158页）这是新旧义之间有一定联系的例。又如“伴”下段注引《诗·大雅》“伴奂尔游矣”，认为伴有大义。又引《广韵》“侣也”。（369页）“大”与“伴侣”毫无干涉，这是新旧义之间看不出有什么关系的例。也许还有其他的情况，但上举几项也大致可以包括了。

《说文》只收本义，引申义、假借义则很少涉及。段注在这方面做了大量的补充。有人统计，段注中论字义引申的有780多条，论假借的有946条。引申、假借是产生一词多义的主要原因，一词多义实际上等于多造了一些词，因之也是词汇演变现象。段注中论引申、假借有很多精到的见解，这里不能详谈。

除了上述五项之外，段注对谬误的旧说或舛错的古本也常常加以辨驳、纠正。如八上匕部“卬”下订俗本《过秦论》“卬关而攻秦”作“仰”、作“叩”之非（385页）。这一类也很不少。段玉裁是最尊信许慎的，但对许说不妥之处，也迭加纠弹，不稍回护。如《说文》“苞”训“艸”，段注以为不对，并说：“盖草木既难多识，文字古今屡变，虽曰至精，岂能无误。”（31页）“苗”训“艸生于田者，从艸田。”段注也认为“苗”本训“禾”，“艸生于田，皮傅字形为说而已。”（40页）此外，如“告”下指出许氏只是因《易·大畜》有“童牛之告”的话就“曲为之说，非字意”（53页）。甚至连许氏“一时笔误”（“勿”下注，453页），“记忆不精”（“婉”下注，619页），引书与原文不符（“侃”下注，569页），也都一一标举。如此之类，还有不少，对后人也很有启发和帮助。他这种不墨守、不盲从的实事求是的精神更是十分可取的。

总之，读段注如入宝山，随处可以见宝，只可惜晚近的辞书对它所取得的成果并未充分利用，对段氏的一些宝贵经验也未能尽量吸取。应当说，这是一种损失。

为了说明这一点，下面再举几个例：

如《说文》七下巾部：“巾，佩巾也。”段注：“按以巾拭物曰巾，如以帨拭手曰帨。《周礼》巾车之官。郑（玄）注：‘巾，犹衣也。’然《吴都赋》：‘吴王乃巾玉路。’陶渊明文曰：‘或巾柴车，或棹孤舟。’皆谓拂拭用之，不同郑说也。陶句见《文选》江淹《杂体诗》注。今本作‘或命巾车’，不可通矣。”（357页）按：段氏指出“巾”可作动词用，晋人有此用法；据《文选》李善注，知陶潜文本作“或巾柴车”；因而断定今本改为“或命巾车”不可通。考《周礼》的巾车本来是“车官之长”，“掌公车之政令”，与陶文毫不相干。浅人把两者拉扯在一起，并把“柴车”改为“巾车”；又以为句中无动词，遂擅自添上一个“命”字，实在是无知妄作。所以，段氏的论断是确凿可信的。可是，今本的这个错误，不但为各种选本和注释本所沿用，就是一些辞书也一律照搬。如新版《辞源》和新版《辞海》的“巾车”条，都引《归去来兮辞》作书证，但仍作“或命巾车”，并未改正（《辞源》第二册966页。《辞海》中册1783页）。又，“巾”下《辞源》收录了三个义项，《辞海》收录了两个义项，却都未列入“拂拭”一义。段注的说法显然没有引起注意。

又如《说文》十一上水部：“氾，水别复入水也……一曰：氾，穷渎也。”段注：“《释丘》曰：‘穷渎，氾。’郭（璞）云：‘水无所通者。'《汉书》:'张良闲从容步游下邳汜上。'服虔读为圯，音颐。楚人谓桥曰圯。此汉人易字之例也。应劭曰:'汜水之上。'此不易字，谓穷渎无水之上也。下文'直堕其履汜下，良下取履'，其为无水之渎了然。《史记》本亦作汜。小司马云:'姚察见《史记》有作土旁者。'云'有'，则知《史记》不皆作土旁也。义本易憭，诸家说皆不察。"(553页)按：段氏指出汉人训诂有易字和不易字二例。易字，则汜上之"汜"作"圯"，土旁，音颐，桥也。不易字，则汜上之"汜"作"汜"，水旁，音祀，是无水的沟。两者的区别确是很清楚的。可是，《辞源》"圯上"条，注云"即桥上";下引《史记·留侯世家》，也只作"圯"(第一册，587页)。水部"汜"下，引了《尔雅·释丘》"穷渎，汜"(第三册，1724页)，但并无"汜上"条。这种处理，显然是只据服虔说，对应劭说则忽视了。《辞海》"圯上"条，也注为"桥上"。但紧接着就说"一说圯水之上"(上册，1185页)，兼采服、应二说，较好。不过，作"圯"不作"汜"，又无"汜上"条，可见还不是真采应说。编写这些条文时能细阅段注，那么，释文的质量是可以有所提高的。

以上诸例只是随手掇拾的，不一定恰当，但由此也可见，编辞书而不参考段注就会导致或沿用谬说，或依据误本，或漏收重要义项，或失采通人研究成果，其结果必然影响辞书的质量。

[选自《张涤华文集》(第三集)，安徽师范大学出版社2011年版]

毛泽东诗词小笺

沁园春·长沙

一九二五年

独立寒秋[1]，湘江北去[2]，橘子洲[3]头。看万山[4]红遍，层林[5]尽染；漫江[6]碧透，百舸[7]争流。鹰击长空[8]，鱼翔浅底[9]，万类霜天竞自由[10]。怅寥廓[11]，问苍茫[12]大地，谁主沉浮[13]？　　携来百侣曾游[14]，忆往昔峥嵘岁月稠[15]。恰[16]同学少年[17]，风华正茂[18]；书生意气[19]，挥斥方遒[20]。指点江山[21]，激扬文字[22]，粪土当年万户侯[23]。曾记否，到中流[24]击水，浪遏[25]飞舟[26]？

【注释】

［1］寒秋：就是深秋、晚秋。秋深已有寒意，所以说是“寒秋”。

［2］湘江北去：湘江，一名湘水，是湖南省的一条大河，源出广西壮族自治区兴安县南的海洋山，长876公里。湘江流经长沙，北入洞庭湖，所以说“湘江北去”。

［3］橘子洲：也简称橘洲，又名水陆洲（水鹭洲），俗名下洲，是长沙城西湘江中一个狭长的洲，靠近岳麓山。南北长约11里，东西最宽处约1里。自唐代以来，就是游览胜地。据宋祝穆《方舆胜览》，洲上多产美橘，故名。

［4］万山：长沙对面有有名的岳麓山，此外，湘江两岸也还有一些山。毛泽东同志在长沙时，常和同志们在岳麓山一带游览。

［5］层林：一层层的树林。从江边遥望山上，重重叠叠的树林

随着山势一层层高上去，所以说“层林”。

[6] 漫江：漫（mān），满的意思。漫江就是满江。

[7] 舸（gě）：大船。扬雄《方言》卷九：“南楚江湘，凡船大者谓之舸。”也用以指称一般的船。《三国志》卷五十四《吴志·周瑜传》：“又预备走舸，各系大船后。”

[8] 鹰击长空：击，搏击，形容鹰飞的迅捷矫健。“鹰击长空”，是说鹰飞于空中，用有力的翅膀扑击着大气。

[9] 鱼翔浅底：翔，本指鸟的盘旋，这里用来形容鱼游的活跃。浅底的“浅”是清莹澄澈的意思。因为水清，所以觉得浅，并不是真浅。《水经注》卷三十八《湘水》引古谚云：“昭潭（长沙附近湘江最深处）无底橘洲浮。”又引《湘中记》云：“湘川清照五六丈，下见底石如樗蒱矢，五色鲜明，白沙如霜雪。”这些记载都说明了湘江是深不是浅。唐储光羲《钓鱼湾》诗：“潭清疑水浅。”也可作旁证。所以“鱼翔浅底”决不能解释为“鱼游在浅水里”。

[10] 万类霜天竞自由：万类，指一切生物。霜天，这里是指秋天，也就是寒秋。因为避复，所以改换了字面。杜甫《季秋江村》：“白首望霜天。”“万类霜天竞自由”，是说一切生物在秋天里都像是竞争似的自由自在地生活着。

[11] 寥廓：就是辽阔。寥与辽通。寥廓指广阔的宇宙。

[12] 苍茫：旷远迷茫的意思。

[13] 谁主沉浮：主，主宰，支配。沉浮，犹言升沉。按：沉浮二字，可指沉没在水底的鱼和浮游于空中的鹰，但并不只限于二者，实泛指“万类”，即指一切升沉兴废。“谁主沉浮”是说：“是谁主宰这一切升沉兴废呢？”也就等于说：“谁是大地上一切的主宰呢？”

[14] 携来百侣曾游：“来”，助词。百侣，形容伴侣之多。古典文学作品里所用百、千、万等字，往往只是说多，不一定是确数。（上文“万山”、“百舸”、“万类”都是如此。）

[15] 忆往昔峥嵘岁月稠：峥嵘（zhēngróng），本指山的高峻，这里是不平凡、不寻常的意思。稠，有“多”义，与“岁月”连用，也就是说“长”。“忆往昔峥嵘岁月稠”，是说回忆过去那段相当长的不平凡的岁月。

［16］恰：恰值、正当的意思。恰，是词里所谓“领字”（有领起作用的字），直贯下面四句，即从“同学……”到“……方遒”。

［17］同学少年：毛泽东同志在湖南第一师范读书时，他的同学蔡和森等年龄都在二十左右，所以说是“同学少年”。

［18］风华正茂：风华，风采才华。《南史》卷十九《谢晦传》：“时谢琨风华，为江左第一。”茂，丰满旺盛的意思。

［19］意气：意态气概。《史记》卷一〇九《李将军列传》：“广意气自如。”

［20］挥斥方遒：挥斥，《庄子·田子方》：“挥斥八极。”注：“挥斥，犹纵放也。”又，《后汉书》卷九十一《左周黄列传论》：“来轸方遒。”注：“遒，急也。”“挥斥方遒”，是说纵放正急，也就是说意气奔放，劲头正足。

［21］指点江山：指点，用手指着点着。毛泽东同志等来游时，欣赏风景，谈论国事，往往对着江山，用手指示比画，所以说“指点江山”。

［22］激扬文字：激扬，有人解为激浊扬清（就是说“除恶奖善”），有人解为慷慨激昂。宋林正大《沁园春》云：“万世清风更激扬。”“激扬”等于说“扇扬”、“宣扬”。这里的“激扬文字”，也就是以文字宣扬革命的意思。

［23］粪土当年万户侯：万户侯，汉制：列侯，大者食邑万户。万户侯就是食邑万户的侯。《史记》卷一〇九《李将军列传》：“万户侯岂足道哉！”这里的“万户侯”是借用，指当时先后盘踞湖南的反动军阀汤芗铭、傅良佐、张敬尧之流（也可扩大指当时中国的一切军阀）。粪土，做动词用，是说把这些反动派看成粪土一样。

［24］中流：水流之中。

［25］遏（è）：阻挡。

［26］飞舟：如飞之舟，形容船行的迅速。

【赏析】

这首词是毛泽东同志在长沙时记游之作，在1963年12月出版《毛主席诗词》单行本时编在卷首，创作的时期较早。据萧三同志《毛泽东同志的青少年时代》等书所记，毛泽东同志1911年就来长沙，直到1918年9月才离开。但在1925年又回韶山，住了半年，积极从事农民运动。这首词就是在这一期间写的。

全词分前后两段。前段一开头就点出来游的时地，时是寒秋，地是湘江里的橘子洲。“独立”句的“独”字又点明这一次是作者一个人来游。这句要跟后段第一句“携来百侣曾游”合看。游的是同一地方，而过去却是集体来游，因而独立时很自然地就引起回忆。两段虽然分开，但仍有紧密联系，这种地方读词时必须注意。

“看万山……”七句，写独立时眺望所见。“万山”二句是向高处望，是山景。岳麓山靠近湘江，山上枫树极多，红叶自古有名。山腰有爱晚亭，也正是由唐朝诗人杜牧咏枫叶的名句而得名[①]。寒秋霜降，山上一层层的枫树，叶子全红了，简直像染了色似的，多么鲜明！“漫江”二句，是向低处望，是江景。湘江是一条大河，常有成百的船只往来行驶，只一句就写出江上热闹情况。万山的红叶和满江的碧波上下照映，构成一幅又阔大又绚烂的图画。“万山红遍，层林尽染”纯是静境，“漫江碧透，百舸争流”却又静中有动。这就使得画面更为复杂，更为生动。“红遍”、“碧透”都与“寒秋”相应，遍字透字正说明确已到了寒秋。“鹰击”句写天上所见，“鱼翔”句写水中所见，一是仰观，一是俯察。击字、翔字都极精炼。“长空”、“浅底”也切合“寒秋”，无一虚设。足见作者不但体物精工，用字也经过锤炼，不可移易。“万类”句总写所见的一切。“万类”包括很广，不只是上文所写的枫树、鹰、鱼等，许多未写出的也统统在内。这是独立眺望时所得到的总的印象，也是高度的概括，写得新奇生动。《诗经·旱麓》篇说：“鸢飞戾（至）天，鱼跃于渊。”朱熹注这两句诗，说是形容“怡然自得”[②]。鸢飞鱼跃也确乎描写出一个活泼自由的完美的境界。毛泽东同志在这一段里写鹰击，写鱼翔，也有这种意味，但又推广到“万类”，并说“竞自由”，有自由生活须由竞争取得的意思。这就比《旱麓》更进一步，看得也就更深远了。

“怅寥廓”三句，写独立时所生感触。“寥廓”就是“辽阔”，上

① 《樊川诗集》外集《山行》：“停车坐爱枫林晚，霜叶红于二月花。”（湘南书局刻本）

② 朱熹《诗集传》卷十六：“盖鸢之飞全不用力，亦如鱼跃怡然自得而不知其所以然也。”（明经厂刊本）

文所写原是辽阔的境界。“怅”字有人解为“惆怅”，并认为“问苍茫……主沉浮”是提出一个富有哲学意味的问题。我们认为，这里的“怅”绝不是什么消极情绪，而是用来表示一种郁勃而又激动的心情；这里所提出的也不仅是一个具有哲学意义的问题，而实在是一个关系到祖国和人民的命运的实际问题。当时诗人看到眼前一片美景，一片生机，不禁引起种种联想，联想到在国内外反动派重重压迫之下，祖国多灾多难，人民呻吟挣扎于水深火热之中，一时还未能管领江山，也不如万类之自由自在。这样，自然也就会进一步想到谁是大地上一切的主宰这一根本问题。当然，“主沉浮”的应该是劳动人民，应该是无产阶级的革命斗士，这问题作者当时是已经解决了的，但这里用设问的形式为前段作结，一方面有激起下文的作用（后段所出力描写的正是一些具有伟大抱负以“主沉浮”为己任的革命青年），一方面也为读者留下深入思索的余地，最是跌宕有味。

以上是前段，写今日之游。“携来”以下，是后段，写昔日之游。由现在写到过去，层次是很清楚的。

“携来百侣曾游”句的“游”，“忆往昔峥嵘岁月稠”的“忆往昔”，都贯串整个后段，点明以下所写即是追忆往昔来游情事。今日是独游，昔日却是集体来游，作者之外，还有许多同学少年。“峥嵘岁月稠”只用五个字就概括了当时的情况。毛泽东同志1911年就来长沙，光是在第一师范就有八年。为了进行革命活动，毛泽东同志广泛地结识了一些同志，并领导他们与广大人民相结合，干出许多惊天动地的大事，这一段岁月确是极不平凡而又相当之长的。“恰同学……”以下七句，出力描写当时游侣。毛泽东同志早年的革命同志绝大多数都是第一师范的同学，其中包括蔡和森、何叔衡、张昆弟等烈士——一些坚贞的、卓越的、不朽的战士。他们当时正值青春年少，一个个风度翩翩，才华喷溢，意态气概也非常奔放。“指点……”三句，写来游之时，大家指点着江山，议论着国事，还传诵或研讨彼此所写的宣扬革命的文章，把当时的显贵看得直如粪土一般。这几句突出地形象地写出这些“同学少年”的革命热情和英雄气概。同学如此，作者是他们的组织者、领导者，胸襟抱负，更可想而知。这里写的是同学，但也有作者自己在。这是我们应该体会到的。“粪土”句，写出对当时那些祸国殃民的反动军阀的痛恨和鄙夷。“曾记否”三句，临了又举出一件可以表现少年意气的事来，以见一时豪兴。“到中流击水，浪遏飞舟”，有人说是写在江中游泳，可能是的，因为毛泽东同志和他的战友蔡和森等人年轻时就是经常借游泳来锻炼身体的。这几句不但写得活泼生动，也似乎象征着那时与反动势力相搏的艰苦斗争，细玩可见。这一段也用问语作结，跟前段一样。但前段结句只是“住”不是“断”，这里才真正到了收束处，却又收得余味盎然，令人寻绎不尽，这是手法高妙处。

前段描绘当前风物，是写景，是实写；后段追忆往昔游侣，是叙事，是虚写，通篇都是记游，但上下却不犯复。这种地方最能见出意匠经营，读时不可轻易放过。

这首词总共只有114字，可是，却把来游时所看到的、所感到的以及所回忆到的，统统描写了出来；有些没有明写的，也给读者以充分的暗示，真是丰富多彩！上文曾说这首词是记游之作，从这方面说，毛泽东同志也确乎用韵语为我们写出一篇绝妙的“长沙游记”。但是，如果我们只把它当做一篇流连风景、模山范水的游记来读，那就是探骊而未得珠，理解还是很不够的。我们读这首词，至少有以下几点必须特别注意：第一，它描写了祖国壮丽的江山，描写了到处是美是动是力的南国之秋，通篇洋溢着高度的爱国主义的精神；第二，它歌颂了中国革命和初期的革命战士，生动地写出了他们在五四时代的革命活动和光辉形象；第三，它最早地透露了革命导师的伟大抱负，也最早地表现了无产阶级战士的革命激情和战斗精神；第四，它的思想感情是健康饱满的，风格是清新爽朗的，它一扫过去古典文学传统中那种陈陈相因的衰飒的悲秋情调，使旧的文学形式获得了新的生命，放出了光辉灿烂的异彩。以上这几个方面不是孤立的，而是巧妙地融合在一起，成为一个完美和谐的统一体，成为一篇划时代的杰出的革命史诗。

这首词先写江山的壮丽，次写万类的自由自在，这些都是明写。国内外反动派的飞扬跋扈，广大人民的灾难深重，这些没有写出，是暗写。由于这些，自然激起革命的责任感，因而提出要旋乾转坤主宰沉浮的革命誓言，也因而忆起同具革命壮志、一直并肩作战的战友们——这是意念上的线索。摸清了这条线索，上下两段的布置和联系就容易理解了。

这首词是长调[①]。古代豪放、婉约两派词家都常用长调。大约豪放派的长调，以奔放雄健见长，其末流则失之粗率滑易；婉约派的长调，以缛丽精密见长，其末流则失之萎靡琐细。毛泽东同志的词是豪放的，但又有了新的发展，远非豪放派的传统所能范围；最难得的，是一气浑灏流转之中，还能操纵自如，兼有缛丽精密的好处。即如此词，前段“看万山红遍”以下，一直到“万类霜天竞自由”，气势如骏马注坡，锐利无前；“怅寥廓”三句，陡然一锁，便有顿挫，深得词家所谓“留”字诀，即留有余不尽之意，耐人寻味。后段“恰同学……”以下七句，也是串联而下，沛然不可当。“粪土当年万户侯”，说到这里，仿佛已经到了尽头，无可再说。“曾记否”三句，却以一件小事作点染，轻轻接上，毫不费力，并且摇曳生姿，别有韵味，真是善于控驭。全词有写景，有叙事，也有抒情；写景叙事之中，又有许多层次。句子有整有散，有长有短，有对仗工稳的，也有不对的（凡词四字对句必密丽，对句之后，承以单句必疏宕。这都是词调本身具有的形式的美）。这些，都深得错综之妙。有人说，这首词是美与力的无间的融合。这正道出了毛泽东同志作品的艺术上的特色。其实也不仅这一首如此，毛泽东同志的其他诗词，也都具备这种特色的。

【备考】

据萧三同志所记，毛泽东同志在第一师范读书时，常和同学蔡和森、何叔衡、陈章甫、罗学瓒、张昆弟等到水陆洲一带来游览和游泳，并畅谈人生国事，慷慨激昂。毛泽东同志那时就已爱好诗词，偶有所作，同学们争相传诵。又，1917年，毛泽东同志发起组织新民学会，1918年4月18日正式成立，后来发展到七八十人，大多数是第一师范的同学（参看《毛泽东同志的青少年时代》第3章、第4章）。这些记载，都可与此词相印证。

① 词有小令、中调、长调之分。

菩萨蛮·黄鹤楼[1]

一九二七年春

茫茫[2]九派[3]流中国[4]，沉沉[5]一线[6]穿南北。烟雨莽苍苍[7]，龟蛇[8]锁大江。　　黄鹤知何去[9]，剩有游人处。把酒酹[10]滔滔[11]，心潮逐浪高[12]。

【注释】

[1] 黄鹤楼：在湖北武汉市武昌黄鹤矶（一作黄鹄矶，又作黄鹤山或黄鹄山）上，始建于三国孙吴时，南朝以后就很著名，有“天下绝景”之称。楼本因矶得名，但也有人说起于神话，又有两说：一说，古代仙人子安曾乘黄鹤过此楼，因而得名（《南齐书》卷十五《州郡志》下）；一说，蜀汉费祎登仙，每乘黄鹤到此楼休息，故名（宋乐史《太平寰宇记》卷一一二）。这些神话，唐代以前已经很流行，所以著名诗人崔颢登楼赋诗，就把这种材料写了进去。崔诗是古代名作，流传以后，黄鹤楼就更为著名。

[2] 茫茫：广大的样子。又，远的样子。

[3] 九派：派是水的支流。古地理书说长江流入荆州（主要是今湖南、湖北两省）境内后，分为九道。九派就是九道支流。但这个“九”，也不是确数，不必拘泥。

[4] 中国：就是国中。《孟子·公孙丑下》：“我欲中国而授孟子室。”赵岐注：“王欲于国中而为孟子筑室。”按：“国中”倒过来说“中国”，古代文献里常有这种说法。如“中田”就是“田中”，“中林”就是“林中”（见《诗·小雅·信南山》郑玄笺及《周南·兔罝》毛亨传）。但这里的“中国”，就是用通常的意义来解说，把“流中国”解为“流于中国境内”，也可通。

[5] 沉沉：也作沈沈，深远的样子。《文选》卷十一司马相如《上林赋》：“沈沈隐隐。”李善注：“沈沈，深貌也。”

[6] 一线：指今京广铁路。当时南段叫粤汉铁路，北段叫京汉铁路。

[7] 莽苍苍：“莽苍”，本指郊野之色，见《庄子·逍遥游》

注。这里用做形容词，是迷茫的意思。陆游《哀郢二首之一》："云梦风烟旧莽苍。"按：莽苍苍就是莽苍，不过是多一个音节罢了。

[8] 龟蛇：龟指龟山，蛇指蛇山。龟山在汉阳东北，一名大别山，又名鲁山。蛇山在武昌东，一名高冠山，两山隔江对峙，形势雄伟。

[9] 黄鹤知何去：唐崔颢《黄鹤楼》诗，有"昔人已乘黄鹤去"及"黄鹤一去不复返"等语。这里的"黄鹤知何去"，即用崔颢诗意。

[10] 酹（lèi）：用酒祭地叫酹。《后汉书》卷九十五《张奂传》："以酒酹地。"苏轼《念奴娇·赤壁怀古》："一樽还酹江月。"这是此词酹字所本。但"把酒酹滔滔"只是说持酒对着滔滔的江水，不一定是"祭"，必须活看。

[11] 滔滔：《诗·小雅·四月》："滔滔江汉。"毛传："滔滔，大水貌。"按：这里用"滔滔"代"江水"，是用修饰语来代替被修饰的中心词语，古典文学作品中常有这种说法。例如晏几道《梁州令》："泪湿当年金缕。""金缕"后省去"衣"字。毛文锡《喜迁莺》："碧纱窗晓怕闻声，惊破鸳鸯暖。""暖"后省去"梦"字。以"金缕"代"衣"、以"暖"代"梦"正同这里用"滔滔"代"江水"一样。

[12] 心潮逐浪高：心里的思想感情不断起伏，像是潮水一样，所以说是"心潮"。"心潮逐浪高"，是说心潮澎湃，好像追逐着浪潮同它争高似的。

【赏析】

这首词是毛泽东同志在武汉时所作，具体时间大约在蒋介石发动四·一二反革命政变前夕①。

这首词的题目是"黄鹤楼"，实际上是写登黄鹤楼时所见所感。全词分两段。前段写登楼所见景物。"茫茫"二句，是远景。九派分流，一线横贯，从水陆两方面写出武汉形势，雄伟开阔，气象恢弘。两句是对句，不但对仗工稳，而且笔力劲健，使一起就非常得势。凡是到过武汉的人，都知道黄鹤楼是个著名的高大建筑物，耸立在江边的石矶上，视野很远。所以这两句是写实，不是夸大。"茫

① 近见周振甫《毛主席诗词浅释》，考定此词的写作时间与我所揣测的不谋而合。

茫”、“沉沉”都与下文“烟雨”句相应，因为是在烟雨中远眺，所以看来茫茫然沉沉然，不很分明，但却愈觉其远其大。“一线”二字，用得极新，也极恰当。京广铁路横贯南北，凭高下望，确是“一线”。“烟雨”两句，是近景。龟蛇二山，隔江紧紧相对，在莽苍苍的烟雨里，看来更觉接近，简直像是把大江封锁了起来。一个“锁”字，下得多么自然，又多么精炼！以上四句有两点值得注意。第一，从表面看，这四句仿佛只是写武汉形势，但其实是写黄鹤楼，因为楼高，所以才见到如此壮阔景象。切合题目，一丝不走，最是细密。第二，古典诗词名作中的写景部分，往往不是单纯描写景物，而是寓情于景，即景寄情，巧妙地把两者糅合在一起。毛泽东同志的诗词，更不是为写景而写景，而是为高度的思想内容服务的。因此，我们读时必须透过一层，看出寄托在景物描写中的思想感情来，这才能够领会作品中所表现的完整美妙的情景交融的境界。即如此词，上段所描写的形象，开阔深远之中又有苍茫沉重的意味，这就恰同当时的心情相应（这种心情，下文就要谈到）。在毛泽东同志的诗词中，凡是写景的部分都可作如是观，这里不过是一例罢了。

后段写登楼时的感触。“黄鹤”两句，是怀古。黄鹤楼本来跟古老的优美的神话和诗人的著名作品密切地联系着，因此，到黄鹤楼来游览，自然就会联想到这些。不过，这里还有一层意思，那就是：仙人跨鹤飞向何处，尽可不必管它，我们还是注意“游人处”也即是现实的人间吧，人间目前正在发生翻天覆地的大变化哩。“把酒”二句，就是写由于这种大变化而引起了许多怅触。“心潮”两字妙于形容，心事如潮，正说明了一时万感纷来，郁勃激荡，不能自已。毛泽东同志没有写出“心潮”的具体内容，我们要了解它，那就有必要简单地讲一下写词时的时代背景。

原来在第一次国内革命战争期间，武汉建立了革命政府（1927年1月），蒋介石也在南京成立了反动政府（同年4月），于是宁汉分裂，形成了革命和反革命双方对峙之局。当时武汉革命政府处在四面包围之中，东西南北都有敌人①；而党内由于陈独秀执行右倾机会

① 当时蒋介石在东，广东军阀在南，杨森在西，张作霖在北。

主义的错误路线，起初既没有坚决打击蒋介石的反动气焰，后来又没有及时清洗隐藏在武汉政府内部的反革命分子如汪精卫之流，而只一味地妥协退让，甚至还收缴工人纠察队和农民自卫军的武器，拒不接受毛泽东同志和其他许多同志的正确主张，这样，就给革命带来了严重的危机。

但是，这只是事情的一面，还有更重要的另一面。当时，在城市的革命群众已经从帝国主义手里收回了汉口、九江的租界，上海工人正在轰轰烈烈地举行三次起义；在农村，以湖南为中心的全国农民运动也已广泛地开展起来。只要革命政权正确地加以领导，那正如毛泽东同志在《湖南农民运动考察报告》里所说的："很短的时间内，将有几万万农民从中国中部、南部和北部各省起来，其势如暴风骤雨，迅猛异常，无论什么大的力量都将压抑不住，他们将冲决一切束缚他们的罗网，朝着解放的路上迅跑。一切帝国主义、军阀、贪官污吏、土豪劣绅，都将被他们葬入坟墓。"[①]所以，总的说来，那时的革命形势还是十分有利的。

"把酒酹滔滔，心潮逐浪高"二句就是在这样错综复杂波澜壮阔的时代里写下来的。"心潮"的内容，大概说来，该是包括了作者对中国整个局势的乐观展望，对工农革命行动的热情赞扬，以及对反动派、党内右倾机会主义分子的无比愤怒。当然，当时可能还想到了更多的东西，但有一点是肯定的，那就是作者登楼眺望，决不会像一般文人那样，只是单纯地怀念往昔，"发思古之幽情"；也不会像崔颢那样，对景思家引起淡淡的羁愁[②]。他所念念不忘的是当前的惊天动地的革命斗争，是伟大祖国和几亿人民的未来命运，他的思想感情是同这些关系重大的问题紧密地联系在一起的。思深虑远，热血沸腾，心情是激动而又沉重，因此思潮起伏，有汹涌澎湃之观，简直可与江潮比高，这不就充分说明了伟大革命家的伟大胸襟和伟大抱负吗？"心潮逐浪高"，五个字义蕴弘深，却妙在含蓄不露，戛然而止，耐人寻味。这一结也极其有力，与起处对看，更觉必须如此收束，才能前后相称。

黄鹤楼是历史上的名楼，自古以来，不知有多少人登临过、歌

① 《毛泽东选集》第1卷，人民出版社1951年版，第13–14页。

② 崔诗结尾："日暮乡关何处是？烟波江上使人愁。"可见所写只是羁旅怀乡之感。

咏过，可是自从崔颢题诗之后，许多人都搁笔不敢再题，就连伟大的天才诗人李白也有“眼前有景道不得，崔颢题诗在上头”[①]之叹。可见写黄鹤楼要想不落前人窠臼，确是十分困难。毛泽东同志此词，字数比崔诗还少（崔诗是七律，七言八句，共56字。毛泽东同志此词，只有44字），然而，如椽大笔，只那么稍一挥洒，就给我们勾出雄浑高华的另一境界。它不仅把黄鹤楼的胜概、武汉的莽苍苍的景色出色地描绘了出来，而且也把作者自己的伟大抱负和整个祖国整个民族的气魄与力量生动地展示在我们的面前，使人读了在不知不觉之中就开拓了心胸，扩大了眼界，仿佛分得一些作者所特有的那种高瞻远瞩、恢恢有容的气概，这就远远超出一般的写景、一般的抒情，也就远远不是崔颢的诗所能比拟的了。名作当前，却能不受它的局限，自出杼机，凌驾其上，如果不是伟大人物的凌云健笔，又如何能够办到呢?

《菩萨蛮》是小令。小令只有寥寥几十个字，一般说来，仅仅适宜于写小场面，正像文章里的小品，诗里的绝句，绘画里的条幅。前人如辛稼轩，偶有豪放之作，如《菩萨蛮·书江西造口壁》[②]之类，算是别开生面，但并不多见。毛泽东同志的小令，却同长调一样，都是黄钟大吕，大声镗鞳，而且题材多式多样，气象境界也各个不同。这是毛泽东同志词的显著特点之一。我们必须注意。

【备考】

崔颢，唐汴州人，事迹略见《新唐书·艺文志》、宋计有功《唐诗纪事》和元辛文房《唐才子传》等书。他的《黄鹤楼》诗（见《全唐诗》卷一三〇），前人推为唐代七律第一。兹附录于后，以供读者欣赏：

昔人已乘黄鹤去，此地空余黄鹤楼。
黄鹤一去不复返，白云千载空悠悠。
晴川历历汉阳树，芳草萋萋鹦鹉洲。
日暮乡关何处是？烟波江上使人愁。

① 《李太白全集》卷二十一《登金陵凤凰台》诗王琦注引宋刘后村说。
② 《稼轩词》卷四，汲古阁刊《宋六十名家词》本。

西江月·井冈山[1]

一九二八年秋

山下旌旗在望[2]，山头鼓角相闻[3]。敌军围困万千重，我自岿然[4]不动。　　早已森严壁垒[5]，更加众志成城[6]。黄洋界[7]上炮声隆[8]，报道敌军宵遁[9]。

【注释】

［1］井冈山：位于罗霄山脉的中段，在湘赣两省的宁冈、酃县、遂川、永新四县之交，周围550里。山中峰峦环抱，林木茂密，形势险要。1927年9月，湖南秋收起义后，毛泽东同志即率领参加起义的革命武装进驻井冈山。1928年4月，与朱德同志所部会合，于是就建立了第一个红军根据地。

［2］在望：在眼前。

［3］山头鼓角相闻：鼓角，军鼓和警角。古代军中用擂鼓和吹角记时刻，又进军也用鼓。这里的鼓角，指鼓号。“山头鼓角相闻”，是说各个山头的鼓号声可以互相听到。

［4］岿然：高高地独立的样子。岿（kuī），《文选》卷十一王延寿《鲁灵光殿赋序》：“而灵光岿然独存。”

［5］森严壁垒：森严是严整的意思。壁垒是古代军营中的围墙，也就是防御工事。“森严壁垒”，是说戒备严密，不可侵犯。

［6］众志成城：是说军民一心，抗击敌人，成为坚固的城堡。本作“众心成城”。《国语·周语下》：“众心成城。”韦昭注：“众心所好，莫之能败，其固若城也。”

［7］黄洋界：又称汪洋界、望洋界。在井冈山北，是当年红军五大哨口中的主要哨口（五大哨口是黄洋界、桐木岭、朱砂冲、双马石和八面山），距井冈山的中心茨坪25里，只有一条羊肠小道通往宁冈。黄洋界地势雄峻险要，有“一夫当关，万夫莫开”之概，红军曾在此几次痛歼国民党军。

［8］隆：大，响。

［9］宵遁：乘夜逃跑。

【赏析】

毛泽东同志的诗词，就已发表的27首看来，有许多是以革命战争为题材的，《西江月》就是其中最早的一首。

1928年春，毛泽东同志率部和朱德同志部胜利会师之后，井冈山根据地日益巩固，革命力量日益扩大，红色区域也日益推广，到了6月间，湘赣边界就进入了全盛时期。这时的斗争形势本来极为有利，可是，当时湖南省委派代表杜修经来，坚决主张红军毫不犹豫地向湘南发展，只留二百支枪会同赤卫队保卫边界，并说这是“绝对正确”的方针。7月中旬，杜修经强使红军主力二十八团以及二十九团进攻郴州。8月，战斗失败。改编后的二十八团退往桂东。毛泽东同志（时任红四军党代表）听到这个消息就亲自带了三十一团的第三营前去迎接大队，井冈山只有人数不足的第一营留守。这时，湘敌吴尚第八军及赣敌之一部，见我内部空虚，于是就以比我们多十几倍的兵力向山上进犯，我军凭借黄洋界天险奋勇抗拒，终于击退了敌人。这就是黄洋界保卫战。毛泽东同志这首词即作于此次战役以后。

这首词的题目是“井冈山”，但内容却不是描写山景，而是写保卫井冈山根据地的一次惊心动魄的武装斗争，是一幅生动鲜明的战场速写，是一首雄壮真实的革命史诗。

全词分两段：前段写我军严整的部署和昂扬的士气；后段写军民万众一心，粉碎敌人的围攻，取得战争的胜利。

前段用对仗领起。“山下”句是写远处，是写“见”；“山头”句，是写近处，是写“闻”。眼前招展着漫山遍野的旌旗，耳边喧阗着动地震天的鼓角，这确是如火如荼、紧张严肃的战场景象。但在描写这种景象的同时，作者也把我军严阵以待、从容不迫的意度突出地表现了出来，并逗起下文，与后段开头处两两相应。这两句不但整饬流美，并且写得极有声势。“敌军围困万千重”句，有两个意思：一是写数量上占优势的敌人已经深入根据地，并把我军重重围困起来，可见局势确是异常严重；一是为下句作垫笔，衬托出我军的坚定和英勇。这后一意思更为重要，因为这里不是长敌人的威风，而是为了更出色地描写我军。“我自岿然不动”，一个“自”

字，一个“岿然不动”，充分地写出我军胜算在握，屹立如山，有着高度的自豪感和对敌人的轻蔑感。“岿然”，在古典文学作品里通常只是形容建筑物之类的高峻，这里用来写红军作战，居高临下，沉着顽强，就不仅点明战场形势，连无产阶级战士的伟大气魄也表现出来了。驱遣旧词而又赋予以新的意义，这正是毛泽东同志的善于点化，如果仍照原义来理解，那就不够了。这一段只用25个字，就把一幅敌我战争图形象地展开在读者面前，这是多么简括有力！

在这次黄洋界保卫战中，敌我军力相差很远，而我军却能从容肆应，取得光辉胜利。这是什么原因呢？后段开头两句，就回答了这个问题。“早已森严壁垒”，是说作战准备完成得早，布置得好；“更加众志成城”，是说广大军民在党的领导下，同仇敌忾，万众一心，具备足够的精神条件。“早已”、“更加”，呼应极紧，且遥承上文，脉络分明。“森严壁垒”、“众志成城”，是前段特别是头两句的绝好注脚，也是整个根据地和保卫根据地的革命战士的绝妙赞语，8个字概括了一切。在有形的和无形的长城业已筑成的情况下，既得地利又得人和的我军哪有作战不胜的呢？“黄洋界”两句，点出敌人在我军猛烈的炮火中仓皇溃退，这正是必然的结果。“宵遁”，写敌人连逃跑也只敢乘黑夜进行，一方面道尽了敌人的无用，一方面也见出我军声威震赫，一笔而两面俱到；妙在全词就在这里结束，更显出这一仗打得兴会淋漓、痛快之至。

毛泽东同志在建立井冈山根据地的初期就曾经指出：“巩固此根据地的方法：第一，修筑完备的工事；第二，储备充足的粮食；第三，建设较好的红军医院。”①杨至诚同志的回忆录说：“我们早已做好了守山的准备：山上储备好了粮食，哨口上挖好了工事，哨口下面的山坡上，溪沟里埋上了尖尖的竹钉子。敌人一攻，不是被我们的机枪和手榴弹打死，便是滚到沟里被竹钉子戳坏了手脚，哪里攻得上？”②又，刘型同志的回忆录也说：当秋收起义部队进入井冈山以后，毛泽东同志就非常重视建立根据地中心区域坚实基础的工作，许多事务都亲自抓，而且抓得很紧。部队在毛泽东同志的直接领导下战斗力大大加强；群众经过宣传教育，阶级觉悟大大提高；

---

① 《毛泽东选集》第1卷，人民出版社1951年版，第58页。

② 《井冈山上的故事》，《星火燎原》上册，人民文学出版社1958年版，第324–325页。

党的政策，不仅得到农民的拥护，连中小商人也齐声道好；由于坚决执行三大纪律，军民关系也是团结一致的[①]。这些记述，都可以帮助我们理解“早已”二句的具体内容。这次的战斗是8月30日开始的，我军弹药不多，就兼用大石块做武器，把它推滚下山，砸死砸伤敌兵，使之无法前进。这样，激战了一昼夜之后，31日中午，我军又由茨坪调来迫击炮一门，两发命中，敌人伤亡很大，于是乘夜逃回酃县[②]。在这一次战役中，迫击炮是建了奇功的，所以“炮声隆”句大书特书。我们也必须注意这是纪实，不是泛写。

黄洋界保卫战虽然不是一次大规模的战斗，但它的意义却非常重大。就在保卫战开始的前一天下午，党代表何挺颖同志召集连级以上的干部开会，向大家说：“目前是全国革命低潮时期，广州暴动失败了，海陆丰苏维埃区、湖北黄（安）麻（城）、湘东、湘南暴动都暂时受到了挫折，湘西未发动起来，全国目前只剩下井冈山这一小块红色政权。现在湘赣两省敌人全面向我进攻，企图乘我主力不在之际拿下井冈山，我们必须以生死与共的决心坚守井冈山。只要这一小块根据地还保存着，这面红旗不倒，就向全国人民证明，反动统治阶级永远消灭不了革命！”[③]这段话简括有力地说明了黄洋界保卫战的重要性。毛泽东同志对这次战役也予以很高的评价，他说：“8月30日井冈山一战，湘敌始退往酃县，赣敌仍盘踞各县城及大部乡村。然而山区是敌人始终无法夺取的……”[④]又说：“边界的红旗子，业已打了一年，虽然一方面引起了湘鄂赣三省乃至全国豪绅阶级的痛恨，另一方面却渐渐引起了附近省份工农士兵群众的希望……边界红旗子始终不倒，不但表示了共产党的力量，而且表示了统治阶级的破产，在全国政治上有重大的意义。”[⑤]这些话说得更是深切著明。当时我军本来驻在茨坪，一听到敌军进攻黄洋界，就于8月21日星夜兼程撤回井冈山。由于山下平原已经尽落敌手，战士们只能翻山越岭赶到黄洋界。尽管山间崎岖难走，荒无人烟，可

① 参看：《黄洋界保卫战前后》，《红旗飘飘》第14集，中国青年出版社1960年版，第41–43页。

② 参看兰宇：《井冈山访问记》，见1961年6月25日《人民日报》。

③ 参看：《黄洋界保卫战前后》，《红旗飘飘》第14集，中国青年出版社1960年版，第46页。

④ 《毛泽东选集》第1卷，人民出版社1951年版，第66页。

⑤ 《毛泽东选集》第1卷，人民出版社1951年版，第86页。

是我军士气却极为高涨，一路谈笑歌唱不绝[①]。这些事实说明了早期的革命战士对这次保卫战的重大意义也是具有充分认识的。

根据历史记载，在井冈山革命斗争初期，由于物质条件比较艰苦，也有小部分人意志不坚，信心不足，对革命前途抱悲观，甚至还有逃跑主义的思想。在这一时期中，毛泽东同志曾经写了《中国的红色政权为什么能够存在?》、《井冈山的斗争》、《星星之火，可以燎原》等有名的文章，对斗争形势和革命前途作过详尽的科学分析，指出最后胜利必然到来，对千千万万的人起了巨大的教育作用；同时，毛泽东同志也写了旧体诗词，体现了无比坚定的革命信念和高度的革命乐观主义精神，健笔豪情，鼓舞斗志，成为时代的号角。这首词就是这样的典范作品之一。全篇只有8句，也没有用多少词藻，可是，素朴的笔调和精炼的语言已经把当时战争的实况、伟大领袖的思想感情以及革命战士的精神风貌无比清楚地勾勒出来，具有极大的感染力量。古人说："成如容易却艰辛。"像这首词，就正是这种情况了。

清平乐·蒋桂战争

一九二九年秋

风云[1]突变，军阀[2]重开战。洒向人间都是怨，一枕黄粱[3]再现。　红旗跃过汀江[4]，直下龙岩[5]上杭[6]。收拾金瓯[7]一片，分田分地真忙。

【注释】

[1] 风云：风起云飞，形态多变，比喻变幻莫测的局势。这里指时局。

[2] 军阀：指拥兵干政，只图扩张地盘，发展个人势力，而不顾国计民生的军人或军人集团。阀，本作"伐"。伐阅，原是古代仕宦人家大门外的左右柱，后来用来指称仕宦人家。

[3] 一枕黄粱：黄粱是黄色的小米。一枕黄粱，用卢生事。唐

① 参看：《黄洋界保卫战前后》，《红旗飘飘》第14集，中国青年出版社1960年版，第46页。

沈既济《枕中记》，记卢生在邯郸（今河北省邯郸市）客店中遇道士吕翁，生自叹穷困，吕翁给他一个枕头，说："枕了它就可以称心如意。"其时店主人正在蒸黄粱，生枕后就入梦，梦中出将入相，子孙繁昌，享尽了荣华富贵，并登高寿。可是等他一梦醒来，黄粱还没有熟。吕翁笑着对他说："人世上的事正同你的梦一样啊！"旧时消极的人因谓人生为"黄粱梦"。《枕中记》，是唐代最著名的传奇之一，见《文苑英华》卷八三三、《太平广记》卷八十三及鲁迅《唐宋传奇集》（《鲁迅全集》卷十）；《太平广记》题作《吕翁》。

[4] 汀江：也叫汀水，又名鄞江。源出福建省宁化县西南与江西省交界处的观音岭，曲折南流，经长汀、上杭二县，入广东省境。

[5] 龙岩：县名，在福建西南部。

[6] 上杭：县名，在龙岩西，是第二次国内革命战争时期红军的根据地之一。著名的"古田会议"就是在上杭的古田镇召开的。

[7] 金瓯：瓯（ōu），小盆，见《说文》瓦部。也叫升瓯，见《方言》卷五。又，酒杯茶杯也叫瓯。金瓯，用金子制造的瓯，比喻疆土完固。《南史·朱异传》："（梁武帝）尝夙兴至武德阁，口独言：'我国家犹若金瓯，无一伤缺。'"这里指国土。

【赏析】

这首词与《采桑子·重阳》、《减字木兰花·广昌路上》、《蝶恋花·从汀州向长沙》、《渔家傲·反第一次大"围剿"》及《渔家傲·反第二次大"围剿"》等篇，总题为《词六首》，发表于1962年《人民文学》5月号上。同时刊登毛泽东同志《关于词六首的一封信》，信里说："这六首词，是一九二九—— 一九三一年在马背上哼成的，通忘记了。《人民文学》编辑部的同志搜集起来寄给了我，要求发表。略加修改，即以付之。一九六二年四月二十七日。"这首词是《词六首》的第一首，郭沫若同志认为作于1929年9、10月之交①。我们在下面《如梦令》小笺里就要提到，1929年红四军曾三次进入闽西。第一次，由江西瑞金出发，沿赣闽交界处的木杉岭，经牛犊坪，于二月下旬入闽。3月，消灭敌军郭凤鸣旅，占长汀。

① 郭沫若：《喜读毛主席的词六首》，1962年5月12日《人民日报》。

第二次，4、5月间，再由瑞金附近插入闽西。5月下旬，大败敌军陈国辉旅，占龙岩。6月中旬，再占龙岩[①]。9月21日占上杭，消灭敌军卢新铭旅。第三次，10月间，红四军出击广东梅县、蕉岭等地。12月初，回师闽西，再克长汀[②]。词中有“红旗跃过汀江，直下龙岩上杭”之语，显见作于攻占上杭之后，所以郭沫若同志的说法是可信的。

词的上段，写军阀重启战端，荼毒人民，白区内是怨气冲天，一团混乱。开头两句“风云突变，军阀重开战”，点出由于军阀混乱，又闹得乌云翻滚，人心惶惶。“重”字说明了军阀之间战争的频繁，也说明了人民受害的深重。自辛亥革命以后，在一个相当长的历史时期中，祸国殃民的军阀一直是飞扬跋扈，横行一世。他们之中，有大军阀，也有小军阀；有旧军阀，也有新军阀。他们之间，经常发生战争。远的且不说，即就距写词较近的两三年来说，规模较大的，就有：1927年10月，蒋介石、李宗仁和武汉汪精卫、唐生智的战争；12月，蒋介石和广东军阀争夺广东的战争；1928年4–5月，蒋介石、李宗仁、冯玉祥、阎锡山对奉系军阀的战争；1929年3–4月，蒋介石和广西军阀争夺华中的战争；8月，蒋介石和冯玉祥、阎锡山的第一次战争[③]。此外，云南、贵州、四川等省军阀还有一些规模较小的战争，尚未计算在内。在这两三年中，军阀混战的次数之多，以及战祸波及的地区之广，在近代历史上都是空前的，人民所受的苦难也是空前的[④]。毛泽东同志在写这首词的前一年就指出：“中国内部各派军阀的矛盾和斗争，反映着帝国主义各国的矛盾和斗争。故只要各国帝国主义分裂中国的状况存在，各派军阀就无论如何不能妥协，所有妥协都是暂时的。今天的暂时的妥协，即酝酿着明天的更大的战争。”[⑤]这一段话正确地分析了军阀混战的性

① 游击队和当地群众配合，也曾攻入龙岩一次，在这一年的六月间。若连这一次计算，那就是三占龙岩。

② 此据邓子恢、张鼎丞《闽西暴动与红十二军》，见《星火燎原》第1卷第1集上册第379–406页，人民文学出版社1958年版。毕占云《三战闽西》，则谓10月占上杭为第三次，与此不同。毕文见上引书第343–355页。

③ 蒋和冯、阎的第二次战争，在1930年4月，已在此词写作之后。

④ 参看何干之：《中国现代革命史讲义》，高等教育出版社1954年版，第131页。

⑤ 《毛泽东选集》第1卷，人民出版社1951年版，第51–52页。

质。懂得这一点，那就可以进一步认清当时的形势，也就可以进一步理解这首词的时代背景。

“洒向人间都是怨”，怨是怨恨，是水深火热中的人民对军阀的怨恨。“洒”字用得精警而又新奇，可以说是戛戛独造。这一句把广大人民数不清说不尽的怨恨形象地表现了出来，使人仿佛看到这弥天的无所不在的怨气，比起通常所用的“怨气冲天”、“怨声载道”一类的成语来，艺术效果是更强了。“一枕黄粱”句，写当时军阀争权夺利，互相斫杀，只是为了个人的荣华富贵；他们正在做着同卢生一样的迷梦。“再现”是他们的主观幻想，事实上，在人民已经觉醒、特别是在红色政权已经存在、红军已经逐渐成长的时候，这种幻想是注定要破灭的。即以当时闽西三个著名的土著军阀——郭凤鸣、陈国辉、卢新铭而论，在写这首词的时候，不是就已经被红四军先后彻底打垮了么？这一段极写军阀的残民以逞，画出旧中国的阴暗面，寥寥数语，形容曲尽，概括力是很强的。

邓子恢、张鼎丞在《闽西暴动与红十二军》一文里说：“闽西（包括原汀州府属的长汀、宁化、清流、归化、连城、武平、上杭、永定8个县和龙岩州属的龙岩、漳平、宁洋3个县，共11个县），层峦叠嶂，山深林密。北自宁化、清流，南至永定、漳平，近二百万勤劳、智慧的人民，在这广阔的山区里劳动生息。封建地主、军阀、官僚以及帝国主义势力，像一群吸血的水蛭，通过重租、高利贷、苛捐杂税、囤积居奇、贱买贵卖和充斥市场的洋货，吮吸着闽西人民的鲜血。于是原来就是分散的、落后的农业，便越发减产，灾荒频仍；条丝烟、纸张、木材、茶叶和其他的土特产等手工业，也越发凋零。大批人口外流，到南洋各地做苦工，少数人则当兵为匪铤而走险。这些兵匪为地主恶霸所利用，又形成地方土军阀，各踞一方，残民以逞。灾难深重的闽西和全国各地一样，在帝国主义和军阀、地主的残酷榨取下，日渐消瘦贫瘠；另一方面，人民反抗的怒火也像火山的岩浆一样，喷薄欲出。”①这一段记载，说明了闽西的具体情况，也可以看成当时整个白区的缩影，正可与这里所写的相印证。

① 《星火燎原》第1卷第1集上册，人民文学出版社1958年版，第379页。

下段开头“红旗跃过汀江”，破空而来，极有声势，仿佛是在沉沉的阴霾中射出耀眼的金光。上引的邓、张的文章说：“一九二九年三月间，一个惊人的喜讯传来了：红四军下了井冈山，在四都打败了郭凤鸣军，消灭他三千多人，把郭凤鸣也打死了，并乘胜占了长汀城。这一胜利，迅速地改变了闽西的整个形势，动摇了反动统治，大大地鼓舞了当地党组织和人民的斗争情绪。闽西人民在红军入闽的影响下，积极展开了各种革命活动。”①这又恰恰是这一句的绝好注脚。当时红四军吊民伐罪，进军闽西，确实振奋人心，影响巨大。上段着重描写阴暗面，到了这一句，划然改变了局面，也使人有耳目一新之感。“红旗”字，在毛泽东同志的词中屡见不鲜；像《元旦》词的“风展红旗如画”，《六盘山》词的“红旗漫卷西风”，《减字木兰花》词的“风卷红旗过大关”，《渔家傲》词的“不周山下红旗乱”，就都是的。但这几处只是写红旗本身（当然都有象征意义）。这里的“红旗”却是说打着红旗的人，也就是红军。这是修辞上所谓“借代”②，情况稍有不同。“跃”字极有精神，一个字就生动地写出红军旺盛的士气和英发的雄姿，要是说“渡过汀江”或是其他什么的，那就差远了。“直下龙岩上杭”紧承上一句，写天兵东征，迭克名城，势如破竹，闽西局势从此大定。这一句是拗句③，但句拗而气盛，语势流走，使人不觉其拗。《元旦》词“直指武夷山下”，同这句都用“直”字，也都写得酣畅饱满，有力如虎。

“收拾”二句，像是全词的总结—— 一个兴会淋漓的总结。“金瓯一片”，指的就是闽西。祖国的疆土，原是完整的，正如坚固而美好的金瓯一样。可是，多少年来，由于万恶军阀的作祟，它已经被搞得支离破碎了。现在，红军东征，解放了大片土地，拯救了多灾多难的人民，建立了新的革命根据地和游击区，组织了几十万人的地方武装，并为后来的中央革命根据地创立了巩固的基础④。由此可见，这“一片金瓯”的“收拾”，意义是十分重大的，“收拾”一词

---

①《星火燎原》第1卷第1集上册，人民文学出版社1958年版，第393页。

②“借代”是修辞学上的辞格之一。不直指其物，而用有关联的他物来代替，叫做借代。

③这一句，按词谱规定，应该是平平仄仄平平（《会昌》《六盘山》二词，此句都与谱合）。这里作仄仄平平仄平，平仄不同，所以说是拗句。

④参看上引毕占云文。

的含义也是十分丰富的。大片土地解放了，紧接着进行的就是土地改革。红军入闽以前，在地方党组织的领导下，闽西也曾实行过分田分地，但都是局部的，小规模的，这一次是全面开展，又是在获得巨大的军事胜利之后开展的，因此更是如火如荼，有声有色。“分田分地真忙”，只一句就活画出这一紧张、热闹的场面。而且，不仅如此，翻了身的农民的高涨情绪和伟大领袖对闽西解放的高度喜悦，也都隐隐地从这里透露出来。红军第二次入闽后，毛泽东同志在闽西召开的第一次党代表大会上，指出巩固新根据地的三大基本方针，其中第一项就是深入地进行土地革命①。“分田”句正是突出地描写了这件大事。毛泽东同志的诗词，结句都收束得特别好，这一句看似平易，其实却极精工。这是需要我们细加体会的。

上下两段，一写“洒向人间都是怨”的军阀统治，一写红军到来后的一片欢欣活跃的景象，对比鲜明，感染的力量是很强的。郭沫若同志说：毛泽东同志的诗词是革命的诗史②。的确，中国革命史上的许多大事，差不多都在毛泽东同志的笔下得到有力的表现。即如闽西战役，有了这首词和《元旦》词，这一著名战役就又留下了不朽的艺术写照了。

采桑子·重阳

一九二九年十月

人生易老天难老[1]，岁岁重阳[2]。今又重阳，战地黄花[3]分外[4]香。　　一年一度秋风劲[5]，不似[6]春光。胜似春光，寥廓[7]江天[8]万里霜。

【注释】

[1] 人生易老天难老：即人生有尽、宇宙无尽之意。李贺《金铜仙人辞汉歌》：“天若有情天亦老。”（《李长吉歌诗》卷二）这里反用其意，而义蕴更深。

[2] 重阳：节令名。阴历九月九日叫重阳，又叫重九。因

① 参看上引邓子恢、张鼎丞文。

② 见《喜读毛主席的词六首》，1962年5月12日《人民日报》。

“九”为阳数，两阳相重，故名重阳。

［3］黄花：《礼·月令》：“鞠有黄华。”鞠，古菊字。黄华，就是黄花。后来因称菊为黄花。这里指野菊。野菊，一名苦薏，是一种多年生草，叶似菊叶，缺刻较深，花黄，原野中多有之。

［4］分外：格外。

［5］劲：有力，猛烈。

［6］不似：不像。这个“似”是“类似”之似，下句“胜似”是“胜过”，“似”有超过意。两个似字意义不同。

［7］寥廓：见《沁园春·长沙》词“怅寥廓”句注。

［8］江天：江和江上的天空。杜甫《滟滪》：“江天漠漠鸟双去。”

【赏析】

这首词描写重阳节的战地风光①，里面有许多写景的成分。但是，正像毛泽东同志的其他诗词一样，写景只是手段，主要目的则在于透过写景来抒写心情。这首词抒写的是什么样的心情呢？从全词看来，应该说，它是表现战争胜利后的喜悦和对革命前途的乐观。

上段第一句“人生易老天难老”，“天难老”三字笼罩下文，可以说是一篇纲领。我们读这一句，有三点必须注意：首先，“人生易老”只是与“天难老”对比着说，丝毫不含有消极、感伤的意味，千万不可误会。其次，“天难老”是说宇宙间一切事物在不断地发展、变化，生生不已，光景常新。“天”是宇宙间一切事物的总称，“难老”就是指发展、变化的过程无穷无尽。三个字简直就是马克思列宁主义宇宙观的诗的说明，不可轻易看过。又次，“人生易老”，不但不是慨叹人生的短促，恰恰相反，而是说正由于人生易老，所以必须把美好的青春献给壮丽的革命事业，让“小我”为“大我”多发些光和热。这样，才会感到生命的充实和宝贵，也才会理解“小我”是易老的，但同时又是不朽的。总之，这句话的意义是丰富的，情绪是昂扬的，它揭示了永恒的真理，体现了革命的乐观主义精神，像格言一样的精警，真是耐人寻味。作者把这一句放在全词

①郭沫若同志认为“词为重阳看菊而作”（见《喜读毛主席的词六首》，1962年5月12日《人民日报》），与我意微有不同。

的开头，给以突出的地位，使一起就非常得势。发端之工，也是词中少见的。

"岁岁重阳"以下进一步申说"难老"。岁岁年年，都有重阳节，重阳节是过不完的；每年的重阳节也各不相同。即如今年的重阳节，就别有一段风光。可见"天"是"难老"的。《采桑子》词上下段的三四两句，词家常用叠句，如辛稼轩的"爱上层楼"、李易安的"阴满中庭"之类就是[①]。这里的"岁岁重阳，今又重阳"，和下段的"不似春光，胜似春光"，都似叠非叠，有反复又有递进，语势流宕，音节浏亮，风调韵致也都美极了。

"战地黄花分外香"，这一句更值得仔细玩味。"待到重阳日，还来就菊花"[②]，诗人写重阳节总是同菊花联系在一起，所以这里写菊花是很自然的。"黄花"为什么"分外香"呢？这同"战地"二字大有关系。战地是经过艰苦的军事斗争夺取的。凡是经过斗争得来的东西，总使人愈觉其可爱可贵，人们对它也愈为珍惜。野菊本来是很平常的花，可是，它却能在炮火连天中顽强地挺立着、开放着，绽黄吐香，把战地的重阳点缀得异样美丽。看见了它，就叫人对当前所取得的胜利感到加倍的喜悦。开在战地上的黄花是同胜利联系在一起的，胜利可喜，黄花因之也觉得可喜；黄花可喜，连它的香气也似乎远胜平时了。"分外香"只有三个字，可是，却把以上这些意思曲曲传出，这是多么精炼！毛泽东同志在《菩萨蛮·大柏地》词里描写留在前村壁上的弹痕，说是"装点此关山，今朝更好看"；这首词里又说"战地黄花分外香"。这两处正可合参。从表面看，似乎只是赞美"弹痕"，赞美"黄花"，其实却是歌颂斗争，歌颂革命，歌颂胜利。这是需要透过词句进一步加以体会的。

下段起句"一年一度秋风劲"，紧承上段"岁岁"二句来。岁岁有重阳，岁岁有秋风，今年又到重阳，秋风也依然劲厉。"秋风劲"除了写景以外，还有象征意味，大约是指革命形势的不断发展和革命力量的不断壮大而言，一个"劲"字就把这些都暗示出来了。"不似"二句，同上下文都有关联。重阳佳节，丛菊正开，战地风光，十分鲜丽，因而使人有"不似春光"而又"胜似春光"的感觉。这

① 辛词见《稼轩词》卷一，李词见《漱玉词》。

② 孟浩然：《过故人庄》，见《全唐诗》卷一六〇。

是与上文关联处。江天寥廓，万里秋霜，眼前景致，壮阔而又清美，也使人有“不似春光”而又“胜似春光”的感觉。这是与下文关联处。把上下文合起来看，这两句的意思就格外清楚了。“黄花”句是近景，是细小的景；“江天”句是远景，是阔大的景。不管是近是远，是小是大，都能体现出“胜似春光”的特点，所以它们是统一的。这样一写，也就把无处不佳的秋色突出地表现出来了。

“江天”句也有寓意。战争胜利之后，革命前途更觉光明，对革命必胜的信心也更坚定了。“寥廓江天万里霜”，正是前程远大、如花似锦的具体描写，形象是多么美！郭沫若同志解释“霜”字，以为“这并不是普通的霜雪之霜，而是秋色的代字，是‘霜叶红于二月花’的霜。但‘霜叶’不限于‘红’，还有黄叶。秋色也不限于霜叶，还有各种果实以及天高气爽的寥廓景象。”[①]这是很精到的。霜是白的，但古典文学作品中却有丹霜、紫霜、青霜等字面[②]，这就说明了古人用霜字有时不是指霜的本身，而是指经霜变成红紫等颜色的草树之类。所以“万里霜”不是白茫茫一片，而是五彩斑斓，各种色调都有。理解这一点，那就会觉得这一句所写的秋色，十分鲜明，十分绚丽，说它胜似春光不是非常确切吗？“万里霜”就是“万里秋”，作者选用了霜字，不仅由于押韵的关系，也是由于霜字既响亮，又含义丰富。在这里，我们又碰到炼字的范例。

这首词，诗情画意，最为浓郁，特别是两段的结句，写得尤其出色。郭沫若同志认为上下两段的前三句，别人也可能写得出，而“战地”、“江天”两句却不是任何人所能容易做到的。又指出“战地”句表现了伟大革命家的高度乐观主义精神，而“江天”句则不仅表示了作者天空海阔的气度，也表示了他的含英咀华的修养[③]。这些话也都说得非常中肯，对我们理解这首词是极有帮助的[④]。

毛泽东同志的词有好几首描写秋天。这一首之外，还有《长沙》、《六盘山》、《北戴河》等等。这几首写法各不相同，但也有共

---

① 《喜读毛主席的词六首》，1962年5月12日《人民日报》。

② 李商隐《代赠弘文馆诸校书》：“崇文馆里丹霜后，无限红梨忆校书。”用“丹霜”字。梁武帝《金丹曲》：“紫霜耀，绛雪霏。”用“紫霜”字。羊士谔《王起居独游青龙寺玩红叶因寄》：“十亩苍苔绕画廊，几株红树过青（一作清）霜。”用“青霜”字。

③ 《喜读毛主席的词六首》，1962年5月12日《人民日报》。

④ 我认为“人生易老天难老”也不是别的人所能写得出的，只这一点与郭沫若同志小有不同。

同之处，那就是：都写得鲜明爽朗，气度恢宏，有着鼓舞人心的巨大力量。我们读时，如把这几首合起来看，那也是很有意思的。

如梦令·元旦

一九三〇年一月

宁化、清流、归化[1]，路隘[2]林深苔滑。今日向何方？直指[3]武夷山[4]下。山下山下，风展[5]红旗如画。

【注释】

［1］宁化、清流、归化：都是福建省的县名。宁化位置最西，距武夷山最近；清流在宁化东南；归化在清流东北。归化，1933年改为明溪县，1956年与三元县合并，又改称三明县。

［2］隘（ài）：狭窄。

［3］直指：一直指向。

［4］武夷山：也作武彝山，在福建和江西两省的交界上，绵亘120里，有三十六峰、三十七岩。武夷山是主峰，在福建崇安县南80里，海拔2120米。

［5］展：有吹动使其开展之意。

【赏析】

这首词的题目是“元旦”，内容是写红军在闽西行军的情况。过去有人认为作于1929年，并说当时的行程是从宁化经过清流再到归化。这种说法是不正确的。考1929年红军曾经三次入闽。第一次，在第一季度；第二次，在第二季度。第三次，10月间，红四军由江西浔邬出发，经福建武平进入闽西。这月下旬，败敌军卢新铭部，克上杭。12月，在上杭县的古田镇召开了红四军第九次党的代表大会，这就是历史上有名的古田会议①。在会议进行期间，蒋介石组织了“三省会剿”，纠集江西的金汉鼎、福建的刘和鼎、广东的陈维远等部向闽西苏区进逼。当时，福建的敌人占领了龙岩城，先头部队

① 红四军1929年三入闽西，其具体的时间，各书所记略有参差，此据毕占云《三战闽西》，见《星火燎原》第1集，人民文学出版社1958年版，第343–355页。

进抵小池（离古田只30里）；广东敌人进到武平、永定县城；江西敌人也占领了长汀城。为了粉碎敌人的“围剿”，会议刚结束，党就决定把部队转到敌人后面去，转移敌人的目标。1930年初，红四军的四个纵队从古田出发，向北经连城、清流、归化、宁化，西越武夷山，去江西开展游击战争，这首词就是在这次进军途中写的①。

红四军三战闽西，所向无前，最后一次，也即这首词所描写的一次，在取得辉煌的胜利之后，又成功地作了战略转移，使敌人声势浩大的“三省会剿”归于失败，闽西局面也因之大为开展，军事上政治上的成就尤其巨大。行军途中恰值新年，军心士气，倍觉欢畅。这首词充分地表现了这种欢畅的心情，笔触是有力的，调子是轻快的，读了真叫人精神振奋。

词的起句，一连举出了三个地名，接着下一句就提到行军时所遇到的三种困难——路隘、林深、苔滑。这两句要合在一起看，并要注意以下几点：一是当时红军经过的地方不止宁化等三县，所以只举三县者，有几个做代表也就够了，用不着把所有地名统统开列出来，像写游记似的。二是三个地名的排列，完全出于音节方面的考虑，不是按照实际经行的先后。上文提到有人认为这次行军是从宁化经过清流再到归化，这显然是把方向完全搞错了②。三是这次的行军，起初为了要尽快地甩开敌人，取得战略转移的胜利，于是就得隐蔽地急行军，走小路，攀山越岭，“路隘”句正是描写这种行动神速，克服了前进中重重困难的急行军的。四是公历的元旦，就农历说，还是隆冬。这时候，在狭窄的路上行走，仍然到处是深密的树林和润滑的苔藓，这就写出确是气候温暖的闽西山区，要是在北方，那就不会这样了。五是“宁化”句是三个名词并列，有三个停顿；“路隘”句是三个主谓句并列，也有三个停顿。这是两句结构上

① 此据邓子恢、张鼎丞《闽西暴动与红十二军》，见《星火燎原》第1集，人民文学出版社1958年版，第379-406页。

② 这次进军的方向是由东向西，不是由西向东。我们只要打开地图，就可以看到：清流居中，宁化在清流西北，归化在清流东北，而武夷山位于闽赣两省交界处，又在宁化的西面。如果当时真是从宁化到清流再到归化，那就是由西向东，应该越走离武夷山越远，怎么还能“直指武夷山下”呢？我们说三个县名的排列完全出于音节方面的考虑，这是因为这一句的二、四两字，照词谱规定，必须一仄一平，要是写成“清流、归化、宁化”，第二字平，第四字仄，那就与律不合。又，第五字以用平声为宜，“宁”、“归”虽然都是平声，但前者不如后者响亮。这样，最好的安排自然就是“宁化清流归化”了，从这里也可以看出毛泽东同志填词，对音节方面的讲究，实在是非常精密的。

的特点，读起来使人感到明快简劲。两句的二、四、六字都是仄平仄，曼声与促节相间相重[①]，音节的组合也极为巧妙。从这种巧妙的音节组合上，可以使读者联想到山区地带的高低不平和红军步伐的矫健轻快。情景相应，这里又是一例。总之，这两句不仅写出了闽西山区的地理特征、季节特征，还暗示了大军初发时的行动特征，声音节奏间又富于音乐之美。寥寥十二字，有这么丰富的内容，有这么多的妙用，我们必须细加玩味。

“今日”句，点明元旦。这一句也要与下句合看。两句一问一答，呼应极紧。上句有意一问，逼出下句，也更显得有力。这两句，中间没有停顿，都是一气到底，音节较为舒长，结构也显得与前面两句不同。全词句末的字都是仄声，只有“今日”句末尾的“方”字是平声，读到这里使人很自然地生出“划然变轩昂”[②]的感觉。这些地方，都见出错综变化的好处。红军向武夷山进发的时候，已经把敌军远远地甩开，取得了战略转移的胜利，也用不着再隐蔽地急行军了，因此可以一直对着目标——武夷山——前进。“直指”句有振旅长驱、从容不迫之意。凯旋的红军的昂扬的战斗意志和革命的英雄气概，从这里完全表现出来了。

“山下、山下”，在词里本来算两句，但就语法结构上看，只是一句的两顿。句中有停顿，却与开头的两句不同，这又是句法变换处。“山下”字与第四句最后两字字面全同，紧相衔接；用叠字，以唱叹出之，也极有韵致。“风展”句，表面上只是写红旗，可是实际上写的绝不仅仅是红旗，它表现了军容壮盛、军心欢畅的热烈而又严整的场面，也表现了伟大领袖对革命事业的坚强信心和对战士的高度赞赏，此外还有已经到达目的地的轻松快适之感；蕴涵的意义可以说是丰富极了。全首词明白如话，极为朴素，这一句却设色浓丽，深得浓淡相衬之妙；有此一结，也使通篇精神俱振。

全词六句，一二两句写出发时的经历，是元旦以前的情况；三四指明“今日”的行军方向，五六写到达目的地，都是“元旦”的事。篇幅虽短，却部署井然，极有层次。毛泽东同志十分谦虚，曾

① 词家管平声叫“曼声”，仄声（特别是入声）叫促节。

② “划然变轩昂”，韩愈《听颖师弹琴》诗中句，见《昌黎先生集》卷五（《四部丛刊》本）。

说自己所作“诗味不多”①，这是领袖伟大处。其实，他的作品全是世间第一等真诗、第一等好诗，就是文学史上的伟大作品也难相提并论。就这一首词来说，短短的33个字，不但诗意葱茏，而且有绘画美，像一幅鲜明的行军图，有音乐美，像一支雄壮的进行曲。姑且不论政治性，就是艺术性，又有哪一个作家哪一种作品能够这样地兼有众美呢？

减字木兰花·广昌路上

一九三〇年二月

漫天[1]皆白，雪里行军情更迫[2]。头上高山[3]，风卷红旗过大关[4]。　　此行何去，赣江[5]风雪迷漫[6]处。命令昨颁[7]，十万工农下吉安[8]。

【注释】

[1] 漫天：满天。韩愈《晚春》：“杨花榆荚无才思，惟解漫天作雪飞。”

[2] 情更迫：原作“无翠柏”，后改。

[3] 高山：指江西雩都、宁都一带的山。

[4] 大关：雄壮的关隘。元迺贤《行路难》：“嵯峨虎豹当大关，苍崖壁立登天难。”

[5] 赣江：也叫南江，是江西省的主要河流，长约900公里。上游为章、贡二水，至赣州市北合而北流，才叫赣江，注入鄱阳湖。

[6] 迷漫：迷离莫辨的意思。

[7] 颁（bān）：宣布。

[8] 吉安：市名，江西中部经济文化中心，位于赣江中游西岸。井冈山即在市西，相距90公里。

【赏析】

这首词是写雪里行军的，作于1930年红军攻打吉安时。郭沫若

① 毛泽东同志《关于诗的一封信》，见《诗刊》创刊号。

同志说："红军攻打吉安，在1930年一共有九次之多。第一次在2月，第二次在4月初旬，第三次在4月下旬，第四次在5月，第五次在6月，第六、七两次是在6、7月间，第八次是8月下旬，第九次是在9、10月间。就只有第一次是在冬末，可以下大雪，其余的八次都不可能下雪。故可以推定：这首《减字木兰花》是作于1930年2月。"[①]又说："参加第一次战役的有红四军和六军。红军于2月5日到达赣西后，连克雩都、宁都和永丰。2月24日上午10时在吉安东南不很远的水南与敌军唐云山旅接触，半小时后结束战斗。缴获颇多，残敌逃窜。这首词是行军途中作的，当作于2月24日以前。"[②]郭沫若同志的考订很为细密，对我们理解这首词的时代背景极有帮助。

词的上段，写行军途中所见。第一句"漫天皆白"，只用四个字就把一场纷纷扬扬的大雪形象地展开在读者的眼前，简括遒劲，增减不得。不说"满地"而说"漫天"，便见出雪花仍在飞舞，不是已止；而且天空如此，则地上早已一片白皑皑，更可推想而知。这正是用意造语精妙处，读时最需注意。"雪里"句，前四字点明一篇主旨，虽很重要，却比较容易理解；后三字看似寻常，但却充分表达出红军急于行军、急于完成战斗任务的迫切心情。（当然，这也包括骑在马上的诗情澎湃的毛泽东同志在内。）一个"更"字，说明心情比雪更急，细玩可见。

"头上高山"，"头上"二字，极通俗，却又极奇。江西的山很多，全省大部分的地区都是山。这里所说的"高山"，郭沫若同志认为大约是指雩都、宁都一带的山岳，或许是雩都西北的云山[③]。考雩都、宁都两县境内各有高山十几个，但都没有"云山"。郭文的"云山"疑系"雩山"。"云"的繁体与"雩"字形相近，所以排印致误[④]。雩山是江西比较著名的山，在雩都县北三十五里。地理书上说它"高耸干霄，盖古望祭之山也。雩水出其下，因以名。"[⑤]"高耸

① 《喜读毛主席的词六首》，1962年5月12日《人民日报》。

② 《喜读毛主席的词六首》，1962年5月12日《人民日报》。

③ 《喜读毛主席的词六首》，1962年5月12日《人民日报》。

④ 江西临川县有"雩山"，在县北35里。但这次红军行军并未经过临川县境，所以"头上高山"的"高山"不可能指此。

⑤ 顾祖禹：《读史方舆纪要》卷八八，刻本。

干霄”，必须仰头才可望见，所以说“头上高山”。这样一说，高山的形象就鲜明地表现了出来，可谓形容入妙。“风卷”句，写出红军雄赳赳气昂昂的英姿，声容并茂，较之唐人“红旗半卷出辕门”、“风掣红旗冻不翻”、“半卷红旗临易水”等句[①]，气象显然更胜。“大关”承“高山”来。雩都有平田、左坑、牛岭诸隘，宁都有东陇、田埠、白鹿、长胜、排云、秀岭、石涂岭诸隘，都以险峭著称[②]。“大关”大约即指此类关隘，但具体的地名很难确定。好在这种地方也不必深求，我们只要知道这是类似娄山关的“雄关”就行了。“过大关”三字，还有承前启后的作用。“漫天”三句是过关以前的情事。过关以后怎样呢？这就是下段所要描写的了。

下段写行军所向。“此行何去”，与《元旦》词“今日向何方”句相似，都是故意一问，逼出下文，有欲擒故纵之妙。“直指武夷山下”，那里回答得斩截明快；“赣江风雪迷漫处”，却似说穿而又未说穿，含蓄有致。“迷漫”与上“漫天皆白”句相应。行军途中已是风雪交加，行军所向之处，又是一片迷漫，写当时出征，苦极同时也壮极。两句点出行军目的地，可以说是画龙点睛。“十万工农下吉安”句，“工农”二字入词，从前还未曾有过，有之自毛泽东同志始。这一句写得声势赫赫，其气象之雄伟，也是振古所未有。“下吉安”的“下”，有泰山压顶、坚城指日可下之意，用字极响极劲。吉安紧靠着赣江，也即是上文所说的“风雪迷漫处”。但那里是暗说，这里才是明点。“命令昨颁”，说明行军的原由。昨日才颁命令，今日即在大风雪中行军，红军号令之严明，士气之振奋，以及战斗生活之艰苦，于此俱见。十万工农红军迈步向吉安挺进，挟着风威雪势，愈觉其壮。郭沫若同志说：“这首词是一幅雄壮的雪里行军图。漫天风雪中，红旗在翻舞，人马在飞腾，山岳在动摇。”[③]这几句话也是很能够说明当时红军的拔山盖世的气概的。

前人论词，认为起结最难，而结又难于起。毛泽东同志的词，结束处无一不佳，而又各有胜处。大概说来，有的飘逸流丽，如

① “红旗半卷出辕门”，王昌龄《从军行五首》中句。“风掣红旗冻不翻”，岑参《白雪歌送武判官归京》中句。“半卷红旗临易水”，李贺《雁门太守行》中句。

② 见《嘉庆重修一统志》卷三三一，刻本。

③ 《喜读毛主席的词六首》，1962年5月12日《人民日报》。

"曾记否，到中流击水，浪遏飞舟?"（《沁园春·长沙》）"今日长缨在手，何时缚住苍龙?"（《清平乐·六盘山》）有的含蓄蕴藉，如"把酒酹滔滔，心潮逐浪高。"（《菩萨蛮·黄鹤楼》）"山下、山下，风展红旗如画。"（《如梦令·元旦》）有的兴会飙举，如"战士指看南粤，更加郁郁葱葱!"（《清平乐·会昌》）"收拾金瓯一片，分田分地真忙。"（《清平乐·蒋桂战争》）有的奇崛排奡，如"惊回首，离天三尺三。"（《十六字令三首》）"奔腾急，万马战犹酣。"（同上）"天欲堕，赖以拄其间。"（同上）有的雄放豪迈，如"太平世界，环球同此凉热。"（《念奴娇·昆仑》）"俱往矣，数风流人物，还看今朝。"（《沁园春·雪》）"狂飙为我从天落。"（《蝶恋花·答李淑一》）有的感慨淋漓，如"神女应无恙，当惊世界殊。"（《水调歌头·游泳》）"萧瑟秋风今又是，换了人间!"（《浪淘沙·北戴河》）有的清新绵邈，如"苍山如海，残阳如血。"（《忆秦娥·娄山关》）"寥廓江天万里霜。"（《采桑子·重阳》）这里只是举例，并没有把毛泽东同志词的结句全数列举出来（各类之间的界限也不是很严格的），但仅以上举的这些而论，也就可以看出结得不拘一格，而无不工妙。"十万工农下吉安"，也是雄放豪迈一路，但与"太平世界"等句又不同。这种细微的区别，读者可以自去领会，这里用不着多所疏说了。

蝶恋花·从汀州向长沙

一九三〇年七月

六月天兵[1]征腐恶[2]，万丈长缨[3]，要把鲲鹏[4]缚。赣水[5]那边红一角，偏师[6]借重[7]黄公略[8]。　百万工农齐踊跃[9]，席卷[10]江西，直捣[11]湘和鄂[12]。国际悲歌歌一曲[13]，狂飙为我从天落[14]。

【注释】

[1] 天兵：唐代有天兵军，以张嘉贞为天兵使，见《唐书·张嘉贞传》。这里指红军。

[2] 腐恶：腐朽丑恶的人。这里指国民党势力。

［3］长缨：见《清平乐·六盘山》词“今日长缨在手”句注。

［4］鲲鹏（kūn péng）：古代神话中的大鱼和大鸟。《庄子·逍遥游》：“北冥有鱼，其名为鲲；鲲之大，不知其几千里也！化而为鸟，其名为鹏；鹏之背，不知其几千里也！怒而飞，其翼若垂天之云。”杜甫《泊岳阳城下》：“图南未可料，变化有鲲鹏。”林逋《赠煅药秀才》：“鲲鹏懒击三千水。”都本于此。这里指国民党头目。

［5］赣水：即赣江，见《减字木兰花》词“赣江风雪迷漫处”句注。

［6］偏师：指全军的一部分，以别于中军或主力而言。《左传·宣公十二年》：“彘子以偏师陷。”潘岳《关中》诗：“旗盖相望，偏师作援。”

［7］借重：借人之力以为重，即借助、倚重之意。

［8］黄公略（1898—1931）：湖南湘乡人。1927年参加中国共产党。次年7月，发动并参加著名的平江起义，成立中国工农红军第五军，历任红五军十四师第二团党代表、副师长、副军长、红三军军长等职，屡立战功。1931年10月，在粉碎国民党第一次“围剿”后，红三军开赴瑞金，路过吉安东固地区时，遇敌机袭击，黄公略不幸中弹负伤，不久光荣牺牲。

［9］踊跃（yǒngyuè）：欢欣鼓舞的样子。《诗·邶风·击鼓》：“击鼓其镗，踊跃用兵。”（用兵，是说操练武术。兵，兵器。）又，争先恐后的样子。《资治通鉴·晋元帝建武元年》：“众皆踊跃前进。”两义相近，而后一义实由前一义引申而来。这里两义均可通。

［10］席卷：像卷席子一样地包举无遗。贾谊《过秦论》：“有席卷天下……之心。”（《史记》卷六）

［11］直捣：捣本作擣，舂谷、捶衣都叫捣，引申为攻打。直捣，长驱直入，攻击要害。《宋史·岳飞传》：“直捣黄龙府，与诸君痛饮耳。”

［12］湘和鄂：湖南、湖北两省的别称。

［13］国际悲歌：指《国际歌》。《国际歌》是国际无产阶级的革命歌曲。歌词出巴黎公社社员鲍狄埃（Eugène Potier 1816—1887）手笔，作于1871年，1887年发表。法国的狄盖特（Pierrede Degeyter 1848—1932）作曲。1888年6月，在法国里尔的一个工人

集会上第一次演唱了这个歌。以后逐渐流传到各国，成为国际无产阶级革命的公用歌曲。

［14］狂飙为我从天落：飙（读biāo），疾风、暴风。杜甫《乾元中寓居同谷县作歌七首》："悲风为我从天来。"句式与此正同。

【赏析】

毛泽东同志在《星星之火，可以燎原》里曾经提到，1929年4月红军有争取江西的计划[①]。1930年4月，蒋介石和冯玉祥、阎锡山之间又爆发了第二次战争，国内形势有利于革命，于是当时的党中央就决定向江西进军，并以南昌为主要目标。6月22日，红军第一军团奉命率所属红四军和红十二军由闽西入赣，首先在会昌集中。7月11日，由兴国进攻樟树。7月20日，又由永丰向麦斜集中。这是进攻南昌的主力。黄公略烈士时任红三军军长，也奉命率部由湘赣接壤处的根据地东进，作为进攻南昌的右路军。两军在永丰会师。7月下旬，进抵南昌城外的牛行车站。其时红军第三军团攻入湖南省会长沙，不久退出。为了增援，第一军团改变计划，由南昌赶往湖南。8月，两个军团在浏阳会师，成立了中国工农红军第一方面军（毛泽东同志任总政治委员，朱德任总司令），准备再攻长沙。但因敌人兵力业已加强，乃撤离湖南，转入江西，攻入吉安。在赣江两岸的几十个县的境内更加深入地发动土地革命。此词写这一次的出征，大约作于进攻南昌以后[②]。

"六月天兵征腐恶"，开门见山，特笔大书天兵出征，堂堂正正，威棱震慑，气象便与一般征战不同。红军是人民的军队，是党所培养教育的革命武装，为解放全中国而战，品质最优，风格最高，所以称为"天兵"；国民党反动派腐朽透顶，丑恶透顶，所以称为"腐恶"。下字都经过称量，铢两悉称，精确不移。"六月"点明时令，但只是说开始出征的时刻，下文席卷江西、直捣湘鄂，便不是6月间事，这一点需要看清。"万丈"句，写出征的目的。"鲲鹏"指国民党大头目，但也可以扩大一些，用来指称一时还相当强大的反动势力。用鲲鹏字，不是长敌人的威风，而是写出红军有擒

① 见《毛泽东选集》第1卷，人民出版社1951年版，第111页。

② 参看郭沫若：《喜读毛主席的词六首》，1962年5月12日《人民日报》。

贼擒王的雄心大志；“万丈长缨”就说明了我军有缚得住敌人的强大力量。《清平乐·六盘山》词：“今日长缨在手，何时缚住苍龙?”同这两句比起来，字面有的相同，意思也很相近，但风调韵味彼此却不相同。那里故用设问，语势流宕；这里则说得又斩截，又从容，把红军的决心和气度都表现出来了。运笔变化处，正可从两两比勘中参会出来。

“赣水”二句，换笔另写。从“偏师”二字可以看出上面两句是写主力。“要把鲲鹏缚”是重大任务，因此，除了依靠主力之外，还要借重偏师。黄公略烈士在革命史上有着不可磨灭的功绩，毛泽东同志对他是器重的，在这首词里特别标出他的名姓，显得十分郑重，不朽的烈士因不朽的词而名益彰，真是异乎寻常光荣！“赣水那边”，点出“偏师”所在。黄公略烈士当时率部在赣西北活动，从南昌这边望去，黄部正在赣水的那一边（当时主力军和右路军，成东西夹击南昌之势）。“红一角”，一角即指赣西北；红的象征意味很丰富，主要是说军事、政治等方面都搞得如火如荼。三个字也就把烈士的功绩形象地写出来了。

“百万工农”句，合上段所说的主力军和偏师两方而言，但也可以包括响应红军、支持红军的广大劳动人民。“齐踊跃”，写出士气昂扬、群情振奋的热烈场面。这一句与《减字木兰花》的“十万工农下吉安”，都是词中从古未有之句，也是从古未有之境。“席卷”二句，写革命形势发展迅猛，斗争的怒火不仅燃遍了江西，而且一直烧到湖南、湖北。“席卷”、“直捣”，一气连贯而下，锐不可当，用字造语，也恰能传出当时红军凌厉无前的声势，真是酣畅极了。

“国际”二句，以《国际歌》入词，也是过去所未有。“国际悲歌”就是《国际歌》，为什么要加上一个“悲”字呢？郭老说是“因为那歌词是很悲壮的”[①]。这是不错的。但另外也还有两个原因：一是这里需要用四个字，而《国际歌》只有三个字，因此必须加上一个；又一是成语里有“慷慨悲歌”的话，“悲”是高亢激越、动人心弦的声音，悲歌之人，其心情是激昂慷慨的，所以这里用“悲”字也有描写红军高昂的情绪的作用，这同全词的气氛是一致的。“狂飙

① 参看郭沫若：《喜读毛主席的词六首》，1962年5月12日《人民日报》。

为我从天落”，一方面写千百万工农齐声歌唱《国际歌》，响彻云霄，像是蓦地掀起的狂飙；一方面也是“当年的革命发展的酣畅的形象化。这是说共产党所领导的红军，在江西、湖南等地，卷起了一次特大的风暴，就像从天而降的一样”①。“为我”两字用得入妙。这是“拟人化”的写法。这样一写，“狂飙”也就显得很有情致。“我”字也可解释为无产阶级。风是无产阶级刮起来的，也是为无产阶级而吹的。在这无产阶级的风暴的震撼下，反动统治眼看就要摇落了！

郭沫若同志曾说：“毛泽东同志的词，不但非普通的词人所能企及，就是著名的豪放派词人苏轼、辛弃疾也要望尘却步。”②我们读《昆仑》、《咏雪》等词时，有和郭沫若同志同样的感觉；现在读到这首词，也仍然有和郭沫若同志同样的感觉。

渔家傲·反第一次大“围剿”

一九三一年春

万木霜天[1]红烂漫[2]，天兵怒气冲霄汉[3]。雾满龙冈[4]千嶂[5]暗，齐声唤，前头捉了张辉瓒[6]。　　二十万军重入赣[7]，风烟[8]滚滚来天半[9]，唤起工农千百万，同心干，不周山[10]下红旗乱。

【注释】

[1] 霜天：见《沁园春·长沙》词“万类霜天竞自由”句注。但那里指秋天，这里指冬天。秋冬都有霜，所以统可说是“霜天”。

[2] 烂漫：光彩分布的样子。张衡《思玄赋》：“烂漫丽靡。”（见《文选》卷十五）

[3] 冲霄汉：霄汉，高空。《后汉书·仲长统传》：“可以凌霄汉，出宇宙之外矣。”按：霄，云气；汉，天汉（即天河）。云气和天汉都在高空，所以古人用来表示高旷至极的天际。冲霄汉，也就是冲天。

① 参看郭沫若：《喜读毛主席的词六首》，1962年5月12日《人民日报》。

② 参看郭沫若：《浪漫主义和现实主义》，《红旗》1958年第3期。

［4］龙冈：龙冈头墟的简称，在江西省宁都、吉水、吉安、泰和、兴国诸县之间，地属兴国县。山峦重叠，形势极险。

［5］千嶂：嶂（zhàng），高险的山。千嶂，形容险峰峻岭之多。宋范仲淹《渔家傲》："千嶂里，长烟落日孤城闭。"

［6］张辉瓒：国民党十八师师长，时任前线总指挥。

［7］二十万军重入赣：敌人发动第二次"围剿"时，总兵力为20万。

［8］风烟：犹风尘。杜甫《秋兴》："万里风烟接素秋。"

［9］天半：半空。李白《观山海图》："瀑水洒天半。"

［10］不周山：用共工头触不周山的故事。原注：《淮南子·天文训》："昔者共工与颛顼争为帝，怒而触不周之山，天柱折，地维绝。天倾西北，故日月星辰移焉；地不满东南，故水潦尘埃归焉。"《国语·周语》："昔共工弃此道也，虞于湛乐，淫失其身，欲壅防百川，堕高堙庳，以害天下。皇天弗福，庶民弗助，祸乱并兴，共工用灭。"（三国时吴国韦昭注："贾侍中（按指后汉贾逵）云：共工，诸侯，炎帝之时，姜姓也。颛顼氏衰，共工氏侵陵诸侯，与高辛氏争而王也。"）《史记》司马贞补《三皇本纪》："当其（按指女娲）末年也，诸侯有共工氏，任智刑以强，霸而不王，以水乘木，乃与祝融战，不胜而怒，乃头触不周山崩，天柱折，地维绝。"毛按："诸说不同。我取《淮南子·天文训》，共工是胜利的英雄。你看，'怒而触不周之山，天柱折，地维绝。天倾西北，故日月星辰移焉；地不满东南，故水潦尘埃归焉。'他死了没有呢？没有说，因而没有死，共工是确实胜利了。"按：共工本是古代的官名（周代以后改为司空），主管水利，后来以官名为人名。他的时代，古籍中主要有两种说法：其一种认为共工在伏羲之后、神农之前；又一种认为在神农之后。但也有一些书认为共工不止一人，只是同以"共工"为号。详可参看吴则虞《共工触不周疏证》（1962年6月11日《光明日报》）。

【赏析】

这首词写的是第一、第二两次反"围剿"战役。关于这两次战役，根据毛泽东同志自己的记述，其经过大致是这样：1930年初，革命形势有了很大发展，党在赣、闽、湘、鄂、皖、豫、粤、桂等省已经建立了许多大小不一的革命根据地，全国红军总数达到6万人，稍后更扩充到10万人。蒋介石大起恐慌，于是在结束与冯玉祥、阎锡山的第二次战争后，即纠集了10万兵力，以当时的江西省主席鲁涤平为总司令、师长张辉瓒为前线总指挥，从江西吉安延至福建建宁一线，分八个纵队，由北而南，进犯建立在赣南、闽西的中央根据地。这就是第一次“围剿”。其时，红军不足4万人，集中于江西宁都县的黄陂、小布地区。敌军的部署，则以罗霖师防卫吉安，在赣江之西；公秉藩、张辉瓒、谭道源三师进占吉安东南、广昌宁都西北的富田、东固、龙冈、源头一带；毛炳文、许克祥两师进至广昌、宁都之间的头陂、洛口、东韶一带；刘和鼎师在建宁策应。其中张、谭两师是鲁涤平的嫡系部队，是“围剿”的主力军，共约1万4千人。张师主力在龙冈，谭师主力在源头。龙冈与红军集中地接近，人民条件好，且有优良阵地。于是红军集中了最大兵力，进攻张辉瓒部，俘师长以下官兵9千人。旋攻谭道源部，又歼灭其一半。5天内（1930年12月27日至1931年1月1日）打了两个大胜仗，余敌闻风逃窜，第一次反“围剿”胜利结束。但蒋介石并不死心，在失败之后，准备了4个月，又发动了第二次“围剿”，以其嫡系何应钦为总司令，统率蔡廷锴、孙连仲、朱绍良、王金钰等部，总兵力20万人。时红军人数虽较上次略减（3万余），然有几个月的养精蓄锐，士气旺盛。反“围剿”从1931年5月16日开始，30日结束，又取得了巨大的胜利[①]。这首词的收尾还未说到战役的结束，与另一首《渔家傲》对看，知是第一次反“围剿”胜利以后第二次反“围剿”胜利以前之作，大约成于4、5月间[②]。

上段写第一次反“围剿”。“万木霜天红烂漫”，点时令，也写出战场景物，设色鲜浓。这一次战役发生在冬天，可是，战场上依然万树参天，红叶满眼，这确是南方的特有景象，要是在北国，这时候很可能已经“千里冰封，万里雪飘”，另是一种风光了。“天兵”句，写我军对蒋军公然进犯中央根据地感到极大愤怒。“冲霄汉”三

① 参看：《毛泽东选集》第1卷，人民出版社1951年版，第216–218页。

② 敌军总司令何应钦4月率部入赣，第二次反“围剿”于5月下旬结束。此词写何军入赣，而未谈到战役结束，故知作于4、5月间。

字是这种愤怒的具体描写，虽是用了夸张的手法，但恰能描绘出当时万千战士同仇敌忾、忠勇奋发的激情和斗志，使人不觉其夸张。“红烂漫”是写霜天的万木，可是，同时也写了地面的红军，因为漫山遍野的红军，红旗招展，如火如荼，也是同样地“红烂漫”的。天上地下，一片鲜红，你看，这一开头，作者就为我们勾出了一幅多么壮丽的景象！

“雾满龙冈千嶂暗”，又是设色，但却写出另一种景象。“龙冈”是这一次战役的主要战场。就在这里，我军干净利落地消灭了敌军的主力第十八师，活捉了敌人的前线总指挥，取得了决定性的胜利。词里写到它，是很自然的。龙冈多山，所以说是“千嶂”；当时进攻是在拂晓，而拂晓正是雾气最为浓重的时候，所以说是“雾满”。“暗”是承“雾满”来的。大雾弥天，因而千嶂俱暗。这一句同“万木”句比照起来看，显然可见两处所写不但是两种景象，而且也是两个不同的地点、不同的时间[①]。具体说来，“万木”句是写战斗开始前红军集中的黄陂、小布一带，而“雾满”句则是写战斗将近结束时的龙冈一处。我们读词时只要能够搞清时间空间关系，那么，作者意念上的线索也就易于捉摸了。

第一次反“围剿”，第一仗就打得特别漂亮[②]，而尤以活捉张辉瓒为最出色。“齐声”二句，恰好巧妙地摄下了这一出色的镜头。“前头”即是前军，但如用“前军”，神味就要差得远。这是因为“前头”是口语，以口语入词，便能使读者如闻其声，如见其人，更觉逼真、生动。“齐声唤”三字极妙，妙处有三：其一，这是垫笔，垫上这么一笔，就显得下句更有声势。其二，“前头捉了张辉瓒”，是写“后头”听得“前头”传呼也随之大声叫唤，前后喊成一片，震撼山岳。说“齐声唤”，便把两头都包括在内，而且把人声鼎沸、一片欢腾的景象也准确地表现出来了。其三，当时作战，是在千嶂暗雾之中，只有“齐声唤”，才能彼此联系，才能把辉煌的战果迅速

① 敌军总司令何应钦4月率部入赣，第二次反“围剿”于5月下旬结束。此词写何军入赣，而未谈到战役结束，故知作于4、5月间。

② 毛泽东同志说：“我们的第一仗就决定打而且打着了张辉瓒的主力两个旅和一个师部，连师长在内九千人全部俘获，不漏一人一马。一战胜利，吓得谭师向东韶跑，许师向头陂跑。”（《毛泽东选集》第1卷，人民出版社1951年版，第217页）这一段话就是这次漂亮仗的最好说明。

地传遍全军。战地的特点也从这里隐隐逗出。综括以上三点，可知这三个字写得壮极了，同时也细极了。

下段写第二次反“围剿”。“二十万军”二句，写敌军又大举进犯，而且来势比第一次更猛。“风烟滚滚来天半”，形象地说明了局势的严重。毛泽东同志一向主张在战略上藐视敌人，在战术上重视敌人。这两句也正说明了在战役开始以前，毛泽东同志对敌人的实力并未予以低估。正由于在战术上重视敌人，所以我军就在作战准备上做了充分的工作。“唤起工农千百万，同心干”，指出依靠群众，发动群众，军民同心，奋起抗击，我们的人数是“千百万”，这就比敌人不知要强大多少倍！敌人来势虽凶，然而注定是要失败的，我军的必然胜利也是无可怀疑的。

“不周山下红旗乱”，作者在这里用了一个典故，用这个典故是有深刻的寓意的。关于共工的神话，古书中有不同记载，毛泽东同志独取《淮南子·天文训》之说，并且加以推阐，得出“（共工）没有死，共工是确实胜利了”的结论，这确是石破天惊的创见！共工与颛顼相争，一怒而触不周之山，使天柱折地维绝，日月星辰、水潦尘埃都起了绝大的变化，这真是翻天覆地的斗争，旋乾转坤的伟力！斗争的结果是日月星辰之类就各得其所，可见旧有的天柱地维是要不得的，彻底摧毁了这些要不得的东西，建立了新的秩序，这不是胜利是什么？共工不是胜利的英雄是什么？古老神话中的共工，具有强烈的反抗精神，取得巨大的斗争成果，反映了广大群众改造自然、改造世界的共同愿望，因而故事就一直流传下来，共工在人民的心里原是“没有死”的。联系到今天，党所领导的红军和劳动人民，正在“同心干”着翻天覆地、旋乾转坤的革命大业，正在有力地冲击着反动统治阶级的“天柱地维”。古代的共工只有一个，而现代的共工则是成千成万的。这样，他们必将取得胜利，而且这一胜利也必将比共工所取得的更为巨大，意义也更为深远。“物虽胡越，合则肝胆”，毛泽东天才地发现古代人民的幻想同今天的伟大现实之间的精神联系，从而发掘了神话中深闳的蕴藏，使它射出异样的光辉，给人以有益的启发和指引。“这确是妙绝千古的灵感，妙绝千古的比喻，是对于共工这个典故的最富于创造性的运用。”① 灵心妙手，化腐朽为神奇，这样的艺术构思，真是最值得学习的。“红旗乱”之“乱”，不是“混乱”、“紊乱”，而是“缭乱”的意思。在我军奋勇争先投入战斗中，漫山遍野的红旗翻飞挥舞，使人眼花缭乱，所以说是“乱”。一个“乱”，不但生动地描写了红旗，而且也把战场上纷然杂陈的千态万状传神地刻画出来了。除了“乱”字，试想还有什么字能够用来这样的贴切、准确，意义丰富呢？在这里我们显然是又一次地碰到炼字的好例了。

渔家傲·反第二次大“围剿”

一九三一年夏

白云山[1]头云欲立[2]，白云山下呼声急。枯木朽株[3]齐努力，枪林[4]逼，飞将军[5]自重霄[6]入。　　七百里驱十五日[7]，赣水苍茫闽山[8]碧。横扫千军[9]如卷席[10]，有人[11]泣，为营步步[12]嗟何及[13]！

【注释】

［1］白云山：《嘉庆重修一统志》卷三三〇：“在会昌县北八十里，峰峦特出，常有白云蒙其山顶。”按：定南县也有白云山，在县东三十里，与广东接壤，但与此无涉。

［2］云欲立：风起云涌，如人欲立。

［3］枯木朽株：邹阳《自狱中上梁孝王自明书》：“有人先谈，则枯木朽株，树功而不忘。”（《文选》卷三十九）司马相如《谏猎疏》：“枯木朽株，尽为害矣。”（同上）按：前一篇《文选》题为《狱中上书自明》，后一篇则题为《上书谏猎》。此从通称。

［4］枪林：枪械如林，言其多。

［5］飞将军：《史记》卷一〇九《李将军列传》：“广（李广）居右北平，匈奴闻之，号曰汉之飞将军。”后来用以指称矫健勇决的武将。汉末吕布，隋末单雄信，都有飞将之称。这里指红军。

① 张光年《共工不死及其他》，《文艺报》1962年第7期。本段论不周山，多采张说。

［6］重霄：见《蝶恋花·答李淑一》词“直上重霄九”句注。

［7］七百里驱十五日：是说15日中长驱700里。当时红军从吉安附近的富田打起，一直打到闽赣交界的建宁、黎川、泰宁地区，东西约700里。

［8］闽山：指赣闽的界山武夷山（福州市的乌石山，也叫闽山，但与此无涉）。

［9］横扫千军：东西叫横，急掠而过叫扫。当时红军从西向东打，追亡逐北，行动神速，消灭了大量敌人，所以说是横扫千军。

［10］如卷席：像卷席子一样，极言收拾得干净利落。

［11］人：指国民党。

［12］为营步步：军垒叫营。古代安营之法，每一大营，有四十子营，营与营之间距离若干步，均有规定。步步为营，是说层层设防，部署严密。这里指国民党的碉堡政策。

［13］嗟何及：《诗·王风·中谷有蓷》：“何嗟及矣。”嗟（juē，又读jiē），悲叹。朱熹《诗集传》卷四：“何嗟及矣，言事已至此，末如之何，穷之甚。”据朱注，可知此句就是穷途末路、悲叹无及的意思。

【赏析】

这首词写第二次反“围剿”，作于战役胜利结束以后。我们在上一首《渔家傲》的分析里已经提到，第一次“围剿”失败后，蒋介石死不甘心，又于1930年4月发动了第二次“围剿”。这一次，蒋介石调集了兵力20万，以何应钦为总司令，驻南昌指挥进攻。参加进攻的有蔡廷锴的第十九路军、孙连仲的第二十六路军、朱绍良的第八路军和王金钰的第五路军等，全部是蒋的非嫡系部队。其中蔡、孙、朱三部实力较强；王金钰部从北方新到，表示恐惧，其左翼郭华昌、郝梦麟两师大体相同。当时敌军鉴于第一次张辉瓒、谭道源冒进深入的失败，便采取了“步步为营，稳扎稳打”的办法，从江西吉安到福建建宁，筑成一道八百里战线，向中央苏区进犯。我军兵力3万多人，仍然采取集中兵力、各个击破的方针，于5月16日首先攻击驻在吉安附近而实力较弱的王金钰部，一举歼灭了王金钰和公秉藩两个师，然后回师东向，一直打到江西与福建的边境。战役于5月30日胜利结束[①]。

这首词先写第二次反“围剿”战役将近结束时的白云山战斗，然后倒笔追叙战役的整个过程。词的上下两段就是根据这样的布置来写的。

“白云山头云欲立，白云山下呼声急”，白云山以白云著称，所以首先就从“云”写起。“山头”、“山下”点出敌我两军的形势和战地的严紧气氛。两句叠用“白云山”，音节和畅，大有古乐府风味。敌军第二次“围剿”时，烧杀淫掠，无所不为，激起了红军和根据地广大人民的无比愤怒。“云欲立”，写山头的云也愤怒得要站立起来向敌人进行斗争，这是拟人化的写法。三个字，写出云的态势，也表现了云的意志，“欲”字用得极活。云尚同仇敌忾，人的愤怒可以想见，所以这三个字也写出了我军民蓄怒以待、不可遏抑的激情。唐代著名诗人元稹有句云：“有时水畔看云立。”[②]也用“云立”，但只是单纯的写景，就远不如这里的饱含感情和涵义丰富了。“呼声急”是说敌人进犯时的呐喊，“急”字有愈喊愈紧的意味，可见敌人逐渐接近我军阵地，大战已经是一触即发了。

“枯木朽株齐努力”，“枯木朽株”是成语，用在这里究竟表示什么，必须搞清楚。对于这四个字郭沫若同志曾经作过多次解释，起初说：“这似乎可以从两方面来解释。一方面是说调动了所有的力量，动员了广大的工农群众，‘斩木为兵，揭竿为旗’。另一方面也可以说是敌人在败逃中，‘风声鹤唳，草木皆兵’。我看似乎两方面都可以包含。”[③]后来又说：“‘枯木朽株’在司马相如是用来表示‘为害’的敌对力量，而在邹阳则是用来表示‘为万乘器’的友好力量。虽然同是四个字，而可以用为友，可以用为敌。”[④]那么，毛泽东同志《渔家傲》中的“枯木朽株齐努力”到底是友，还是敌呢？后来有人请教过毛泽东同志。毛泽东同志说：“努力”是好字眼，不能属于腐恶的敌人。“枯木朽株”不是恶意，可以解为老人病人都振

① 参看:《毛泽东选集》第1卷，人民出版社1951年版，第217-218页。

② 《过襄阳楼呈上府主严司空，楼在江陵节度使宅北隅》，《全唐诗》卷四一三，中华书局1960年版。

③ 《喜读毛主席的词六首》，1962年5月12日《人民日报》。

④ 《温故而知新》，1962年7月12日《人民日报》。

作起来，一齐努力[1]。

“枪林逼”一方面是说明枪声逼近，敌人已愈益接近我方阵地；一方面也是垫笔，垫出下一句，便显得我军的突然出击更有声势。“飞将军自重霄入”，要了解这一句，诚如郭沫若同志所说，必须了解战役的形势。据参加白云山战斗的同志的回忆，当时红军是在白云山上，敌军在山下，由三路进攻。红军从山头攻下，以高屋建瓴之势，粉碎了敌人的进攻，真犹如飞将军自天而降[2]。“飞将军”是用李广的典故，但在这里用得特别贴切。“自重霄入”是形象化的写法。有这四个字，白云山的高峻、红军的勇决，以及由山头攻下时来势的凌厉猛骤，就都形象地表现出来了。

“七百里驱十五日，赣水苍茫闽山碧，横扫千军如卷席”，三句是第二次反“围剿”战役的总的描写。上文说到红军从白云山头飞驰而下，投入战斗，照说下面就要描写白云山的战斗实况了。可是，作者并没有顺着写下去，却倒过来从战役开始写到战役结束。这种写法很奇特，好处是灵活而不板滞，从这里可以悟出运笔的变化。第二次反“围剿”，我军系从吉安东南80里的富田镇打起，一路向东横扫，打到白云山，战场就已经移到赣闽交界处。吉安在赣江中游西岸，所以说是“赣水苍茫”；白云山距武夷山不远，登高可以望见，所以说是“闽山碧”。用“赣水”和“闽山”就把战役的起讫地点清楚地点出。“苍茫”和“碧”都是静态，写动的战争却用静态的描写来映衬，使读者对当时的战场有鲜明的印象，点染极妙。“七百里”、“十五日”以及“横扫”等等，都是纪实。毛泽东同志在记述这一次的战绩时曾说：“十五天中（1931年5月16日至30日），走七百里，打五个仗，缴枪两万余，痛快淋漓地打破了‘围剿’。”[3]这一段话正可与这里的三句相印证。“痛快淋漓”四字也恰是最好的说明，因为这三句确是写得痛快淋漓极了。

“有人泣”，“人”指国民党，特别是指国民党大头子蒋介石。第二次“围剿”较之第一次兵力较多，规模较大，又是以嫡系何应钦为总司令，并且采取了步步为营、稳扎稳打的办法，而结果仍是惨

---

① 郭沫若《关于〈毛主席诗词〉的两封信》。

② 参看《枯木朽株解》。1962年6月8日《人民日报》。

③ 《毛泽东选集》第1卷，人民出版社1951年版，第218页。

败，国民党安得不哭？蒋介石安得不哭？“为营”句，是说国民党在作向隅之泣时，怨天怨地，悔恨交集，可是，这有什么用呢？败局已定，嗟叹也已来不及了。写我军发扬踔厉，意气风发，写敌人则垂头丧气，萎靡不振，这一对比是多么鲜明啊！

这首《渔家傲》与上一首词调相同，所描写的战役，时间也相衔接。取来合读，第一、第二两次反“围剿”战役的形象就清楚地生动地呈现在我们的眼前了。

菩萨蛮·大柏地[1]

一九三三年夏

赤橙黄绿青蓝紫[2]，谁持彩练[3]当空舞？雨后复斜阳[4]，关山阵阵苍[5]。　　当年[6]鏖战[7]急，弹洞前村壁[8]。装点[9]此关山，今朝更好看。

【注释】

[1] 大柏地：地名，在江西瑞金县北50里。

[2] 赤橙黄绿青蓝紫：这七种颜色是太阳光谱的基本色。虹由天空中的小水珠经日光照射发生折射和反射作用而成，也具备这七色。

[3] 彩练：彩色的绸子。这里用来比喻七色的虹。

[4] 雨后复斜阳：复，又。“雨后复斜阳”，是说雨后又出现斜阳。谓语动词“出现”（或其他意义相近的词）省去。

[5] 关山阵阵苍：关山，本指关隘山岳，这里只是说山。阵阵苍，一阵阵现出青翠的颜色。

[6] 当年：指1929年。

[7] 鏖战：鏖（áo），激烈而较持久的战斗。

[8] 弹洞前村壁：洞，有人解作名词，即洞穴，“弹洞前村壁”，是说子弹的洞还残留在前村的墙壁上。有人解作动词，即洞穿之意，弹洞句，是说子弹洞穿了前村的墙壁。两说均可通。

[9] 装点：装饰点缀。

【赏析】

1929年1月中旬，毛泽东同志和朱德同志率领红四军由井冈山向赣南、闽西进军。2月10日（农历元旦）到达大柏地，大败尾追的国民党赣军独立第七师刘士毅部，俘敌团长萧致平、钟桓以下八百余人，缴获大批武器，这就是有名的“大柏地战斗”。此词有“当年鏖战急”之语，即指这一战斗而言。根据历史记载，自从这次战斗以后，革命形势日益发展，红色区域（特别是赣南根据地）日益巩固，1931年11月，中央工农民主政府便在瑞金成立。当时的工农革命政权进行了土地革命，恢复和发展了农村生产，改善了人民的生活，并在1932年6月到1933年2月这一期间击溃了蒋军的第四次围攻。此词系毛泽东同志1933年重过大柏地时所作，已在第四次反围攻胜利以后了。

词由写景起笔。“赤橙黄绿青蓝紫”，用7个字组成一句，而且都是颜色，开头便给人一个极不平凡的印象，仿佛把许多鲜艳夺目的色彩展开在读者的眼前似的。诗词曲中有“独词句”，都由词组构成，像温庭筠诗“鸡声茅店月，人迹板桥霜”①，又《菩萨蛮》词“宝函钿雀金鸂鶒”②，以及马致远小令“枯藤老树昏鸦，小桥流水人家”③之类，就是比较著名的。但这些句子都与这里平列几个单词不同。所以，这样的句式在过去还很少有过④，这样的发端，词里更是创格，可算得别开生面。这一句的下面很不容易接，“谁持”句却接得出人意料的好。雨后的彩虹像是有谁在天空中挥舞着彩色的绸带，这是多么新奇美丽的想象！上一句比较方重，紧接上这么一句，语势就动宕流美，连上面的也带动起来了。

一二两句是写天空，“雨后”两句，接着从天空写到地上。一场雨过后，天边又出现了红日，草木新浴，分外青苍。可是，天气乍晴，还不够稳定，有时云霞掩映，日光又收敛了。因此，在夕阳明灭中，眼前关山的色调便也不是固定不变的：它一忽儿一片苍翠，

---

① 《商山早行》，《温飞卿诗集》卷七，《四部备要》本。

② 《花间集》卷一，《四部丛刊初编》本。

③ 陈乃乾：《元人小令集》，古典文学出版社1958年版，第391页。

④ 只有相传为汉武帝时所作的《柏梁台》诗，有“枇杷桔栗桃李梅”之句（见《全汉三国晋南北朝诗》卷一，无锡丁氏校刊本），韩愈《陆浑山火和皇甫湜用其韵》诗，有“鸦鸱鵰鹰雉鹄鹍”之句（见《昌黎先生集》卷四，《四部丛刊初编本》）。此外，便不多见。

扑人眉宇；一忽儿又暗淡起来，浸沐在迷茫的烟霭中。“阵阵苍”，只用三个字，就曲曲传出景色变换的复杂过程，静中有动，精炼而又细腻，真是入神之笔。

以上四句，描写自然景物，明丽之色，现于毫端，可谓诗中有画（“阵阵苍”，连画也难到）。这些都是当前所见。“当年”二句，又由现在写到过去，由写景转入叙事。回忆当年，正是在这宁静优美的地方，曾经展开过一场动魄惊心的战斗。前村墙壁上残留的弹洞，是历史的见证，它说明了今天的巩固的根据地及其和平景色不是轻易得来的，而是经过艰苦的斗争从激烈的炮火中夺取的。“装点”二句，更由叙事转到抒情，由过去再写到现在。“好看”是作者的感觉，也是上面所描写的自然景物的总赞。“更好看”的“更”字值得玩味。当年的弹痕，在今天看来只是美丽的点缀，看见了它，很自然地就引起往事的回忆，使人想到大柏地有着不平凡的革命经历，有着丰富的历史内容，不是单纯地具有自然美而已。联想到这些，自然觉得眼前景物分外可爱，因此说是“更好看”。简短的两句话，充分表现了毛泽东同志对革命事业的乐观和对革命根据地的热爱。一种激动而又愉快的心情，从字里行间是可以体会出来的。

这首词只有8句，44字，但却写出大柏地的景物、经历，以及作者对大柏地的感情，不仅有写景，有叙事，有抒情，而且情景交融，形象生动，给人以极大的美的享受。有人说，这首词是把革命斗争和自然景色融成一片的颂词，这是不错的。

这首词和《井冈山》、《元旦》、《会昌》等三首都是歌颂中国农村革命根据地的。在这四首词里，毛泽东同志描写了红军的战斗、行军，以及开辟根据地的英雄气概和反围攻胜利后的和平景象，联系起来看，就是第二次国内革命战争时期前一阶段的伟大史诗。读了这些词，中国革命的一段光辉历程就无比清楚、无比生动地展示在我们面前了。

清平乐·会昌[1]

一九三四年夏

东方欲晓，莫道[2]君[3]行早。踏遍青山人未老，风景这边[4]

独好。　　会昌城外高峰，颠连[5]直接东溟[6]。战士指看南粤[7]，更加郁郁葱葱[8]！

【注释】

［1］会昌：县名，在江西省南部，东接福建，南连广东，红军曾在这里开辟赣南根据地。

［2］莫道：不要说。

［3］君：旧体诗词中常用的代词，相当于白话里的“你”或“你们”。这里指红军战士。

［4］这边：词本起于民间，接近口语，后人填词，也常用一些口语词。如王衍《醉妆词》：“者边走，那边走。”“者边”，即这边。

［5］颠连：连绵不断之意。

［6］东溟：王维《华岳》：“天地忽开坼，大河注东溟。”（《王右丞集》卷二）李白《古风五十九首》：“黄河走东溟，白日落西海。”（《李太白诗集》卷一）旧注均引《文选》卷二十二颜延之《车驾幸京口侍游蒜山作》诗注，说东溟即东海。

［7］南粤：古代也作“南越”。汉初，封赵佗为南越王，有今两广之地。这里的“南粤”，只指广东。

［8］郁郁葱葱：《后汉书》卷一《光武帝纪》：“气佳哉，郁郁葱葱然！”旧注说是气盛的样子。这里用来形容树木茂盛，气象壮美。

【赏析】

1931年会昌建立红色政权后，毛泽东同志曾多次前往视察。1934年7月，又来会昌。23日晨，偕一些同志登上岚山岭，察看长征路线，归来在文武坝（在会昌城东，中共粤赣省委会［一说是粤坪政府］所在地）写了这首词①。这年10月，长征即开始。

全词写清晓行军情事。上段第一句“东方欲晓”，点出大军出发的时间。“欲晓”是天要亮而还未亮，既写得活，也说明了这次出发，确实很“早”。“莫道”句紧接着上句而又翻进一层，意思是说：你不要自以为早，实际上已经不早。你没有看见吗？有人更早

① 据毛泽东同志手迹，此词题目原作《一九三四登会昌山》。

哩！两句只有9个字，可是，却表达了许多意思：一是写出行军的辛苦。据革命战士的回忆录所记载，初到会昌时正值农历岁尾，当时风雪交加，天气很冷，许多战士脚都冻破了[①]。在这种寒冷的冬天，"欲晓"时就已出发，行军的辛苦可以想见。一是写出旺盛的士气。当时各个部队奋勇开往前线，都想赶早，因而便像开展竞赛似的争先恐后，这种昂扬的斗志，也从字里行间表现了出来。又一是还有寓意。"东方欲晓"，不仅描写实景，而且也有象征中国革命形势的意味。毛泽东同志在著名的《星星之火，可以燎原》一文里，描写快要到来的革命高潮，说"它是立于高山之巅远看东方已见光芒四射喷薄欲出的一轮朝日"[②]。正可与这一句互参。在这篇文章里，毛泽东同志又提到1928年末至1929年初湘赣军阀对井冈山第三次进犯时，党内有一部分同志提出"红旗到底打得多久"的疑问，有些人并认为中国革命高潮只是有到来之可能，完全没有行动意义，是一种可望而不可即的空的东西[③]。抱有这种悲观思想的人，可能认为向革命进军的行动太早了。"莫道君行早"，也许就是对这种悲观论者的答复。读毛泽东同志的诗词，固然不能穿凿附会地追求每一首乃至每一句的政治意义，但是文学作品是客观事物的反映，它的内容，与作家的立场、观点、生活、斗争等等都是分不开的。毛泽东同志领导中国革命几十年，他的一切都同革命事业紧密地联系在一起，中国人民的惊天动地的斗争，跳动着的革命的脉搏，也就必然要在他的作品中反映出来。郭沫若同志说："对于诗词，读者在合理的范围内是可以有解释的自由的，读者在诗词中可以创造新的意境，所谓'仁者见之谓之仁，智者见之谓之智'，各人的解释可以不必相同，甚至可以和作者的原意不一定完全若合符契。"[④]对于这最后一层意思，也许就可以这样看吧?

"踏遍"句再进一层，也有两个意思：一是许许多多的"青山"都"踏遍"了，可见转战各地，历时已久，行军辛苦也非止今天这

---

① 见《星火燎原》第1卷第1集上册《向赣南闽西进军》一文，人民文学出版社1958年版，第331–337页。

② 《毛泽东选集》第1卷，人民出版社1951年版，第112页。

③ 《毛泽东选集》第1卷，人民出版社1951年版，第112页。

④ 《郭沫若同志给本刊编辑部的信》，见《星星》1958年第10期。

一次。毛泽东同志在《中国革命战争的战略问题》一文里曾经指出："红军作战的显著特点之一，就是没有固定的作战线。"[①]"踏遍青山"恰恰就是作战线不固定和战争具有游击性、流动性的具体说明。一是尽管"踏遍青山"而"人"仍"未老"，这个"未老"，不仅仅说年龄，而是兼指士气。"人"字既指战士，也包括作者自己。人正当英年，士气正旺，对革命斗争的前途也正具有无限信心：这些就是"人未老"的全部涵义，而说来却含蓄不露。"风景"句紧接着上一句，扣到本题（题目是"会昌"）。"这边"即指会昌。"踏遍青山"，看过无数"风景"，而终觉"这边独好"，这是抬高会昌处，也是对新开辟的赣南根据地的高度赞美。作者无限喜悦的心情也于此可见。"风景"，指自然景色，但不限于自然景色，根据地的群众条件、物质资源以及作战地形等等，都可包括在内。革命斗争有了发展，广大战士斗志昂扬，新的根据地在种种方面又十分有利，这样，自然就会感到"这边独好"了。郭沫若同志在上引一文里又说："'踏遍青山人未老'，表征中国人民追求革命道路一百年，而今在党的领导下找到正确的道路却仍然年青。我们是属于方生力量的，所以我们有前途。这就是'风景这边独好'。"当然，读者也可以作这样的理解。

"会昌城外"以下四句，一气直下，神完力足，音节也和谐响亮，一片宫商。上段末了说"风景这边独好"，只是虚写；这里的四句便具体地形象地描写了所谓"独好"。据地理书记载，会昌城周围有许多高山，像明山、芙山、羊山、龙归山、白云山、紫云山、四望山、盘固山、君山等等就是，白云山以下都在会昌东南两面，有的与福建武平相接，有的与赣粤之间的著名界山九连山和大庾岭毗连。这些山都是峰峦起伏，草木葱茏的[②]。作者用"颠连直接东溟"写赣闽交界处群山直趋海滨的气势，用"郁郁葱葱"写岭南气象的壮美[③]，都极有精神。层层递进，新意络绎，也极能引人入胜。这样的描写，既写出会昌外围形势的雄伟，也见得祖国河山无处不好，

① 《毛泽东选集》第1卷，人民出版社1951年版，第228页。

② 见《江西通志》卷五六《山川略》第8119页。

③ 广东是革命的摇篮，许多著名的革命活动都是与广东密切联系的，它具有种种有利条件，所以这里的"郁郁葱葱"也有兼指革命形势的意味，不仅限于描写自然景色。

到处都可以开辟根据地，一种强烈的革命乐观主义的精神跃然纸上。“战士”句最可注意。“战士”即上文所说“踏遍青山”之人；“颠连”云云，“南粤”云云，都是战士攀登“城外高峰”时眺望所见。“指看”是指点着看，看了东面又看南面，只用两个字就传出战士们兴高采烈的神情。这些情景，又都是从作者眼中看出的，可见当时作者也登上高峰同战士们一道远眺。四句脉络很清，但却需要细看。

毛泽东同志诗词有一个特点，就是：有的句子好像是写别人，却又是在写自己；有的句子好像是写自己，却又是在写别人。即如此词，“踏遍青山人未老”，是前一种例子；“会昌城外”四句，是后一种例子。这种情况，在别的诗词里也有，这里举此示例，别处就不再指出了。

忆秦娥·娄山关[1]

一九三五年二月

西风烈[2]，长空雁叫霜晨[3]月。霜晨月，马蹄声碎[4]，喇叭[5]声咽[6]。　　雄关[7]漫道[8]真如铁，而今[9]迈步[10]从头越[11]。从头越，苍山如海，残阳如血。

【注释】

［1］娄山关：在贵州遵义市北的娄山上，是由黔入川的要道。娄山一名大娄山，又名大楼山，横亘于遵义、桐梓间，是乌江与长江的分水岭。

［2］烈：猛烈，劲厉。

［3］霜晨：有霜的早晨。

［4］碎：繁杂，碎乱。

［5］喇叭：一种管乐器，即军号。

［6］咽（yè）：呜咽，幽咽，声音因阻塞而低沉。

［7］雄关：雄壮的关隘，即指娄山关。

［8］漫道：徒然说。

［9］而今：如今。

［10］迈步：跨步，大踏步。

［11］从头越：从山头越过。

【赏析】

1934年10月，毛泽东同志率领中央红军（第一方面军）从江西雩都附近铜锣湾出发，迈开了震惊中外的“长征”的第一步。之后，接连突破了敌人的四道封锁线，于12月进入贵州省境。1935年1月6日，克遵义（8日克娄山关），召开了历史上有名的遵义会议。2月下旬，由滇边转师而北，大败国民党黔军王家烈部，再克娄山关及遵义。此词写大军越过娄山关情况，当即作于这一战役之后。

娄山关是红军在长征途中所遇到的著名天险之一。旧的记载上说它“万峰插天，中通一线”①。革命战士的回忆录也说它“雄踞娄山山脉的最高峰……周围山峰，峰峰如剑，万丈矗立，插入云霄。中间是十步一弯、八步一拐的汽车路。这种地势，真所谓一夫当关，万夫莫开”②。可见这地方确是一个极其险要的去处。红军在一个多月中两次打这里经过，并且同黔军王家烈和国民党中央军吴奇伟等部先后作过拉锯式的壮烈的搏斗。《娄山关》词就是红军越过这天险时的艺术写照，可以当作一幅战地的素描看。毛泽东同志在长征途中曾经写过六七首诗词，就成篇的时间说，这一首要算是最早了。

词的上段，写大军向娄山关进发时途中情况。一二两句，写西风凄紧，雁声嘹唳，霜华满地，残月在天，着墨虽无多，但已把战地的那种紧张严肃的气氛鲜明地表现了出来。“霜晨”两字，点明这次行军又在拂晓，可是，写来却与“会昌”词绝不犯复，比照自见。第三句是叠句。就音律上说，类似“和声”③，有连锁作用。它一方面紧接着上句，一方面又唤逼出下面的一个韵脚来，仿佛有两个人递唱联吟似的，极为和谐美听。就意义上说，也有强调意味。小令中语句本不多，所以竟然需要重叠者，正是由于这是至关重要

① 《续遵义府志》卷五：“大娄山，为自郡入重庆第一险要，《明史》所谓‘万峰插天，中通一线，刘綎从间道攀藤毁栅入陷焉’者也。”（1936年刻本）

② 《娄山关前后》，见《中国工农红军第一方面军长征记》，人民出版社1955年版，第149页。

③ 和声是歌唱时群相随和之声，古乐府和古词中均有之。

处。“霜晨月”有什么重要呢？第一，如上面所说，它有点出行军时刻的作用。第二，它还为下面的“马蹄”二句设色，有烘托背景的意味。第三，有这么一个字面相同的句子居中，又把上段的前后两部分联系起来了。它给我们一种暗示：不仅叠句的本身是设色，是烘托，就是“西风”句、“长空”句也有同样的效用，都为点染“马蹄”二句而设。三个字有这么多妙用，我们必须从反复吟诵中多加玩味。

风吹声、雁叫声、马蹄声、喇叭声，这些都是行军之人所听见的。长空、浓霜、残月，这些都是行军之人所看见的。这一段没有一个字说到人，但句句都有人在。这里着重描写几种声音，也值得注意。当时是急行军，千军万马，浩浩荡荡，兼程前进，但由于任务紧迫和军令森严之故，途中听不到一点人声。也正因为如此，所以风吹、雁叫等等声音才清楚地听得。这是从动中写静，极有神理。《诗·小雅·车攻》：“萧萧马鸣，悠悠旆旌。”《毛传》说：“言不喧哗也。”颜之推非常赞赏《毛传》的这一解说，认为解得有情致①。我们读这一段，还应该深入一层看，因为这里不仅写出战地的肃穆气象（也就是“不喧哗”），而且写出红军战士慷慨赴敌的英雄气概和坚毅沉着的革命精神。这样一写，也就为下一段预蓄了气势。

词的下段，写越过娄山关时所感所见。“雄关”句，点出娄山关。“雄”字下得精当。上段无一语说到娄山关，而所写的气氛却与娄山关之“雄”十分协调。“漫道真如铁”五字有三层意思：雄关之坚如铁，一也；如铁之誉并非浪传，二也；即使真正如铁，在攻无不克的红军面前也只是虚语，三也。“而今”句，紧承上一句，意思是说：过去总是听说娄山关如何如何，可是，今天呢？这一雄关，恰同长征途中已经度过的那些天险一样，也被大无畏的红军战士所征服了。“迈步从头越”五个字，写得兴会淋漓。有了上一段的描写，读到这五个字就觉得分外有力。这里面，歌颂了红军战士的英勇顽强，也抒写了胜利后心情的兴奋愉快；另外，对敌人的鄙夷与蔑视，也可于言外得之。“从头越”，也用叠句，作用与“霜晨”句相同，但唱叹的意味似乎更多一些。这句以下很难着笔，“苍山”二

① 《颜氏家训·文章篇》，《四部丛刊初编》本。

句却写得又阔大，又劲健，且神韵悠然，有有余不尽之意，结束最妙。“如海”形容山势的起伏，“如血”形容夕照的殷红，也都形象鲜明，给人以不平凡的印象。“残阳”句是晚景，同上段“霜晨”句合看，可知从早到晚，已经辛苦行军一日了。前后照应线索分明，结构实在是非常细密。

这首词悲壮苍凉，声情激越，在已发表的27首诗词中风格独异。有人认为整首词的气氛是壮的，可是这壮里也多少带一点凄清的意味。我以为这也要进一层看。词的题目是“娄山关”，娄山关是天险，是古战场，这次经过又是在严寒季节，因此，在景物的描写上多少带点凄清意味，这是很自然的。但这点凄清不但没有给人以衰飒的感觉，反而更能衬托出红军战士的英勇豪迈，更能表现出旺盛的革命乐观主义的精神。这也就是说，正因凄清，更觉其壮。作者的用意所在，也许就在这里吧？

唐代大诗人李白，相传也曾写过一首《忆秦娥》词，被后人推为千中数一的神品①。这首词的结尾两句“西风残照，汉家陵阙”，王国维尤其推崇，说是“太白纯以气象胜……寥寥八字，遂关千古登临之口”②。然而，李词写的是闺情，不脱伤离念远的窠臼，境界甚小；就气象论，实在远远不能与毛泽东同志的这一首相比。就是“西风”八字，也结得真正衰飒③，哪里能及“苍山如海，残阳如血”的豪壮呢？

十六字令三首

一九三四年到一九三五年

山！快马加鞭未下鞍。惊回首，离天三尺三[1]。
山！倒海翻江卷巨澜[2]。奔腾[3]急，万马战犹酣[4]。
山！刺破青天锷[5]未残。天欲堕，赖以拄[6]其间。

① 李白此词，宋黄升《花庵词选》首载之，邵博《闻见后录》也定为太白作，明胡应麟则疑为晚唐人所伪托。其词云：“箫声咽，秦娥梦断秦楼月。秦楼月，年年柳色，霸陵伤别。乐游原上清秋节，咸阳古道音尘绝。音尘绝，西风残照，汉家陵阙。”

② 《人间词话》，人民文学出版社1960年版。

③ 胡应麟评此词，即认为衰飒，见《少室山房笔丛》卷四一《庄岳委谈》下，中华书局1958年据明刊本重印本。

【注释】

［1］离天三尺三：原注："民谣：'上有骷髅山，下有八宝山；离天三尺三。人过要低头，马过要下鞍。'"按：骷髅山，未详。八宝山，在贵州省雷山县。据《贵州通志》记载，八宝山与太平山"相连如屏，三面绝壁，无路可登，惟南面稍平，鸟道羊肠，人迹罕至"。

［2］卷巨澜：卷起巨大的波浪。

［3］奔腾：马急跑得飞跃起来。

［4］酣（hān）：畅快。战犹酣：鏖战正激烈。

［5］锷（è）：刀尖，剑锋。

［6］拄（zhǔ）：支撑。

【赏析】

1934年12月，中央红军进入贵州。15日，一举攻克黎平，随后又大败黔军王家烈、侯之担等部，占领锦屏、剑河、台拱、镇远、施秉、黄平、余庆、瓮安等县城。其另一支部队则经过雷山。八宝山在雷山县境。此词第一首原注引民谣有"下有八宝山"之语，当是作于入黔时。其他二首，估计为红军转战黔、滇、川三省边界地区时所作。

《十六字令》是只有16个字的小令，篇幅短窄，很难装进许多内容，尤其是豪放之作，更不容易利用这一形式。古代作品流传至今的，只有蔡伸、袁去华、张孝祥、周玉晨等人所作的几首，也都不甚出色。这也难怪，字数过少，没有回旋余地，虽有长才，也无所施其技，写不好是很自然的。

然而，毛泽东同志这三首却是例外。它以雄伟刚劲的笔触，描绘了莽莽群山的奇特形象，也写出了作者和红军战士的伟大气魄；每一首各有独特的意境，合起来又构成一幅完整的绚烂的画面，奇情壮采，词约义丰，真是自有《十六字令》以来所未有。毛泽东同志所写的长调，像《沁园春》、《念奴娇》、《水调歌头》等篇，都是大气磅礴、力能扛鼎之作；写小令，到《十六字令》，可以说是最短了，却也能纳须弥于芥子之中，以少许胜人多许。由此可见，才大的人无施不可，绝不是任何形式所能局限的。

三首都是咏山。山，是红军在二万五千里长征中所遇到的自然环境所造成的主要困难之一。当时红军曾越过许许多多大山，其中尤其重要的是西延山脉的高峰老山界，五岭山地的越城岭，云贵高原的苗岭、娄山，横断山脉中的夹金山、梦别山、长板山、仓德山、打鼓山、拖罗冈等雪山，以及岷山、六盘山等等，都以奇险著称。这三首所写的是云贵高原的高山，气象峥嵘，自具一种特色。

第一首写纵马登山的情况。十六字令的第一句，是一字句，这里只用一个山字（二、三两首同），提起下文，极有精神。“快马”句，看似寻常，却耐人寻味。攀登崇山峻岭，照说只宜按辔徐行，现在却反而“快马加鞭”，便写出豪情胜概，与众不同。“未下鞍”的“未”字用得极妙。所以说妙，下了鞍再“回首”看，就毫无意味，正是未及下鞍就已为祖国的奇丽的山景所吸引，然后才显出下文的“惊”字极有神理。这是一。一阵奔驰之后，勒马回望，已到群峰最高处，据鞍顾盼，有“一览众山小”的感觉，也从“未下鞍”三字隐隐逗出。这是二。民谣：“人过要低头，马过要下鞍。”而今竟未下鞍，可见也未低头。革命的英雄气概，藐视困难的大无畏精神，都跃然纸上。这是三。“惊回首”二句，应作一气读，“惊”是“吃惊”。为什么吃惊呢？“离天三尺三”，提出了解答。纵马登山时，一意向前，倒未觉察究竟跑了多少路、到达了什么样的高度，等到猛然回首一看，原来离地平面已经如此之远、离天已经如此之近。只一句便把山的巍峨、人的豪迈、马的骏利，同时写出，可谓异样出色。《辛氏三秦记》有“城南韦杜，去天尺五”的话[①]，也是民谣，可见人民群众是喜欢用具体的数字来形容事物与天之间的距离的。如果说已经到了天上，反倒是普通的说法，不大能引起注意。现在说“离天三尺三”，点明相距只有这么一点儿，而且像是经过测量似的，一点都不含糊，这就把高山的形象非常具体地表现了出来，给人以深刻的印象。毛泽东同志常常教导我们要学习人民群众的语言，这里正是善用群众语言的一例。“天”、“三”、“尺”三字，照词谱应该是仄仄平，但却换成平平仄。这是由于采用

① 《辛氏三秦记》所说的“天”，还另有寓意，即比喻皇室贵族。

民谣的成句，不便改动字面。再者，用拗句也能暗示山势的峭折不平来，更显出音乐之美。

第二首写千山万壑，逶迤起伏，争趋竞走，正是勒马峰顶所见。这一首里用了两个比喻：一个是翻江倒海的巨澜，一个是酣战中奔腾的万马。“翻江倒海”、“万马奔腾”，文学作品里常见，但把它们同山联系起来，却是毛泽东同志的创造，过去还未经人用过。“倒”字、“翻”字、“卷”字以及“奔腾急”、“战犹酣”等词语，酣畅淋漓地写出山的动态，既雄伟，又生动，就是画也画不出。山，本来是静物，可是，经过毛泽东同志这样一写，就把它写活了。唐代著名文人韩愈的《南山诗》，以善于刻画山的动态见称，其中“或连若相从，或蹙若相斗”、“或决若马骤”、“或浮若波涛”等句。也约略与这一首所写的相似①。但韩诗只是琢句工巧，境界气象，仍然相差很远，才人之作与伟人之作原是不能相提并论的。《长征》诗：“五岭逶迤腾细浪，乌蒙磅礴走泥丸。”“腾细浪”和“走泥丸”也是写动态，而写法又有不同②，真可说是异曲同工了。

第三首也是写眼前所见的山，但与第二首并不一样。第二首写的是许多山，是山的集体的形象；这一首写的是个别的突出的山，是特殊的形象。同是描写山景，而又有变化，这种地方必须细加辨认。

这一首也用比喻，把山比成刀剑。“刺破”句，只有7个字，却有几层意思：山势高耸，上入云霄，这是一；由于山峰锋利，竟把天都刺破了，这是二；尽管刺破了天，而锋刃依然完好无缺，这是三。这么多的意思，只用几个字就曲曲传出，这是多么大的笔力！“天欲”二句，紧接着上句。天被刺破，简直要“堕”下来了。然而，不要紧，有山能够把它支撑住。把这两句和上句合看，就可以见出这刀剑般的山，不但锐不可当，而且坚挺有力。这两句显然还有寓意。在长征的当时，支撑中国大局的是党和党所领导的红军。人民大众就是依靠这个擎天柱而转危为安，终于推倒了压在头上的三座大山。联想到这些，就可以知道这两句的象征意味实在是非常丰富的。

---

① 《昌黎先生集》卷一，《四部丛刊初编》本。

② 参看《长征》诗小笺。

这三首，形式上虽然分开，联系却非常紧密，可以看成一个整体。三首都写山，但第一首是叙事，是总起；二、三两首是描写，是分承。第一首的“惊回首”三字是三首词的关键，“离天三尺三”和下面两首所写的景象，都是“回首”后所见，“惊”字也直贯到底。山势如巨澜，如奔马，山峰如刀剑，刺天欲堕，这些景象都是可惊的。作者在一览之下，就把山的这些特征捕捉住，并把它们鲜明地描绘出来，这种敏锐的观察力和高度的表现力也是同样可惊的。三首处处写山，也处处使我们想到长征中革命领袖和工农红军的伟大形象。从某种角度上看，这三首也可以说是咏物的词。第一流的咏物词总是既能尽题中精蕴，又能有题外远致，而这三首恰恰兼具二者，各到好处。小令有此，真可算得古今绝唱了。

七律·长征

一九三五年十月

红军不怕远征难，万水千山只等闲[1]。
五岭[2]逶迤[3]腾细浪[4]，乌蒙[5]磅礴[6]走泥丸[7]。
金沙[8]水拍云崖[9]暖，大渡[10]桥[11]横铁索[12]寒。
更喜岷山[13]千里雪，三军[14]过后尽开颜[15]。

【注释】

［1］等闲：寻常，无足轻重的意思。

［2］五岭：一称南岭，指横亘在江西、湖南、广东、广西（今壮族自治区）四省区间的许多山岭而言。最大的是五个岭，即大庾岭、骑田岭、萌诸岭、都庞岭和越城岭。中央革命根据地即在五岭的北面。1934年10月，中央红军自江西雩都（今于都）出发，即沿五岭北坡，先后渡过信丰河及章、潇、湘诸水；旋又越过越城岭，西进湘黔。

［3］逶迤（wēiyí）：曲折而长的样子。

［4］腾细浪：像是细浪的腾跃。

［5］乌蒙：山名，在云南省禄劝县东北280里，北临金沙江，上有十二峰，雄拔陡绝，盘旋七十余里。东北走入贵州，称七星

山，至湖南界而止，通称乌蒙山脉。红军经过乌蒙山脉，在1935年4月间。

［6］磅礴（pángbó）：广大无边、气势雄伟的样子。

［7］走泥丸：像是泥丸的跳动。

［8］金沙：指金沙江，即长江上游自青海省玉树到四川省宜宾的一段，以产金沙故名（或云因江中沙土都是黄色而得名）。红军渡金沙江，在1935年5月初。

［9］云崖：金沙江两岸，除几个渡口外，都是高耸入云的悬崖绝壁，所以说是“云崖”。

［10］大渡：河名，源出青海和四川交界处的赖楚山，上游叫大金川，南流到乐山县入岷江，长1200公里。大渡河两岸也都是高山峻岭，水流湍急，其险恶又过于乌江、金沙江。红军强渡大渡河，在1935年5月下旬。

［11］桥：指大渡河上的泸定桥，在泸定县西。泸定桥是由四川通往西藏的重要桥梁。1935年5月30日，红军击溃扼守之敌，夺取此桥。

［12］铁索：铁链。泸定桥是由13根铁索组成的桥。铁索粗如饭碗，每根相距在一尺以上。这样的铁索九根并列地紧系在两岸石壁上，作成桥身，上铺木板；其余的四根，作为扶手。桥长约30丈，下为激流，桥上距水面也有数十丈。人走到桥的中间时，桥身左右摆动，非常难走。红军到达桥边之前，敌人派重兵扼守对岸，并把木板全部烧掉。红军派了二十几名抢桥英雄，冒着炮火，攀缘着铁索，抢过去消灭了敌人，掩护大军安全渡河。

［13］岷山：北岭的一段，在四川盆地的西北，是四川和青海、甘肃、陕西等省分界的山脉，岷江即发源于此。岷山山脉的最高峰在5000米以上，终年积雪，居民称之为大雪山。山上空气稀薄，从来很少有人由此经过。就孤立的山峰说，岷山在四川松潘，不是大雪山。

［14］三军：军队的通称。《论语·子罕》：“三军可夺帅也。”这里指全军。

［15］开颜：高兴，欢笑。

【赏析】

本篇所说的“长征”指1934年10月至1935年10月间中国工农红军主力军团从江西、福建根据地向陕北的大规模战略转移[①]。在这次长征中，红军经过了福建、江西、广东、湖南、广西、贵州、四川、云南、西康（1928年建省，辖地包括今四川西部及西藏东部地区，1955年撤销）、甘肃、陕西等地，击溃了敌人的多次围攻堵击，连续行军一万八千余里，战胜了军事上、政治上和自然界的无数艰险，终于胜利地到达目的地，与陕北红军会合。

本篇最后两句描写红军越过岷山。据历史记载和革命战士的回忆录，1935年9月18日红军突破岷山天险腊子口，进入甘南，占岷州。10月2日，占通渭。占通渭时，毛泽东同志曾为战士亲自朗诵此诗[②]，则此诗当作于10月2日以前。

“长征”是一次震惊中外的大进军，在中国革命史上有着极其重大的意义，毛泽东同志曾经予以极高的评价，他说：“长征是历史记录上的第一次，长征是宣言书，长征是宣传队，长征是播种机。”[③]这首诗正是这一大进军的光辉的写照和热情的颂歌。它集中地表现了红军的英勇豪迈的气概，同时也生动地描写了长征的壮阔艰险的场面。它是一篇不朽的革命史诗，是革命浪漫主义和革命现实主义相结合的杰出典范。

诗的第一句“红军不怕远征难”，首先就把全篇的中心思想鲜明地提示出来，不但开门见山，直截了当，而且笼罩下文，极有气势。长征的“难”，确是历史上从来未有的，毛泽东同志说：“自从盘古开天地，三皇五帝到于今，历史上曾经有过我们这样的长征么？十二个月光阴中间，天上每日几十架飞机侦察轰炸，地下几十万大军围追堵截，路上遇着了说不尽的艰难险阻，我们却开动了每人的两只脚，长驱二万余里，纵横十一个省。请问历史上曾有过我

---

① “长征”，一般是指1934年至1936年中国工农红军从长江南北各根据地向陕甘一带的战略大转移。其中走得最远的部队，一共走了二万五千多里，所以通称二万五千里长征。

② 参看《解放军文艺》1959年2月号《毛主席给我们朗诵诗》一文。

③ 《毛泽东选集》第1卷，人民出版社1951年版，第147页。

们这样的长征么？没有，从来没有的。”[①]

对于这些说不尽的困难，红军是怎样看待的呢？毛泽东同志在这里替万千革命战士作了坚决响亮的回答：不怕。毛泽东同志在《论反对日本帝国主义的策略》一文里说：“谁使长征胜利的呢？是共产党。没有共产党，这样的长征是不可能设想的。中国共产党，它的领导机关，它的干部，它的党员，是不怕任何艰难困苦的。”[②]诗里的“红军”包括上引一段中所说的“党的领导机关”以及“干部”、“党员”，因为当时大家都在军中。我们读这首诗，对“红军”的涵义应该这样理解，不能认为只指部队。有着高度的政治觉悟、有着高度的革命乐观主义精神，久经锻炼，久经考验，在战略上藐视敌人，在实际行动中勇往直前，不向任何困难低头，这是红军最主要最突出的特点，也是长征取得伟大胜利的根本原因。这里抓住这一点加以描写，并把它放在开头的地方，使通篇精神俱振，这是高度的艺术技巧，布置得极为巧妙。

第二句“万水千山只等闲”承第一句来。“万水千山”说明长征之“远”（“难”也包括在内）；“等闲”是说看得平常，也就是进一步说明“不怕”。万水千山虽远，但在红军看来，却稀松平常，根本算不了什么。这就见出红军非但“不怕”，而且从容不迫，应付裕如，有着高度的自豪感。这句同第一句合成起联，总写红军的革命乐观主义的精神和革命浪漫主义的风格，是全篇纲领。

第三句以下是分写，也就是“不怕远征难”的具体描写。红军长征，纵横11省，经过许许多多名山大川关隘沼泽，说是“万水千山”，也不算夸张。但这首诗是七律，只有八句，不可能也不必要把所有经过的地方统统列举出来。因此，诗里面只提出五岭、乌蒙、金沙江、大渡河、岷山等几处具有典型意义的天险，用来概括一切。天险红军尚且不怕，其他可想而知。这是极其经济的写法。这里一连举了5个地名，写法又各个不同。既有气魄，又有变化，确非大手笔不办。

① 《毛泽东选集》第1卷，人民出版社1951年版，第147页。

② 《毛泽东选集》第1卷，人民出版社1951年版，第147-148页。

“五岭”二句，近人解说有分歧[①]。其实，只要读时注意以下四项，那末这两句的意义就比较容易理解：第一，诗是最经济的语言，多用紧缩句，凡是可省的词语往往尽量省去。即如这两句，原意是说五岭虽然逶迤，但在红军看来，却只像细浪在腾跃；乌蒙尽管磅礴，可是在红军眼中，也只像小小的泥丸在跳动。把省去的话补出来，意思就明白了。第二，用“逶迤”形容五岭的绵延千里，用“磅礴”形容乌蒙的广被四塞，都极力往大处说；而“细浪”、“泥丸”，又尽量往小处说。愈说得大，愈见远征之难；愈说得小，愈见不怕难的红军的顽强、豪迈。两句有映衬，又有抑扬，笔曲而达，深得高下相形之妙。第三，“逶迤”和“磅礴”又是交错着用的。这就是说，逶迤不仅形容五岭，也形容乌蒙；磅礴不仅形容乌蒙，也形容五岭。这种错综写法，旧诗里有其例[②]。如果理解为五岭只逶迤而不磅礴，乌蒙只磅礴而不逶迤，那就很不全面了。第四，山本来是静止的，但毛泽东同志写山却往往化静为动，也就是从静态中看出动态来。像《忆秦娥》的“苍山如海”，《十六字令》的“倒海翻江卷巨澜，奔腾急，万马战犹酣”，《沁园春·雪》的“山舞银蛇”等等，就都是如此。五岭、乌蒙都是大山脉，连绵不断，一望无际，特别是从高处看，它们的高低起伏，更容易给人以动的感觉。“腾细浪”、“走泥丸”就是这种动的感觉的描写。有人认为山不能“腾”不能“走”，“腾”和“走”的主语是红军，是就红军说的。这样说，显然是没有了解化静为动的写法。如果依照这种说法，那末，不但五岭一联讲不通，就是上引“苍山如海”等句也都

---

① 主要是对“腾细浪”和“走泥丸”的说法不同，基本上可分三种：一种认为指物，也就是说“腾细浪”、“走泥丸”是描写五岭和乌蒙山脉的；一种认为指人，也就是把“腾细浪”解释为“红军越过五岭时，看上去像小的波浪忽高忽低”，把“走泥丸”解释为“红军行列翻过高峰下山时，快得像泥弹子在山坡上滚下去”；一种认为兼指人物，也就是说“细浪”、“泥丸”指山，而“腾”、“走”则是人的动作（这就是说，红军攀登五岭时，像是腾跃于细浪之上；跨越乌蒙山脉时，则如走过泥丸一样）。三说之中，第一说较妥，因为：一、解释为指物，便与上面的“逶迤”、“磅礴”一贯，联系起来比较紧密自然；二、用细浪腾跃、泥丸滚动来形容红军眼中所看到的五岭和乌蒙山脉也更能传神。关于以上三说，可参看《毛主席诗词讲解》以及《语文教学》1959年4月号、《文学知识》1959年5月号、《语言文学》1959年4月号、1960年1月号、2月号有关各文。

② 这种错综写法，前人谓之“互文”。如唐王昌龄《出塞》诗：“秦时明月汉时关。”清沈德潜《说诗晬语》云：“防边筑城，起于秦汉。明月属秦关属汉，诗中互文。”（卷上，《四部备要》本）这就是说，“明月”和“关”都兼属秦汉，不是一个只属秦，一个只属汉。毛泽东同志《沁园春·雪》：“千里冰封，万里雪飘。”也是互文。

讲不通了。

“金沙”二句，也有两点值得注意。一是句式与上两句不同。上两句只是偏正复句的紧缩，这两句的语法结构却可以有一些不同的分析。由于对结构的分析不同，大家对这两句的意义也就有不同的理解[①]。我们认为暖寒虽然与气候、时间等有关[②]，但主要是写人的感觉。一暖一寒写出了在不同的场面和气氛中，亲历其境的人有着不同的感觉。通过这些感觉，作者描写了长征途中所碰到的两种异乎寻常的困难，也描写了红军对这些困难的藐视和征服困难的愉快而又自豪的心情。这后一意思在句子里虽未明写（上文的“不怕”、“只等闲”已经点出，因而用不着再写），但其实更为重要。所以这里仍是着重写人，不是单纯写景。这一点是同上两句一致的。

最后两句，写红军越过岷山以后的喜悦。岷山是四省交界的大山脉，越过岷山，红军就最后脱离了行军极其艰苦的“雪山草地”，进入西北新阵地；同时，北上抗日的目的即将实现，与陕北红军即将会师，“新局面”也即将开始[③]。这些都是令人十分兴奋、十分鼓舞的，因此，三军开颜欢笑，显得更加乐观了。上文写艰险的长征，有惊心动魄之观，这里却以一片欢笑作结。刻画红军高度的革命乐观主义精神，也真可说是酣畅饱满、淋漓尽致了。

长征是个大题目，这首诗大气磅礴，笔力雄健，与题目十分相称。篇中有许多出色的描写，但红军本来具有高贵的品质和崇高的风格，他们在长征途中所通过的名山大川又确乎雄伟奇险，通过时

---

① 有人认为这两句是连环句的紧缩，补出来应该是：“金沙水拍云崖，云崖暖；大渡桥横铁锁，铁锁寒。”重复的字面都省去了。有人认为这两句本应作：“金沙水拍暖云崖，大渡桥横寒铁锁。”“暖”、“寒”两个修饰语也本应分别在中心语“云崖”和“铁锁”之前，却因迁就平仄和韵脚的关系而倒置在后了。这一种旧诗中也有其例。如韩愈《学诸学士作精卫衔石填海》诗：“口衔山石细。”陆龟蒙《丁隐君歌》：“盘烧天竺春笋肥，琴倚洞庭秋石瘦。”“细”、“肥”、“瘦”都倒置在后，与这里的“暖”、“寒”相同。又有人以为这两句的语法结构可以分析成：“金沙水拍云崖——暖，大渡桥横铁锁——寒”。“暖”、“寒”分别是两个主谓结构的谓语；就表现手法上说，它们是描写两个总的印象的。以上三说，我原来赞同第二说的，近来又倾向于第三说，因为依照这种解释，这两句的意蕴似乎更丰富些。

② 红军渡金沙江、大渡河在1935年5月，这一带的气候，春夏间常是昼暖夜寒（早晚有时也很凉）。又，红军渡江在白天，抢占泸定桥则在五更前后（参看《中国工农红军第一方面军长征记》第237页，又第284–285页）。所以“暖”、“寒”与气候、时间都有关。

③ 毛泽东同志说：“长征一完结，新局面就开始。”（《毛泽东选集》第1卷，人民出版社1951年版，第148页）

所经历的无数次战斗（包括与敌人战以及与形形色色的困难战）更是超出想象之外的艰辛和壮烈，所以作者所描写的都有客观现实作基础，与某些文学作品中虚诞无根的夸张截然不同。从这里，我们可以看到革命浪漫主义和革命现实主义最自然的结合。毛泽东同志说："长征又是宣言书。它向全世界宣告，红军是英雄好汉，帝国主义者和他们的走狗蒋介石等辈则是完全无用的。长征宣告了帝国主义和蒋介石围追堵截的破产。"①同长征的本身一样，这首诗也是一篇豪迈的宣言书。这样的作品只有在毛泽东同志的笔下才能出现。苏联作者艾德林说："只有诗人兼战士，诗人兼战略家才能写出这些诗篇，因为只有备尝行军和作战的全部艰辛的战士才能这样观察到和感受到所经历的一切，只有战略家才能具有这样广阔的视野，才能这样充分地概括艰苦作战的整个画面以及随之展现的远景。这是一个诗人兼思想家写下的诗篇。"②艾氏这段话不是专指《长征》说的，但就《长征》说来，这一评论显然是更为适合的。

念奴娇·昆仑[1]

一九三五年十月

横空出世[2]，莽[3]昆仑，阅尽[4]人间春色。飞起玉龙三百万[5]，搅得[6]周天[7]寒彻[8]。夏日消溶[9]，江河横溢[10]，人或为鱼鳖[11]。千秋功罪，谁人[12]曾与[13]评说[14]？　　而今我谓昆仑：不要这[15]高，不要这多雪。安得倚天抽宝剑[16]，把汝裁为三截。一截遗[17]欧，一截赠美，一截还东国。太平世界，环球[18]同此凉热。

【注释】

［1］昆仑：山名，在新疆于阗河上源。也指昆仑山脉，是我国最大的山脉，从帕米尔高原起，沿新疆、西藏边界向东伸入内地，又分北、中、南三支。最高峰公格尔山海拔7719米。前注中提到的岷山，属昆仑山脉中支。

① 《毛泽东选集》第1卷，人民出版社1951年版，第147页。

② 《论毛泽东诗词》，译文见《世界文学》1959年第3期。

［2］横空出世：横空，横亘空中，言其长大；出世，超出人世，言其高峻。

［3］莽：莽苍高大之意。昆仑山是庞然大物，故用莽字来形容。

［4］阅尽：看尽、看足。

［5］飞起玉龙三百万：原注："前人所谓'战罢玉龙三百万，败鳞残甲满天飞'，说的是飞雪。这里借用一句，说的是雪山。夏日登岷山远望，群山飞舞，一片皆白。老百姓说，当年孙行者过此，都是火焰山，就是他借了芭蕉扇扇灭了火，所以变白了。"按宋胡仔《苕溪渔隐丛话》前集卷五十四引《西清诗话》云："华州狂子张元，天圣（宋仁宗年号，1023至1031年）间坐累终身，每托兴吟咏。如雪诗："战退玉龙三百万，败鳞残甲满空飞。"（按：宋洪迈《容斋三笔》卷十一"战退"作"战死"，"三百万"作"三十万"，"残甲"作"风卷"。）这里所谓"前人"，即指张元。岷山、昆仑山经夏积雪不消，都有雪山之称。又按：孙行者借芭蕉扇扇灭火焰山的火，见《西游记》第六十一回。

［6］搅得：闹得，搞得（今语的"搞"，早期白话作品中都作"搅"）。

［7］周天：普天，整个天空。

［8］寒彻：冷透。

［9］消溶：消融，溶化。

［10］江河横溢：横溢是横流，泛滥。长江、黄河都发源于昆仑山脉，夏天昆仑山积雪消融，水量大增，所以江河都泛滥起来。

［11］人或为鱼鳖：洪水成灾，人也许为鱼鳖所食。《左传·昭公元年》："微禹，吾其鱼乎！"按这句话的意思是说：如果没有大禹治水，我们恐怕就要变成鱼了。

［12］谁人：何人。

［13］与：介词，同"为"。《汉纪》卷一《高祖纪》："汉王与义帝发丧。"按："与义帝发丧"即为义帝发丧（《汉书》卷一《高祖纪》，"与"即作"为"）。

［14］评说：评论。

［15］这：这里用如"这么"。这高，这么高（下句"这多雪"，义即"这么多的雪"）。

［16］安得倚天抽宝剑：安得，怎得，哪得。倚天抽宝剑，本李白《大猎赋》："于是擢倚天之剑。"（《李太白全集》卷一）按：擢（zhuó），抽的意思，这句是说抽出一头倚在天上的长剑。李赋又本宋玉《大言赋》；"长剑耿耿倚天外。"（《古文苑》卷二）按：耿耿，一作耿介，都是光亮、明净的意思，这句是说晶莹耀眼的长剑倚靠于天空之外。天外，指天的极远处。"安得倚天抽宝剑"，是说哪得倚着天抽出宝剑。一说，倚天，是宝剑的修饰语，形容其长。全句是倒装句，顺说是"安得抽倚天宝剑"，也通。

［17］遗（wèi）：赠送。

［18］环球：也作"寰球"，指整个地球，即全球之意。

【赏析】

此词写于长征途中。词中"飞起玉龙三百万"句原注有"夏日登岷山远望"的话，又引当地居民的传说，估计可能是到达岷山时远眺昆仑之作。（红军长征未经过昆仑。）

"昆仑"，是个大题目。自古以来，诗词里还没有拿昆仑山来做描写对象的①。这也难怪，这样的大题目，确实不易下笔；特别是词，字数又少，更是难于铺叙。可是，毛泽东同志却写了，而且写得异样出色，气魄之大，笔力之雄，真使人有前无古人后无来者的感觉。

"横空出世"，开头4个字就概括而又形象地写出昆仑山赫赫严严的气象和大气磅礴的声势。这4个字，只有昆仑山才当得起，也只有毛泽东同志才想得到、写得出。把这样的一句话放在最显著的地位，奇峰从天外飞来，一入手就惊心动魄，精神百倍，真是工于发端。"莽昆仑"的"莽"字也下得精当不移。莽字给人的印象是莽苍苍一片，又高又大，但却有些臃肿，这恰与昆仑切合；后文"裁为三截"这一层意思，也隐隐从这里逗出。因为唯其臃肿，所以才需要裁为三截也。"阅尽"句，涵义极为丰富。"人间春色"不仅指人间的春光，而且包括世界上一切盛衰兴废。"阅尽"是说看得多、看得久。昆仑山雄踞一方，不知已几千万年，它昂首天外，俯瞰下

① 只有陶潜的《读山海经》诗中有几句描写昆仑山的话。

界，人世间多少沧桑，都逃不出它的视野。它的伟大存在（这又包括占据空间之广和经历时间之久两方面），毛泽东同志只用六个字就说尽了。李白《塞下曲》“春色未曾看”[①]，是说天山终古积雪，从未看过春色，这里翻用其意，却显得极其新鲜，与李诗有异曲同工之妙。昆仑山的特点是高寒，起二句已经出力描写了“高”。“飞起”二句，接着就描写“寒”。“飞起玉龙三百万”，原指雪花飞舞，这里用来形容雪山的蜿蜒夭矫，这是典故的活用。这样一写，“群山飞舞，一片皆白”的奇丽景象就如在目前，真是生动极了。“搅得”句是说把整个天空都搞得冷透了，写寒威之烈，无以复加，可谓力透纸背。“夏日”以下三句，写昆仑功罪。昆仑山是我们伟大祖国的脊梁，内地的许多崇山峻岭都是它的分支；孕育我国古代文化的黄河和长江也都从它发源，所以它又是我们伟大祖国的摇篮。它满身披覆的冰雪，到了夏天，部分融化，源源不断地流入江河，使祖国人民得到灌溉之利和航行之便，这是功；可是，它毕竟太高了，雪也太多了，因而有时水量过大，水势过猛，长江黄河容受不了，统统泛滥起来，于是人畜漂没，葬身鱼鳖之腹，这是罪。“罪”是实写，“功”是虚写，用笔变化，绝不板滞。“千秋”二句，总束上举两层，简括有力。这里提出功罪问题，前人还未曾道及。昆仑山有功也有罪，不管从哪一方面说，都对国计民生有绝大关系。可是，自古以来，有谁关心民瘼，把昆仑山同人民生活密切地联系起来；又有谁站在人民的立场上为昆仑山作一公平的评论呢？这种感慨是深沉的，特别是放在上段的结束处用设问的形式表示出来，更觉耐人寻味。

上段除最后两句以外，都是铺叙，即用赋体；下段却用对话体，竟然对昆仑山讲起话来了。作者不仅要评论昆仑的功罪，而且要对昆仑加以处置、加以改造，创意设想的奇特，浪漫主义色彩的浓重，以及艺术魅力的强烈，都使人惊叹！“而今”两字，承上段的“千秋”来，联系极紧。在过去漫长的时期中，从来无人评说；如今呢，作者却要向昆仑直接发号施令了。两字也领起下文。“不要这高，不要这多雪”，一方面要同上文描写高寒处合看，一方面也要同

① 《李太白全集》卷五，《四部备要》本。

下面的分三截、同凉热等句参照，这样，才见出脉络之细。两个“不要……”想法已经够奇了，“安得”以下七句，愈出愈奇，更是匪夷所思。写昆仑这样的大题目，容易把这一名山写得特别伟大，相应地，便显出人的渺小。毛泽东同志这首词，却既写出了昆仑的伟大，也写出了人的伟大，而且还写出后者较前者更为伟大。在词里面，读者所看到的，不是硕大无朋的昆仑压倒了诗人，而是巨大的诗人的形象征服了那横空出世的昆仑。试想，倚天抽剑，把“莽昆仑”斩为三截，并拿来作为礼物分赠欧美，使环球凉热相同，这是多么宏伟的气魄！多么宏伟的襟怀！多么宏伟的愿望！这样的巨人，不是比昆仑更为伟大吗？

“太平世界，环球同此凉热”，显然不是仅仅指自然气候的改造说的，它表现了实现世界大同，让全人类都过着和平幸福生活这样一个崇高远大的共产主义的理想。这样的结尾，不仅说明了所以要裁为三截、遗欧赠美的原因，而且也使整个的词具有更多更大的思想光辉和政治意义。革命现实主义和革命浪漫主义相结合的作品，本来不是照抄现实、照抄生活，而是突破现实和生活的局限，以新奇美丽的想象和生动鲜明的形象描绘出极为完美的境界，让读者得到最大的美的享受。这种境界又不是空中楼阁，想入非非，而是有着充分的根据，在现实世界中可能实现的（即如此段所说把昆仑裁为三截，虽是实际上不会有的事，但在党和毛泽东同志的领导下，广大人民发挥冲天的干劲，改造昆仑，变有害为有利，就是完全可能的）。毛泽东同志的诗词正是这样的作品，它们把革命的理想和革命的现实统一起来，使我们读了，自然心胸开拓，眼界扩大，受到巨大的鼓舞，增长向上的勇气。毛泽东的诗词所以具有浓郁的时代色彩和强大的艺术生命，正是由于如此；它们跟过去一切现实主义和浪漫主义相结合的作品所以根本不同，其原因也就正在这里了。

词中的“还东国”，原作“留中国”，后改。东国，指东方诸国。昆仑山不全在我国境内。这样一改，就更符合实际了。

清平乐·六盘山[1]

一九三五年十月

天高云淡，望断南飞雁[2]。不到长城[3]非好汉[4]，屈指[5]行程[6]二万！　　六盘山上高峰，红旗[7]漫卷[8]西风。今日长缨[9]在手，何时缚住苍龙[10]？

【注释】

［1］六盘山：指六盘山脉，在甘肃、陕西和宁夏回族自治区交界处，六盘山是主峰，在固原县西南，隆德县东北，海拔3500米。山路曲折险窄，盘旋六道，才达顶峰，故名，古谓之络盘道。自元代以后，常为用兵之地。

［2］望断南飞雁：望断，望到看不见。“望断南飞雁”，是说目送雁向南飞，以至看不见了。

［3］长城：万里长城。

［4］好汉：勇敢有为的人。钱大昕《恒言录》卷一：“好汉，《旧唐书·狄仁杰传》：‘（武）则天尝问狄仁杰曰：朕要一好汉任使，有乎?’”陈鳣《恒言广证》卷一：“《询刍录》：匈奴闻汉兵，莫不畏者，称为汉儿，又曰好汉。”

［5］屈指：弯着指头计算。

［6］行程：路程。程是“道里”、“路途”的意思。

［7］红旗：此词在1957年1月《诗刊》创刊号上发表时，红旗本作“旄头”。旄（máo），古时旗杆头上用旄牛（即犛牛，也作牦牛）尾做装饰，后来因称有这种装饰的旗子叫旄。旄头，是旄的上端。文学作品中也常用来指旗子。1961年秋毛泽东同志的手书稿在《宁夏日报》上发表时，“旄头”改为“红旗”。此从改定稿。

［8］漫卷：随意舒卷。

［9］长缨：长的绳子。《汉书》卷六十四《终军传》：“南越与汉和亲，乃遣军使南越，说其王，欲令入朝，比内诸侯。军自请，愿受长缨，必羁南越王而致之阙下。”

［10］苍龙：东方7个星宿的总称。古时用星宿来指称区域，这

里的“苍龙”，郭沫若同志原疑指日本，后经问过毛泽东同志，才知是指蒋介石。

【赏析】

1935年9月中旬，长征中的红军进入甘南（今宁夏回族自治区南部），夺取天险腊子口，进占岷县、通渭。10月初，连续突破会宁、静宁间的封锁线和平凉、固原间的封锁线，击败了追击的敌军4个骑兵团，胜利到达六盘山。此词写攀越六盘山情事，当即作于此时。

词由写景开头。一二两句，写天高云淡，旅雁南飞，这些都是能够表现北方秋季特征的典型景物，捕捉入词，便能以寥寥的几个字为当时的六盘山勾勒出一幅清新的画面。北方的秋天，晴朗的日子多。在这种日子里，金风送爽，天宇澄澈，虽有云也很少很薄，因此说“淡”。碧空如海，只有纤云点缀，愈觉迢迢无极，因此说“高”。高字淡字，都下得极为贴切。雁是候鸟，秋深则由北而南，写雁更是关合时令。当时看到过雁，还曾引起许多联想。这从“望断”二字可以参会。“望断”是望得远，望得久，望到雁影都不见了还在望。为什么如此？正因凝神遐想，而所想又非一端。大概说来，红军长征由南而北，恰与雁飞的方向相反，但两者都跋涉长途，同样地有着艰辛的经历。这是一。雁飞向之处，正是红军的老根据地，那里有着光荣的革命历史，有着同红军血肉相连的劳动人民，有着留下来坚持游击战的英勇战士，这些都多么值得怀念啊！这是二。古老的传说常说雁足传书，现在看到雁，能不能把中央红军已经胜利到达六盘山、即将与陕北红军会合的好消息带给远在南方、日夕悬望的劳动人民和革命战士呢？这是三。当然，当时所想到的可能还要丰富得多、复杂得多，以上云云，也许只是其中的一小部分。但是，即从我们所推想的这一些看来，也就不难体会出伟大的领袖对老根据地的人民和战士是多么关切和热爱，从“望断”两字所流露出来的感情又是多么深厚和真挚！诗词中写景，大都为抒情而设，不是单纯描写背景，所以往往情景交融，耐人寻味。这种实例，在毛泽东同志诗词中经常可以遇到，我们以前也已经指出，这里又是一例。

三四两句是壮语，而且是诗词中从来少见的壮语，真是惊人之句！用“不……非”双重否定的句式，表现了坚强的意志，语气也极斩截有力。“屈指”句，承上“望断”来。“望断”是远，由远自然就想到计算行程。“二万”是个大数目，但就红军来说，却是纪实。从1934年10月开始长征，到攀越六盘山，历时已有一年；所过的地方有福建、江西、广东、湖南、广西、贵州、四川、云南、西康、甘肃；其间迂回曲折地经历了万水千山，有些地方还曾来回跋涉过好几次。所以，“二万”里绝非夸张。不夸张而自然惊人，愈觉其壮。过去的词人中辛弃疾最喜作壮语，但像“八百里分麾下炙，五十弦翻塞外声”[①]之类，比起毛泽东同志的这两句来，气魄显然差远了。

红军走了二万里，战胜了途中所遇到的一切严重困难，事实已经证明红军是英雄好汉。可是，毛泽东同志又提出了进一步的要求：“不到长城非好汉”，这是一个响亮的口号，它集中地体现了当时红军的共同愿望，它也鼓舞了所有的战士，使他们更加坚定信心，鼓足勇气，在已经取得辉煌胜利的基础上争取更大的胜利。特别值得注意的是，这一口号在当时还有着极其重大的政治意义。这里需要简单地讲一点历史。原来1935年1月遵义会议以后，毛泽东同志率领中央红军继续北上，经过许许多多的战斗，终于在6月中旬，与川陕区的第四方面军在川西懋功（今小金）会合。这时在第四方面军工作的张国焘坚持右倾机会主义的逃跑路线，不接受毛泽东同志的多次教导和劝告，不服从党中央北上抗日的命令，擅自率领一部分红军向川康边境退却，后来甚至宣布成立伪中央，进行叛党活动和分裂阴谋。几经挫折，使红军受到了重大损失。当时，党中央和毛泽东同志同张国焘进行了坚决的斗争，坚持北上抗日的主张，终于取得了胜利。“不到长城非好汉”，就这一斗争来说，是一个伟大的号召，因为长城有一部分蜿蜒于陕北一带，而陕北正是抗日的前线，也正是红军预定要到达的目的地，所以“不到”句就是说不到陕北，不坚决贯彻北上抗日的主张，就不能算真正的英雄好汉。由此可见，这句话有着具体的政治内容和巨大的教育作用。如果仅仅看成一般的壮语，那就是对它的深刻涵义还没有

① 这是《破阵子·为陈同父赋壮词以寄之》里的两句，词见《稼轩长短句》卷八，古典文学出版社1957年影印本。

很好地理解了。

以上四句，已经说到攀越情事，但还是暗写。“六盘山上高峰”句才点明本题，补出攀越之处。这一句同《会昌》词的换头极其相似，但下一句却完全不同。那里就山写去，这里不再说山，而以特笔描写红旗，显得非常突出。“漫卷西风”的“漫”字，有丰富的涵义，值得细加体会。“漫”是自由自在的意思。当时红军战士，千军万马，云集六盘山一带，把红旗高高地插在山的顶峰，让它舒卷自如，这说明了什么呢？红旗是革命的旗帜，是胜利的象征，红旗从井冈山一直打到六盘山，这就说明了革命正在发展，长征已经取得重大胜利，马克思列宁主义具有不可战胜的力量，而帝国主义及蒋介石等辈则是完全无用的；这也说明了党所领导、教育的红军有着顽强的革命乐观主义精神，即使经历了千辛万苦，仍然胸怀坦荡，屹立不摇，充分地表现了高度的自豪感。这些意义都从“漫”字逗出，这又是词约义丰的一例。“红旗漫卷西风”，有人译成“红旗在西风中自由自在地舒卷着”，有人则译为“红旗随意地卷着西风”。后一译法，把“西风”看成是被“红旗”卷来的，这就更显出红旗的威力，句子也似乎更为劲健有力了。

“长缨”象征坚强的革命力量；“在手”是说有信心，有把握；“苍龙”指当时的敌人。这两句是说红军到达六盘山，打开了新局面，胜利已经在望，这好像是有了长缨在手，就不愁缚不住苍龙了。“何时”句，故用问句，推宕有味。这一句不是对革命终将取得胜利还有什么疑问，而是表示战士们奋勇争先渴望杀敌的急切心情。“革命力量”、“反动势力”一类的词语写进旧体词里都不容易，毛泽东同志用“长缨”、“苍龙”等字面来表示，既贴切，又新鲜。这种创造性地使用固有词语，也是非常值得学习的。

全词雄浑豪放，磊落英多，充分表现了伟大领袖和红军战士坚定的革命意志和豪迈的思想感情，是一首极富感染力量的杰作。有人说：词中充满着革命乐观主义情绪、远大的预见和坚强的自信。它是战斗前进的胜利鼓吹曲，是振奋人心、激扬斗志的宣言书。读了它，一种无坚不摧、奋发有为的意志不禁油然而生[①]。又说：当时

① 1961年10月8日，《中国青年报》刊登毛泽东同志为宁夏回族自治区同志所写的此词手稿，后附报纸编者所加按语。这里所引就是按语里的话。

的“苍龙”早已被我们缚住，帝国主义、封建主义、官僚资本主义在中国的反动统治早已被我们推翻。但是，对于崇高伟大的共产主义事业来说，这还只是万里长征的第一步。在我们面前，还有一个一个的“六盘山”等待我们去攀登，还有大大小小的困难需要我们去征服。现在，重温毛泽东同志这首词，就好像面聆毛泽东同志的教导一样。毛泽东同志充满革命乐观主义的伟大豪语，依然像二十几年前激励着我们、鼓舞着我们①。这两段话说得很好，我读《六盘山》词，也有同样的感想。

【备考】

1961年9月30日，《宁夏日报》刊载了毛泽东同志手书的《六盘山》词，并在词后加了一个《编者注》；此外，还刊出了以《毛主席走过的地方》为题的专页，介绍六盘山的各项情况。读此词时，可取以参考。

沁园春·雪

一九三六年二月

北国[1]风光[2]，千里冰封[3]，万里雪飘。望长城内外，惟余莽莽[4]；大河[5]上下，顿失滔滔[6]。山舞银蛇[7]，原驰蜡象[8]，欲与天公[9]试比高。须[10]晴日，看红装素裹[11]，分外[12]妖娆[13]。　　江山如此多娇，引无数英雄竞折腰[14]。惜秦皇[15]汉武[16]，略输文采[17]；唐宗[18]宋祖[19]，稍逊风骚[20]。一代天骄[21]，成吉思汗[22]，只识弯弓[23]射大雕[24]。俱往矣[25]，数风流人物[26]，还看今朝。

【注释】

[1] 北国：北方。

[2] 光：风景；景色。

[3] 冰封：为冰所封闭。

① 也是上引按语里的话。

［4］莽莽：无边无际的样子。

［5］大河：指黄河。古代以“河”为黄河的专称，也称大河。

［6］滔滔：大水滚滚流动的样子，也用来形容水势的盛大。

［7］山舞银蛇：披覆着白雪的群山，蜿蜒夭矫，宛如银色的长蛇在舞动。

［8］原驰蜡象：原注：“‘原’指高原，即秦晋高原。”按：这句话是说为白雪掩盖的秦晋高原，丘陵起伏，好像蜡色的象群在奔驰。秦晋高原，“秦”指陕西，“晋”指山西。陕西省的大部分和山西省的全部都是高原地带（属黄土高原），地理书上称为秦晋高原。又按：“蜡象”，毛主席手稿原作“腊象”，“腊”指古代的真腊国（今柬埔寨及越南、泰国各一部），其地产象，故云“腊象”。后改“蜡象”，指白色的象。此从改定稿。

［9］天公：本指天帝，这里指天。

［10］须：待，等到。

［11］红装素裹：红装本指女子盛妆。古乐府《木兰诗》：“当户理红妆。”这里是说太阳的红光。素裹本指穿着素色的丝绢。这里是说白雪包裹着大地。“红装素裹”，指红日和白雪上下交辉的艳丽景色。

［12］分外：格外；特别。分，读fèn。

［13］妖娆：娇媚艳丽。

［14］折腰：原谓拜揖，引申为倾倒、崇敬之意。

［15］秦皇：指秦始皇嬴政（公元前259年—前210年）。秦始皇只称秦皇，这是所谓“节缩”，古书中常有此例。如荣启期只称荣期，东方朔只称东朔（或方朔），诸葛亮只称诸葛之类就是。下文汉武、唐宗、宋祖，也与此同。

［16］汉武：指汉武帝刘彻（前157年—前87年）。

［17］略输文采：才华稍为差一些。文采，本指辞采、才华。这里就秦皇、汉武说，兼有文治的意味。文治包括政治、经济、文化等方面的成就。

［18］唐宗：指唐太宗李世民（598年—649年）。

［19］宋祖：指宋太祖赵匡胤（927年—976年）。

［20］稍逊风骚：与“略输文采”意义大致相同。风骚，本指

《诗经》和《楚辞》（“风”是《诗经》里的十五国风，“骚”是《楚辞》里的《离骚》，后来用以代表这两部书），引申来用做文学作品的代称。这里指文藻，也含有兼指文治的意味。

［21］天骄：“天之骄子”的略语。汉朝人称北方的匈奴为天之骄子，意思是说匈奴为天所骄纵宠爱，故能如此强盛。《汉书》卷九十四《匈奴传》：“胡者，天之骄子也。”胡，指匈奴。以后相承指与汉族相对抗的外族为天骄。

［22］成吉思汗：即元太祖（1155年—1227年），姓乞颜特·博尔济锦，名铁木真。成吉思汗是他的尊号。汗是“可汗”（kèhán）的略语，本读平声，这里读去声。

［23］弯弓：引弓，拉满弓准备放箭。

［24］射大雕：雕一作鵰，是一种比鹰更猛的鸟。《史记》卷一〇九《李将军列传》：“生得一人，果匈奴射雕者也。”又北魏秦王干、北齐斛律光、隋长孙晟、唐高骈等都有射雕事，分见各史本传。按：雕鸟飞得又高又快，不易射中，所以古代每以射雕为能手。

［25］俱往矣：都已过去了。

［26］风流人物：本指举止潇洒、富有才华的人。这里指杰出的英俊人物，如战斗英雄、劳动模范之类。

【赏析】

1945年秋，毛泽东同志在重庆与国民党进行和平谈判，柳亚子先生索句，毛泽东同志手书此词以赠，有人因认为即作于此时。然考柳先生和词手稿云：“次韵和毛润之初行陕北看大雪之作，不能尽如原意也。”①润之，毛泽东同志字。据此，则实作于初到陕北时。那时毛泽东同志率领中央红军与陕北红军会合还只有几个月，所以说是“初行”，若是作于1945年，那已是相隔10年，绝不能说是“初行”了②。

这首词的题目是“雪”，词中描写了北方的大雪。北方下雪是不同于南方的。作者首先抓住了这个区域性的特色，一开始就写出了

① 见《柳亚子诗词选》卷首影印的柳亚子先生手迹。

② 1961年10月22日《文汇报》，有《渝州叶正黄》一文，对毛泽东同志此词的写作年代有较详细的考证，可以参看。

一个漫天飞雪、遍地坚冰的壮伟的场面。首句指明地点，虽是泛说，却有笼罩全局的作用。二三两句紧承起句，写得十分开阔，有了这两句就把第一句所说的“风光”落实了。“千里”、“万里”，极言降雪地区之广；“冰封”、“雪飘”，极写严冬寒威之烈。这八个字是对北方大雪的特殊景象作总的描写，有很强的概括力，语势也错落有致。“望长城”以下七句，进一步描写“北国风光”的具体内容。“望”字是领字[①]，从“长城”一直贯到“试比高”，表明这些都是眺望所见。作者眺望时，想是置身高处，站得高所以望得远。当时望见了长城，可是它已改变了本来面目，内外相连，形成苍莽无尽的白茫茫一片；望见了黄河，可是它的上下游全结了冰，也已失去了过去那种滔滔滚滚的气势；又望见了一些山和秦晋高原的丘陵，它们连绵起伏，有的像银色的长蛇在舞动，有的像蜡色的象群在奔跑，而且都一眼看不到边际，望去像是同远处的天空比高似的。这几句没有一个字说雪，但却句句是雪，而且句句是北方的大雪，他处挪移不得。“银蛇”、“蜡象”是形象化的比拟，给人以鲜明生动的感觉。“余”字“失”字“舞”字“驰”字，也都下得贴切精工，一字抵人千百。这几句不但写出了雪的外貌，同时也写出了雪的气魄，雪的精神。静止的大自然，一经诗人妙笔点染就活起来了。前人常说：诗中有画。其实毛泽东同志的诗词与其拿画来比拟，还不如拿电影来比拟。就像这里的几句不就是一些极其逼真、极其动人的镜头吗？

当前的雪景，上面几句已经写足。“须晴日”以下，妙在又从雪后着笔，设想出红日白雪交辉互映的奇丽景象，使人仿佛看见溶溶漾漾的一片晴光。这三句同上面的十句比起来，一实一虚，一详一略，用笔灵活变化，绝不板滞。“分外妖娆”四字，极赞景色之美，这是指雪晴而言，但也连带地赞美了大雪正落时。因为已晴之后既然“分外妖娆”，那末，未晴之前当然也是“妖娆”的。我们读到这里，还可以进一步推想：冬天的景色如此，那末，春天更可知；北方的景色如此，那末，南方又可知。作者对祖国大好河山的无限热爱，正是从这些地方可以参会出来。

---

① 领字是一句或几句领头的字。用以提起下文。如柳永《八声甘州》词“对潇潇暮雨洒江天”、“渐霜风凄紧”、“叹年来踪迹”等句里的“对”、“渐”、“叹”等字就都是领字。

换头"江山如此多娇"，一方面总束上段，一方面又领起下文，是一篇中关键性的句子，过渡得极为巧妙。"引无数"句的"引"字，也接得又自然，又挺劲。江山既然如此多娇，英雄们倾倒备至，是当然的结果，因此说"自然"。上面是写景，此句转入评论人物，更端另生新意，有异军特起之势，因此说"挺劲"[①]。"无数英雄"四字，包括了历史上所有的杰出人物，下面所举的秦皇、汉武等人只是几个代表而已，但也已经足以概括其他。"惜"字也是领字，以下接连铺叙七句，而又分三层，同上段"望长城"七句结构相同。但那里是空间的描写，这里是时间的叙述；那里是静中有动，这里是夹叙夹议。就笔势论，都是气盛言宜，累累如贯珠，各极兴酣墨饱之致。秦皇以下几个人，都是旧时代的英雄，他们在当时虽说雄才大略，不可一世，但拿今天的眼光来看，文采风流仍觉不足；成吉思汗有武功而无文治，那就更差一些。"略输"、"稍逊"和"只识"，同是评价古人，而意存分别，造语遣词，极有分寸。"俱往矣"一句，撇开过去，用虚字"矣"以唱叹出之，韵致绝佳。"数风流"二句，折入今天，热情洋溢地歌颂了新时代，歌颂了新时代的风流人物，从这里可以看出作者对祖国的伟大未来的坚强的自信。全词至此结束，结得兴会淋漓，有余不尽，更是意味深长，精神振动。

这首词是咏雪的词，也就是所谓"咏物词"。咏物词向来公认难作。如宋张炎就说："诗难于咏物，词为尤难。"[②]清彭孙遹说："咏物词极不易工。"[③]吴衡照也说："咏物虽小题，然极难作。"[④]为什么难作难工呢？第一，咏物总要刻画，总要写得像这个"物"，不能可彼可此，咏白梅的也可以移来咏梨花。但是，如果刻画得太多了，太像了，却又不好。这是因为过于刻画，过于求"像"，就不免堆砌典故，堆砌词藻，寸步不离，唯恐失之，结果雕绘满纸，写得像谜语一样，毫无韵味。清况周颐说："问：咏物如何始佳？答：未易言佳，先勿涉呆。一呆典故，二呆寄托，三呆刻画、呆衬托。去斯三

① 况周颐《蕙风词话》卷一："换头另意另起，笔宜挺劲。"（人民文学出版社1960年排印本）

② 《词源》卷下，《词话丛编》本。

③ 《金粟词话》，《词话丛编》本。

④ 《莲子居词话》，《词话丛编》本。

者，能成词不易，矧复能佳?”[①]邹祗谟说：“咏物固不可不似，尤忌刻意太似。”[②]这些话正好说明这个道理。第二，咏物词写得不即不离，不粘不脱，似此物又不似此物，已经很不容易，但即使到此地步，也还不是上乘。这是因为只在圈子里打转，没有跳出圈子外，能“取形”还不能“取神”[③]，所以读起来总觉气度局促，意尽于词，没有弦外之音，味外之味。况周颐说，“名手作词，题中应有之义，不妨三数语说尽，自余悉以发抒衿抱。”[④]又说：“题中之精蕴，佳；题外之远致，尤佳。”[⑤]刘熙载说：“昔人词……咏物隐然只是咏怀，盖其有我在也。”[⑥]这些话恰好又说明了另一道理，那就是咏物词必须既能尽“题中精蕴”，又能有“题外远致”；而要有题外远致，又必须把咏物咏怀打成一片，描写抒情合而为一，使咏物之中隐然有作者的思想感情志趣个性乃至整个人格在。这样，主客观完全统一，咏物而不为物所拘，意境气魄自然就深厚阔大，韵味丰神也自然就隽永闲远了。

我们拿上面所引词家的理论来比照毛泽东同志的这首词，显然可以看出它完全符合咏物词的传统要求。它的上段描写北方雪景，工丽而又阔大，已把题中精蕴抉发无遗；下段由江山谈到人物，不再拘泥于咏雪，而意气风发，议论纵横，作者的识见、衿抱、理想都从字里行间很自然地流露出来，题外远致更令人挹之不尽。尤其难得的是，“雪”是个极熟的题目，咏雪之作，光是词也就有不少脍炙人口的作品。可是，毛泽东同志此词，脱尽前人窠臼，精工而不纤巧，豪放而不粗疏，且全词一气呵成，组织绵密，又有新思想贯串其中，读了使人奋发向上，得到极大的鼓舞。在咏物词中达到了最高最美的境界，可以说是无上上乘。此词一出，即流传万口，被推为古今绝唱，柳亚子先生在和词中也盛致推许[⑦]，这实在不是偶然的。

---

① 《蕙风词话》卷五。

② 《远志斋词衷》，《词话丛编》本。

③ “取形不如取神”，也是《远志斋词衷》里论咏物词的话。

④ 《蕙风词话》卷一。

⑤ 《蕙风词话》卷五。

⑥ 《词概》，《词话丛编》本。

⑦ 见《备考》。

【备考】

《柳亚子诗词选》有柳亚子先生和毛泽东同志词，附录于次，以资读者并玩：

沁园春

次韵和毛润之初行陕北看大雪之作，不能尽如原意也。

廿载重逢，一阕新词，意共云飘。叹青梅酒滞，余怀渺渺；黄河流浊，举世滔滔。邻笛山阳，伯仁由我，拔剑难平块垒高。伤心甚，哭无双国土，绝代妖娆。　才华信美多娇，看千古词人共折腰。算黄州太守，犹输气概，稼轩居士，只解牢骚。更笑胡儿，纳兰容若，艳想秾情着意雕。君与我，要上天下地，把握今朝。

七律·和柳亚子先生[1]

一九四九年夏

饮茶粤海[2]未能忘，索句[3]渝州[4]叶正黄[5]。
三十一年还旧国[6]，落花时节[7]读华章[8]。
牢骚[9]太盛防肠断[10]，风物[11]长宜[12]放眼量[13]。
莫道昆明池水[14]浅，观鱼胜过富春江[15]。

【注释】

［1］柳亚子先生（1887—1958）：江苏吴江人，初名慰高，后更名弃疾，字安如，改字亚庐、亚子。早年积极参加旧民主革命，为南社（清末著名文学社团之一，1909年成立）发起人之一。后又参加新民主主义革命，奔走颇力。1949年，中华人民共和国成立以后，当选为中央人民政府委员和全国人民代表大会常务委员会委员。一生尽力于诗词的创作。早年所作，声情激越，富有爱国精神。后期颇多反对旧统治、歌颂新社会、赞扬无产阶级革命战士的作品。曾著《磨剑室诗集·词集·文集》，有《柳亚子诗词选》行世。

［2］粤海：广州。广州，古粤（字又作越）地，又滨海，故称

粤海。

［3］索句：求毛泽东同志的作品。

［4］渝州：重庆。隋唐时置渝州，即今重庆地。

［5］叶正黄：指秋天。

［6］三十一年还旧国：毛泽东同志第一次到北京，在1918年9月间，到1949年3月再到北京，相隔已31年。旧国，旧都。古时称都邑叫“国”。时北京尚未建都，故称“旧国”。

［7］落花时节：指春天。杜甫《江南逢李龟年》诗：“落花时节又逢君。”

［8］华章：华美的篇章，对别人作品的敬称。

［9］牢骚：烦闷；抑郁不平。

［10］肠断：形容极度悲伤。江淹《恨赋》：“行子肠断，百感凄恻。”

［11］风物：景物。陶潜《游斜川》诗：“天气澄化，风物闲美。”

［12］长宜：常应。

［13］放眼量：放眼，扩大眼界，放宽尺度；量，衡量。

［14］昆明池水：昆明，指北京西郊颐和园内的昆明湖，本名西湖，清乾隆时改今名。昆明湖的取名，本于汉武帝时在京城长安穿凿的昆明池。杜甫《秋兴八首》之七：“昆明池水汉时功。”所以这里也称“池水”。

［15］富春江：浙江省的主要河流，在桐庐、富阳两县间的一段，叫富春江，下接钱塘江。东汉初，隐士严光（字子陵，余姚人）曾游钓于此。诗里的富春江是用来比柳亚子先生的家乡吴江的分湖的。柳先生诗有“分湖便是子陵滩”之句，所以毛泽东同志就用富春江来做比。

【赏析】

柳亚子先生是一位典型的诗人，他有热烈的感情，豪放的才气，卓越的器识，一生写了许多好的诗词。尤其难得的是，他不仅是诗人，而且还是革命家。从清末以来，他就积极参加革命活动，早年追随过孙中山先生，后来又倾向马克思主义，特别景仰毛泽东同志[①]，思想能够随着时代不断进步。他对帝国主义和国民党反动派深恶痛绝，一直不屈不挠地进行着坚决的斗争。这样的诗人，不是一般吟风弄月的文士，而是爱国的、进步的、有骨气的、爱憎分明的战士。他大节凛然，有着可贵的性格。毛泽东同志很看重这样的诗人，因而同他有交往，有唱酬，这首诗就是赠给他的。

谈到交往，应该约略地叙述一下毛泽东同志和柳亚子先生之间的一段友谊，因为这同理解这首诗很有关系。

到这次赠诗的时候为止，毛泽东同志和柳亚子先生一共有过三次聚会。第一次在广州，时间是1926年的春天。那时毛泽东同志正主持著名的农民运动讲习所，积极从事革命活动，柳亚子先生也因参加国民党的中央会议而来广州，所以彼此见了面。第二次在重庆，时间是1945年抗日战争胜利以后。当时，毛泽东同志为了满足全国人民的喁喁热望，抱着大无畏的精神，由陕北飞到重庆，同国民党进行和平谈判。而柳亚子先生恰巧也在重庆，于是又见了面。这一次，柳亚子先生曾写了一首七律呈毛泽东同志并索句，毛泽东同志也手书有名的《沁园春·雪》词送他，后来还约他到红岩村八路军办事处谈过一次话。在这两次会晤的中间一段时间以及第二次会晤以后，柳亚子先生有好几次寄诗给毛泽东同志，毛泽东同志也有回信，双方文字上的来往是不少的。1949年2月底，柳亚子先生应毛泽东同志电召由香港北上，3月18日到北平（时尚未建都改名），25日，毛泽东同志莅平，柳亚子先生到机场迎迓，这就第三次会见了毛泽东同志。这天夜里，毛泽东同志宴客于颐和园益寿堂，柳亚子先生也应邀参加，归后写了三首诗，里面有几句说："二十三年三握手，陵夷谷换到今兹。珠江粤海惊初见，巴县渝州别一时……"[②]这几句话恰好地把三次会晤都说到了。过了几天，柳亚子先生写了一首《感事呈毛主席》[③]。4月29日，也就是写诗的一个月

① 柳亚子先生在与毛泽东同志会见的前两年，即1924年，曾有《空言》一诗云："孔佛耶回付一嗤，空言淑世总非宜，能持主义融科学，独拜弥天马克思。"（《柳亚子诗词选》，人民文学出版社1959年版，第53页）可见柳亚子先生很早就倾向马克思主义了。毛泽东同志到陕北后，他又多次寄诗延安，尤见景仰之深。

② 《柳亚子诗词选》，人民文学出版社1959年版，第194页。

③ 《柳亚子诗词选》，人民文学出版社1959年版，第197页。

之后，游园归来，就得到毛泽东同志赠他的诗。这就是这首七律[①]。

诗的起句，首先就提到第一次聚会。柳亚子先生1941年寄诗给毛泽东同志，有句云："云天倘许同忧国，粤海难忘共品茶。"[②]也提到"品茶"，也说"难忘"，可见这一次双方留下的印象都是很深的。到过广州的人都知道那里有许多茶楼，可以品茗谈心。毛泽东同志和柳亚子先生大概就是在这种茶楼里欢会高谈的。次句接着写第二次聚会。这一次，毛泽东同志在重庆耽搁了40多天，同柳亚子先生交往较多，柳亚子先生写了好几首诗，其中一首云："阔别羊城[③]十九秋，重逢握手喜渝州。弥天大勇诚能格，遍地劳民战倘休。霖雨苍生新建国，云雷青史旧同舟。中山卡尔[④]双源合，一笑昆仑顶上头。"[⑤]诗里对毛泽东同志赤心为民为国、毅然来渝谈判的伟大精神极为推崇，可以说是"情见乎辞"。又一首云："后车载我过磻溪，骏骨黄金意岂迷……最难鲍叔能知管，倘用夷吾定霸齐。心上温馨生感激，归来絮语告山妻。"[⑥]又一首云："得坐光风霁月中，矜平躁释百忧空。与君一席肺肝语，胜我十年萤雪功……"[⑦]此外，柳亚子先生还有几首诗，有的是得到毛泽东同志手书之后写的，有的是题毛泽东同志绘像的[⑧]，有一诗里面说："冠裳玉帛葵丘会，骥尾追随尚许从。"[⑨]从这些诗里显然可以看出毛泽东同志对柳亚子先生的极为深刻的影响，也可以看出柳亚子先生对毛主席的五体投地的倾倒。这些都是在重庆时的事，可见"索句渝州"句可以连带地引起许多回忆，有着丰富的内容，不是仅仅指手写《沁园春》词相赠一事而言。这一句的"叶正黄"，明点出秋天。第一句没有说时间，

---

① 柳亚子先生有《四月二十九日上午，偕鲍德作园游，归得毛主席惠诗，即次其韵》诗（《柳亚子诗词选》第205页）。据此，知毛泽东同志赠诗在此时。

② 《柳亚子诗词选》，人民文学出版社1959年版，第108页。

③ 广州古称五羊城，也简称羊城。

④ 中山、卡尔，指孙中山、马克思。

⑤ 《柳亚子诗词选》，人民文学出版社1959年版，第143页。

⑥ 《柳亚子诗词选》，人民文学出版社1959年版，第148页。

⑦ 《柳亚子诗词选》，人民文学出版社1959年版，第148页。

⑧ 《柳亚子诗词选》第148页，第149–151页有《十月六日得毛主席书问佩宜无恙否，兼及国事，感赋二首，再用溪中韵》、《十月六日题毛主席之绘像》及《十月七日，毛主席书来，有"尊诗慨当以慷，卑视陈亮、陆游，读之使人感发兴起"云云，赋赠一首》等三首。

⑨ 《柳亚子诗词选》，人民文学出版社1959年版，第151页。

但据柳亚子先生一首诗里的自注“1926年春夏之交，余与季恂、绍裘暨超弟先后赴广州”[1]，又据何香凝先生《纪念柳亚子先生》一文所记“一九二六年中山舰事件发生之后，蒋介石暴露了他背叛革命的阴谋，当时会议（指国民党二届二中会议）尚未闭幕，亚子先生就离开广州了”[2]；可知毛泽东和柳亚子先生在广州会晤，大约在3、4月间，至迟在5月。因为5月下旬国民党的会议就闭幕了[3]。

三四两句，写第三次聚会，用流水对法[4]，语势流走，最是律诗中高格。上文提到，柳亚子先生3月28日曾经写了一首《感事呈毛主席》，“华章”大概即指此[5]。这首诗说：“开天辟地君真健，说项依刘我大难。夺席谈经非五鹿，无车弹铗怨冯欢。头颅早悔平生贱，肝胆宁忘一寸丹！安得南征驰捷报，分湖便是子陵滩。”自注：“分湖为吴越间巨浸，元季杨铁崖曾游其地，因以得名。余家世居分湖之北，名大胜村。第宅为倭寇所毁，先德旧畴，思之凄绝！”[6]诗题中的“感事”，不知何指，但就全诗来看，却是大发牢骚，很有情绪。柳亚子先生多年奔走革命，向往中国共产党和毛泽东同志，这次真个到了北平，看到全国即将解放，革命大业即将完成，照说应该欢欣鼓舞兴高采烈的——柳亚子先生在北上途中写了许多诗也确乎表现了这种心情。可是，到写这首诗的时候，不知为什么，心里忽而有了另外的想法。细玩诗中“说项依刘我大难”以及“无车弹铗”、“头颅早悔”等句，似乎对自己的政治待遇还不够满意。末句“分湖便是子陵滩”，更是明白说出要回家乡做隐士，大有怏怏之意。这大约仍是旧知识分子患得患失的常态，心胸既狭隘，眼界就不广，对当时的大好形势没有足够的认识；对自己也缺乏恰如其分

① 《柳亚子诗词选》人民文学出版社1959年版，第207页。季恂，性朱；绍裘，姓侯。

② 1959年6月21日《人民日报》第8版。

③ 柳亚子先生自己虽说是“春夏之交”，但据何香凝先生此文，实在春季。

④ 诗中属对的上下两句，意思连贯而下的，叫流水对。

⑤ 柳亚子先生在北上途中以及到平以后，写了很多的诗。这些诗也许都送给毛泽东同志看过。但玩“牢骚太盛”之句，“华章”似只指《感事呈毛主席》一诗。

⑥ 《柳亚子诗词选》，人民文学出版社1959年版，第197页。

的衡量。这样，思想上有些问题想不通，是很自然的[①]。

五六两句，正是针对柳亚子先生的这种思想情况而发的。“牢骚太盛防肠断”，是说不要感情易于冲动，遇到小不如意就发牢骚以致影响健康（当时柳亚子先生已经是63岁的高龄，健康状况并不好）；“风物长宜放眼量”，是说对于一切事物都要看得远些，看得全面些，不要只把眼光局限于个人的得失和眼前的利益上。事事能从大处着想，从几亿人民出发，小我的一切自然就渺小不足道了。这两句，特别是后一句，不但对柳亚子先生是很好的箴规和开导，就是对一切思想还没有改造好的人也都有深刻的教育意义，简直是可以当作座右铭的。

结尾两句又针对柳亚子先生归隐的想法提出劝告。吴江分湖的风景虽然比得上富春江，但严子陵式的人物已经不是今天所需要的了。毛泽东同志电召柳亚子先生北上，是要他参加人民政治协商会议共襄大计的，柳亚子先生在政协里大可施展长才，何必回去垂钓呢？国家初建，经纬万端，又哪里是隐居的时候呢？这两句是诗的语言，它只拿昆明湖和富春江来做对比，就把上面这些意思又具体又委婉地表现出来；孰得孰失，何去何从，也显然说得再明白没有了。柳亚子先生得诗之后，接连和了好几首，其中有句云：“昆明湖水清如许，未必严光忆富江。”[②]又云：“昌言吾拜心肝赤……风度元戎海水量。倘遣名园长属我，躬耕原不恋吴江。”[③]又云：“名园真许长相借，金粉楼台胜渡江。”[④]这些句子都说明了柳亚子先生对毛泽东同志十分感戴、十分心折，南归之意很快地就打消了。

这是一首友朋间来往的诗，可是，却不同于一般酬应之作。诗中有往事的追忆，有友谊的叙述，有深厚而真挚的感情，有精邃而透辟的哲理，读了使人自然眼界开阔，心气和平。感染力和说服力

① 柳亚子先生有《次韵和必武见寿新诗，分寄毛主席及伯渠、玉章、特立、弼时、恩来、颖超诸同志》诗，里面说：“平生管乐衿期在，倘遇桓昭试一匡。”（《柳亚子诗词选》，人民文学出版社1959年版，第134页）他自比管仲、乐毅，希望遇到像齐桓公、燕昭王那样的人，能把大权交给他，让他试一试一匡天下的本领。这样的想法显然是对时势、对自己都没有作出正确的估计，自然也就不能实现；既不能实现，于是发牢骚，想回乡，可见这些都是思想问题。

② 《柳亚子诗词选》，人民文学出版社1959年版，第205页。

③ 《柳亚子诗词选》，人民文学出版社1959年版，第208页。“名园”指颐和园，时柳先生寓居园内。

④ 《柳亚子诗词选》，人民文学出版社1959年版，第208页。

之强，可以说是各造其极。对这种诗，多读，多领会，它的好处是会终身受用不尽的。

浣溪沙·和柳亚子先生

一九五〇年十月

一九五〇年国庆观剧，柳亚子先生即席赋《浣溪沙》[1]，因步其韵奉和[2]。

长夜[3]难明赤县[4]天，百年魔怪舞翩跹[5]，人民五亿不团圆[6]。　一唱雄鸡天下白[7]，万方[8]乐奏有于阗[9]，诗人兴会更无前[10]。

【注释】

[1] 即席赋《浣溪沙》：即席，当场。赋，是写作的意思。文人作诗填词也有时说“赋”。柳亚子先生所写的词，见“备考”。

[2] 因步其韵奉和：步韵是和韵的一种。和韵就是用别人诗词中的原韵，又分三种：(1) 依韵，即与原作同在一韵中而不必用原字；(2) 次韵，即用原韵，连先后次序也相同；(3) 用韵，即用原韵而不依照它的次序。步韵就是次韵，一步一趋，像人行步相随，所以叫步韵。奉和，奉是敬称，用于动词前。和，指作和词。

[3] 长夜：漫长的黑夜。宁戚《饭牛歌》：“长夜漫漫何时旦?”(《古诗源》卷一，《文选》卷十八《啸赋》注，“漫漫”作“瞑瞑”。)

[4] 赤县：《史记》卷七十四《孟子荀卿列传》：“中国名曰赤县、神州。”后来因用为中国的别称。

[5] 百年魔怪舞翩跹：百年，从1840年鸦片战争起到1950年已经有一百多年，“百年”是举成数。魔怪，指帝国主义及国内各式各样的反动统治者。翩跹（读piānxiān，也作蹁跹，跰跹），舞的样子。《文选》卷四左思《蜀都赋》：“纡长袖而屡舞，翩跹跹以裔裔。”

[6] 人民五亿不团圆：我国人口，据1954年11月国家统计局公布，共六亿一百九十三万余人。1950年尚未全面调查，所以这里根据当时的估计数说是“五亿”。不团圆，是说各族人民在国内外反动

势力统治之下，不能亲密地团结在一起，过着美好幸福的生活。

［7］一唱雄鸡天下白：李贺《致酒行》："雄鸡一声天下白。"（《李长吉歌诗》卷二）

［8］万方：过去指万国万族，这里是说各地、各族。

［9］于阗（Yútián）：汉代西域诸国之一，在今新疆维吾尔自治区。这里指新疆文工团演奏的音乐。

［10］兴会更无前：兴会，兴致、兴趣。无前，没有比它上前的，即达到极点之意。"兴会更无前"，是说兴致好极了。

【赏析】

1950年国庆节，是中华人民共和国成立以后的第一个国庆节，首都开展盛大的庆祝活动。10月3日，各少数民族的文工团在怀仁堂联合举行歌舞晚会，毛泽东同志和老诗人柳亚子先生都出席观看。柳亚子先生当场填了一首词，描写当时的盛况。毛泽东同志也和了一首，这就是上面的这首《浣溪沙》。

词从旧中国多灾多难的时代写起。"长夜难明赤县天"，只一句就既写出过去那一段历史时期的漫长和黑暗，也写出广大人民盼望光明的焦急和殷切，"长"字"难"字表现了多么深沉的感慨！自1840年鸦片战争以来，中国人民在帝国主义和国内反动统治势力的双重压迫之下，一直过着水深火热的生活，号叫呻吟，痛苦达于极点。中间虽然经过不断挣扎、反抗、斗争，但都归于失败。这"夜"确实是太"长"了。"百年"句，紧承着"长夜"来。"百年"正是"长夜"的具体说明。"魔怪"是妖魔鬼怪，是吃人无厌的东西。这些东西就是骑在人民头上的国内外反动派。在旧中国，反动派多得很。就国外说，有来自欧美的，来自日本的，大大小小的帝国主义；就国内说，有清王朝，有北洋军阀，有蒋帮等等。在一百多年的历史时期中，这些东西，有时此起彼伏，有时串通一气，但不管怎样，它们总是飞扬跋扈，横行霸道，穷凶极恶，肆无忌惮，做尽了一切坏事。毛泽东同志用"魔怪舞翩跹"五个字穷形尽相地描绘了这些东西的罪恶勾当和狰狞面目，使我们仿佛看到了一幅"群丑跳梁图"，真够怵目惊心的！这些东西既然如此猖狂得意，人民的灾难自然异常深重。"人民五亿不团圆"，正是说明了这一点。

“不团圆”可以做三种解释：一是指各族之间不能和睦相处；一是指全国分崩离析像一盘散沙，团不到一块儿；一是指人民被压迫被剥削不能安居乐业，也享受不到民主、自由。就填词的实际情况说，也许侧重第一种，因为当时看到各民族的文工团欢聚一堂，既歌且舞，因而想到过去不可能如此，这是很自然的。但这三种意思并不互相排斥，倒是结合起来，才可以更全面地看出“不团圆”的涵义。从清王朝到蒋帮，都是实行民族压迫政策的，对许多兄弟民族一直是歧视和迫害，有时还制造借口，挑起事端，从而残酷地进行镇压。这样，各族之间自然是不会“团圆”的。至于人心涣散，民生憔悴，更是旧中国的显著的症状，可以不消再说了。一部中国近百年史，千头万绪，从何说起，可是，毛泽东同志只用3句话21个字，就把旧时代的主要特点形象地勾画了出来，这实在是高度的艺术的概括！一二两句，富有象征意味和暗示力量，第三句则用直说，这些地方显出用笔的变化，也值得我们注意。

“一唱雄鸡天下白”七字含有极其丰富的意义，可谓精警绝伦！这一句遥接上段“长夜”句来。“雄鸡”是报晓的，是在长夜的最黑暗的时候就开始叫的。“难明”的漫漫“长夜”在鸡唱不已中终于过去了，光明终于到来了，“天下白”，不就是晴光滉漾的黎明景象吗？这一句是从唐代天才诗人李贺的“雄鸡一声天下白”脱化来的，但这不是因袭，而是飞跃性的点化，具有高度的创造性。郭沫若同志说得好：“（李贺）这句诗是在象征个人一旦得志便可以名满天下。诗句虽然雄奇、有气魄，但只是在个人名利里打圈子。然而一落到主席的词里，那就完全不同了。……到1949年，在党领导下的人民革命终于胜利了，使全中国人民从一百年的漫漫长夜中得见了天日。这就是‘一唱雄鸡天下白’。这里的‘雄鸡’已经不是李贺诗句里的个人英雄主义的‘雄鸡’，而是象征着以马克思列宁主义为旗帜的党。‘雄鸡’的‘一唱’也就象征着党所领导的人民革命的凯歌。这意思是多么深远宏阔啊！所谓‘点石成金’，要拿来比拟这一番的点化过程，显然是不那么恰当的。因而我们把这一点化说为飞跃性的点化，这里表现着时代的飞跃、思想的飞跃、艺术的飞跃。”[①]这是非常正确的说明，可以帮助我们很好地理解这一句。“万方”句可以同上段“人民”句合看。旧中国是各族不能团圆，新中国则是所有的兄弟民族都团结在一个革命大家庭里，亲密无间，融融泄泄。这是几千年历史上从来没有的事，这是党的民族政策的伟大胜利。“万方”指的是各族，“于阗”则只指新疆的少数民族，但举一也就概括了其余。“乐奏”是眼前风光（当时文工团在演奏音乐），通过这一项的描写，也就把晚会上的热闹场面和欢乐气氛表现了出来。“诗人”句，点到柳亚子先生，点到填词。“兴会更无前”是赞诗人，是赞诗人所写的兴会淋漓的词，但也可以扩大一点。郭沫若同志说：“‘诗人’，从词的产生过程上看，固然是指柳亚子先生，但我认为可以解释得更活脱一点。我认为可以解释为毛主席自己，也可以解释为所有能够歌颂革命的诗人或者文艺工作者。文艺工作者是号称为‘灵魂工程师’的，他应站在时代的最前列，做时代的前茅。时代是空前未有的时代，诗人就应该更提高着兴会来歌颂这个时代。毛主席在日理万机之余，却以诗词来表达了更高度的空前未有的兴会，我们专门从事文艺工作的人就应该以主席为师，乘风破浪，使自己不愧为新时代的歌手。”[②]前人曾经说过：有作诗之意，有说诗之意。这就是说，作诗的人有自己的意思，解说诗的人也可以引申推阐，提出自己的看法。这种看法也许符合作者原意，也许不一定符合。但只要不是穿凿附会，对读者都有启发作用，都有好处。上引郭沫若同志的话就是很有启发作用的，我们照他所指点的来理解，一定就会觉得“诗人兴会更无前”这句话的意义非常丰富了。

这首词，上下两段，一写旧中国、旧时代，一写新中国，新时代，两两对比，非常鲜明，写法同《送瘟神》很相似。但《送瘟神》是两首诗，这是一首词，又有不同。《送瘟神》的浪漫主义的气氛很浓重，这一首则是写实的，尽管也用了象征手法。这一点，也是两者不同的。

① 《一唱雄鸡天下白》，《文艺报》1958年第11期。
② 《一唱雄鸡天下白》，《文艺报》1958年第11期。

【备考】

柳亚子先生所作的词，见《柳亚子诗词选》第246页，兹附录于后，以供读者参考。

浣溪沙

10月3日之夕，于怀仁堂观伊南各民族的文工团、新疆文工团、吉林省延边文工团、内蒙古文工团联合演出歌舞晚会，毛主席命填是阕，用纪伟大团结之盛况云尔！

火树银花不夜天，弟兄姊妹舞翩跹，歌声唱彻月儿圆（新疆哈萨克民间歌舞有《圆月》一歌云）。　　不是一人能领导，那容百族共骈阗，良宵盛会喜空前！

又有一首，题云《叠韵呈毛主席》（见上引书第247页），并录如下：

落魄书生戴二天，每吟佳句舞翩跹。愿花长好月长圆。

平等自由成合作，匈奴南诏更于阗，骅骝开道着鞭前。

浪淘沙·北戴河[1]

一九五四年夏

大雨落幽燕[2]，白浪滔天[3]，秦皇岛[4]外打鱼船。一片汪洋[5]都不见，知向谁边[6]？　　往事越千年[7]，魏武[8]挥鞭[9]，东临碣石[10]有遗篇[11]。萧瑟秋风[12]今又是，换了人间[13]！

【注释】

[1] 北戴河：河北省东北部的大镇，在临榆县南，秦皇岛西。地当榆河入渤海处，山明水秀，风景极好，是避暑胜地。

[2] 幽燕：河北省古称幽燕。幽指幽州，燕指燕国。今河北省一带，唐以前属幽州，春秋战国时属燕国。

[3] 滔天：滔是弥漫的意思。滔天，满天，漫天，形容水势盛大，上与天接。《尚书·尧典》："浩浩滔天。"

[4] 秦皇岛：在临榆县西南，三面环海，冬季不冻，是渤海沿岸很好的商港和渔港。相传秦始皇曾因求仙来此，故名。

［5］汪洋：水又深又广，无边无际的样子。

［6］谁边：何处；哪里。

［7］往事越千年：汉献帝建安十二年（公元207年），曹操北征乌桓（鲜卑人的一支，汉末，占领南匈奴的旧地，成为北方的强敌），路过碣石，距写此词时已1 600多年，千年是举成数。

［8］魏武：指魏武帝，即曹操（155—220），汉末谯（今安徽亳县）人，是历史上著名的政治家、军事家，又是杰出的诗人。

［9］挥鞭：摇动马鞭。这里是说骑马经过。

［10］碣石：山名。碣石山的所在，古书中有许多不同的说法。这里指《汉书·地理志》所记的骊成（今河北省乐亭县西南）的大碣石山。这座山汉代还在渤海边，北魏时沦入水中。今河北昌黎县北的碣石山，是另一山。

［11］遗篇：遗留下来的诗篇，指曹操的《观沧海》，见“备考”。

［12］萧瑟秋风：萧瑟，秋风吹动竹树之类的声音。一说，是秋风吹拂的样子。“秋风萧瑟”，是《观沧海》的句子。

［13］人间：人世间。这里指时代、社会或世界。

【赏析】

1957年1月29日，北京《工人日报》影印了毛泽东同志《北戴河》和《游泳》两词手稿，词的前面有致黄任之（炎培）先生的亲笔信，信里说：“去年和今年各填了一首词，录陈审正，以答先生历次赠诗的雅意。”《北戴河》这首词是1954年毛泽东同志在北戴河避暑时写的①。

词的上段写大风雨中的海上景象，劈头第一句，破空而来，起得极为劲健。不说“幽燕大雨落”或“幽燕落大雨”，而说“大雨落幽燕”，突出“大雨”，把它放在显著的地位，使人读了自然会觉得这是一场豪雨，它突然倾盆而下，有着雷霆万钧的声势。“白浪”句，接着写海上“洪波涌起”的巨观。这句表面上似乎只写波浪，但实际上写了大风，这从“滔天”二字可以看出。正因风雨齐来，

① 《诗刊》创刊号发表了毛泽东同志的18首诗词和一封信，信后，编者加了一段《编后记》，里面说：“这十八首诗词是按照创作时期的先后排列的。”

所以波涛汹涌，海天莫辨，看来一片混茫。这两句形象地写出眼前的壮阔景象，声容并茂，气魄雄伟，9个字便抵得上一篇《海赋》①！

“秦皇”以下三句，换笔写渔船。秦皇岛是渔港，平时渔船很多。在这场风雨未起之前，这些渔船大约也正在海上活动。风雨既作，它们也许早已安全归去，也许还在同惊涛骇浪相搏斗；只是一片汪洋，已经无法看见了。“知向谁边”四字，充分表现了伟大领袖对人民生活的关切和系念，这里面流露的感情是多么深厚啊！渔船在大海里，给人的感觉主要的不是船的渺小，而是海的伟大。这里写渔船，写它消失在迷蒙的海面，也使人感到海的寥阔和浩瀚，对整段的气氛来说，是有着衬托作用的。

这一段写大风雨，从陆上写到海上，好像与题目无关，但这些都是从北戴河眺望所见，实际上就是北戴河的景色。北戴河的胜处在观海，出力地描写了海，也就把最主要的特征抓住了。

作者登高望远，看到了许多景物，但等到“一片汪洋都不见”之后，思想活动便又从空间联系到时间，想到历史上一个著名人物也曾来此观过海，而且来时的情况也约略相同。郭沫若同志说；“这里有种种联想，大雨，地望，沧海，秋风，和曹操征乌桓时是相同的……毛主席在写词时因种种客观事物的相同而想到曹操的北征乌桓，这是很值得注意的。”②郭沫若同志指出这些，很能帮助我们理解上下两段意念上的联系。篇中“东临碣石有遗篇”一句也为我们提供了线索。当时毛泽东同志想把眼前所见写成韵语，于是忆起了《观沧海》这首名作，这样，自然就想到曹操以及他的一些事迹了。

下段抒写了怀古的心情，也写了因怀古而引起的感想。第一句“往事”二字领起下文。下面的“挥鞭”、“东临碣石”等等，就是“往事”的具体内容。曹操是一个才兼文武的杰出人物，他在建安年间率领大军北征三郡乌桓：5月，到无终（今河北蓟县）；7月，出卢龙寨（今喜峰口、冷口一带），堑山堙谷，五百余里，过檀河（今河北承德市西）、平刚（今河北平泉县）；8月，越白狼堆（今辽宁凌源县东南），走九百余里，直达柳城（今辽宁朝阳县南），旋在凡

① 木华《海赋》，是古代描写大海的名篇，见《文选》卷十二。

② 《替曹操翻案》，《曹操论集》，三联书店1960年版，第52–53页。

城（也在平泉县境）大败乌桓和袁尚、袁熙兄弟的联军，斩蹋顿单于，俘获了胡汉二十余万人；9月，胜利班师[①]。这次出征是历史上的一件大事，所获得的胜利也是很巨大的。在班师途中，还曾登临碣石，纵观沧海，写下了千古传颂的诗篇[②]。对于这些，这首词里只用“魏武挥鞭，东临碣石有遗篇”两句来写，这是由于小令不容铺叙的缘故。但有这两句，也就把这位“一世之雄”[③]的武功文事完全概括了。试看，挥鞭跃马，登高赋诗，这不是就把历史上的曹操的形象活画出来了吗？

“萧瑟”句有三点值得注意：一是描写节序、风物，这一点显而易见；一是点出现在和历史的关合——节序、风物相同，并借这种关合来暗示其他方面的相同；又一是用来反逼出下一句，说明尽管种种客观事物相同，但却有一件最大的不同，那就是“换了人间”。两句一叫一应，联系极紧。这一句和“东临”句都用曹操原诗，只各加了三个字，这样，就使得读过《观沧海》的人更容易引起联想，文学趣味也更加浓厚了。

“换了人间”是说曹操当时是一个时代，而今天又是一个时代，两者完全不同了。曹操当时是一个什么样的时代呢？曹操自己在《蒿里行》一诗里说：“铠甲生虮虱，万姓以死亡。白骨露于野，千里无鸡鸣。生民百遗一，念之断人肠。”[④]与曹操同时的诗人王粲在他的《七哀》诗里也说：“出门无所见，白骨蔽平原。”[⑤]又说：“百里不见人，草木谁当迟？”[⑥]这些描写正是当时社会的写照，读了真叫人怵目惊心！解放以后，在党的领导下，人民干劲冲天，意气风发，到处是一片欣欣向荣的景象，社会主义建设正以惊人的速度突飞猛进，中国社会经过改造，也已经变为社会主义社会。这种情况，不但远远不是一千六百多年前的封建社会所能比拟，就是同解放前半封建半殖民地的社会比起来也起了根本的变化。就说北戴河

① 详可参看《三国志·魏志》卷一《武帝纪》。

② 指《步出夏门行》里的《观沧海》。《步出夏门行》包含四章诗，《观沧海》是其中的第一章。

③ “固一世之雄也”，是宋苏轼《赤壁赋》里描写曹操的话。

④ 《曹操集》，中华书局1959年版，第4页。

⑤ 《全汉三国晋南北朝诗》卷三，中华书局1959年版。

⑥ 《全汉三国晋南北朝诗》卷三，中华书局1959年版。这里的“迟”，与“治”同，是料理的意思。

吧，在写这首词的六七年前，它还是帝国主义和官僚买办花天酒地挥霍享乐的魔窟，它的每一寸土地都遭受过污辱和践踏。现在呢，它已恢复了青春，正以优美多姿的风貌，年年迎接到它这儿来休养的劳动人民。这又是多么不同啊！“换了人间”是作者对新时代新社会的歌颂，也是全篇的主题思想所在，4个字热情洋溢，意蕴弘深，尤妙在即以此作结，更觉余味曲包，含蓄不尽。《水调歌头》结句云：“神女应无恙，当惊世界殊”；“世界殊”就是“换了人间”。两词结得约略相似，但却绝不犯复，这是用笔变化处，我们拿来对照着读，自然就会体会出来了。

此词同《菩萨蛮·黄鹤楼》词都是上半写景，下半抒情，下半又都由怀古写到现实，结构上也有相似之处。但两篇所表现的思想、情调又有不同。这些地方，互相比勘，对我们读词是会有启发、帮助的。

【备考】

曹操的《观沧海》，见丁福保编《全汉三国晋南北朝诗》上册第119页，原诗云：

东临碣石，以观沧海，
水何澹澹，山岛竦峙。
树木丛生，百草丰茂。
秋风萧瑟，洪波涌起。
日月之行，若出其中；
星汉灿烂，若出其里。
幸甚至哉，歌以咏志。

这首诗，郭沫若同志认为是曹操北征乌桓凯旋时作的（见上引《替曹操翻案》一文）；余冠英则认为作于初秋，即建安十二年七月（见《三曹诗选》，人民文学出版社1957年版，第60页）。按：初秋正在行军紧张时期，恐无游览风景的余暇，加之“秋风萧瑟”等句也不像初秋景色。所以二说之中，似以郭说为妥。

水调歌头·游泳

一九五六年六月

才饮长沙水，又食武昌鱼[1]。万里长江横渡，极目[2]楚天[3]舒[4]。不管风吹浪打，胜似[5]闲庭[6]信步[7]，今日得宽余。子在川上曰：逝者如斯夫[8]！　　风樯[9]动，龟蛇[10]静，起宏图[11]。一桥飞架南北，天堑[12]变通途。更立西江石壁[13]，截断巫山云雨[14]，高峡出平湖。神女[15]应[16]无恙[17]，当惊世界殊[18]。

【注释】

［1］才饮长沙水，又食武昌鱼：《三国志》卷六十一（《吴志》卷十六）《陆凯传》，记吴主孙皓迁都武昌，老百姓怨声载道，凯上疏谏阻，引当时童谣云："宁饮建业水，不食武昌鱼。"建业，吴国旧都，故城在今南京市南。

［2］极目：纵目，放眼，就是就眼力所及，向远处眺望。

［3］楚天：楚地的天空。武昌，春秋战国时属楚。

［4］舒：舒展，宽阔。

［5］胜似：胜过。

［6］闲庭：清闲的庭院。

［7］信步："信"是随意的意思（信手、信口的"信"，都是此义）。"信步"，就是随意散步。

［8］子在川上曰：逝者如斯夫：二语见《论语·子罕》，原文下面还有一句："不舍昼夜。"子，指孔子。郑玄注："逝，往也。言凡往者如川之流也。"皇侃疏："逝，往去之辞也。孔子在川水之上，见川流迅迈，未尝停止，故叹人年往去，亦复如此，旧我非今我，故云逝者如斯夫者也。斯，此也。夫，语助也。日月不居，有如流水，故云不舍昼夜也。"（《论语义疏》卷五）按：这几句译成白话，就是："孔子在河边说：一切逝去的都像这样啊，昼夜不停！"

［9］风樯：风里的帆樯。樯（qiáng），桅杆。

［10］龟蛇：指龟蛇二山。长江大桥的两端就建筑在龟山和蛇山上。

［11］宏图：伟大的建设规划。

［12］天堑：天然的壕沟。《南史》卷十七《孔范传》："长江天堑，古来限隔。"堑一作壍（qiàn）。

［13］更立西江石壁：西江，即长江。唐杜牧有《西江怀古》诗（《樊川诗集》卷四），旧注云："楚人指蜀江为西江，谓从西而下也。"更立西江石壁，是说在三峡地方修筑一道拦水坝。

［14］截断巫山云雨：指把长江上游的雨水拦住。巫山，在四川巫山县东南，是巴山山脉的最高峰，因形如巫字，故名。长江由巫山中穿过，就成为巫峡。

［15］神女：《文选》卷十九有宋玉《高唐赋》、《神女赋》，都记楚襄王梦见神女事。李善注引《襄阳耆旧传》，说神女"自称是巫山之女"。又，陆游《入蜀记》卷六、范成大《吴船录》卷下都说巫山下有神女庙。《吴船录》并引庙中石刻，说神女协助夏禹治水有功，所以人民立庙奉祀。这当是民间传说，与宋玉赋不同。

［16］应：想象推度之词，相当于"大概"、"大概是"或"大概要"。唐宋人用应字多是此义。如王维《偶然作六首》之六："宿世谬词客，前身应画师。"白居易《上阳白发人》："外人不见见应笑，天宝末年时世妆。"苏轼《新城道中》："西崦人家应最乐，煮葵烧笋饷春耕。"

［17］无恙：无忧无病的意思。古代多用劳问之词，如"别来无恙"。这里是说安好，健在。

［18］殊：改变，不同。

【赏析】

1956年5、6月间，毛泽东同志曾在武汉江面游泳过三次。这首词写的是6月里从汉阳到武昌的一次游泳。手稿中本题"长江"，1957年1月交《诗刊》创刊号发表时改题"游泳"。

词分上下两段：上段写横渡长江时的豪情逸兴，下段写看到武汉长江大桥的兴建，联想到三峡水库计划，从而歌颂了祖国宏伟的社会主义建设。自词体兴起以来，千余年中，名作如林，但以游泳为题的还从未有过。毛泽东同志此词，不但在取材方面别开生面，而且辞采瑰丽，想象新奇，气魄雄伟，实在是革命现实主义和革命浪漫主义相结合的又一光辉典范。

上段开头点明从长沙来到武昌。不说“才别长沙市，又到武昌城”，而说饮水、食鱼云云，这就值得玩味。两句原由古童谣点窜而成。为什么要点窜？作者此次由长沙来到武昌，与建业无关，当然要加以变动。这是一。原语有安土重迁的意味，这里排除了这个意思，只用以说明行踪，且有祖国到处是名城，风物也到处可爱之意。“饮水”、“食鱼”，表明同这两个城市有着深厚的关系[①]，不只是来到而已，说来亲切有味。古为今用，也必须变动。这是二。除了这两点之外，用“才……又”这样的句式表示时间紧紧相接，从这里也见出伟大领袖为了建设祖国，造福人民，巡视各地，席不暇暖，与普通的游览迥然不同。毛泽东同志运用古语，大都加以创造性发展，不是生搬硬套，这里正是一个极好的例子。

这次游泳是以武昌为终点，所以提到武昌，接着便描写游泳。“万里长江横渡”，写出长江奔流到海的气势，也写出横渡的壮举，一笔两面俱到，极为雄健有力。“极目楚天舒”，是说放眼望去，只觉楚地的天空舒展无尽。楚字切合武昌。宋代著名诗人宋庠诗：“展尽江湖极目天。”（《重展西湖二首》）意思大略相似，但却不如毛泽东同志这五个字的简练遒劲。横渡时，下面是万里长江，上面是舒展无尽的楚天，写得境界阔大，作者的胸襟开阔也于此可见。

“不管”三句，正面描写游泳。上面说横渡长江，本来已经点出游泳，但读者也许还可以解释为乘船。“不管风吹浪打，胜似闲庭信步，今日得宽余”，便确乎是游泳，丝毫不可移易了。武汉的江面本来很宽，斜游过去，距离更长（约26华里）。据报刊记载，游泳的那一天江上的风浪又相当大。毛泽东同志以六十多岁的高龄，花了2个小时完成了“横渡”，照说应该是很劳累的。可是，作者却用“闲庭信步”来同这种游泳作对比，并说后者胜过前者。“宽余”就是舒畅。舒畅之感不从“闲庭信步”得来，而从与风浪相搏中得来，这就写出健壮坚实的体魄、酣畅淋漓的兴会和藐视困难的战斗精神，都是迥然不同寻常的，真是异样出色！

上段末尾引用了《论语》的两句话而又截去一句。所以要截去

① 毛泽东同志在长沙住过8年，1927年大革命前，在武汉也勾留了一个时期，可见同这两个城市也有着深厚的历史关系。

一句，固然由于字数和押韵的关系（“夫”字是韵脚），但也由于只此已足，截去了反而更觉含蓄些。上文点窜古童谣，这里又剪截《论语》，足见毛泽东同志运用古语是多式多样的，绝非限于一格。从这里我们可以学到许多法门。“逝者如斯夫”，“斯”指流水，“逝者”指类似流水的一切过而不留的事物。这中间，最相像的自然是时间，因为时光不再，正如流水之一去不返。前引郑玄注和皇侃疏就说明了这个意思。但孔子喜欢“观水”，倒不是单纯地由于流水可以比喻岁月的迁流，而是由于它可以说明许多道理，给人们以许多启发[①]。毛泽东同志在这里引用孔子的话，也不是要抒发什么“时日易迈”的感慨，而是用来说明一切事物不断改变，新中国在解放后的短短几年中也已经起了根本的变化，远远不是以前的老样子了。这就巧妙地过渡到下段，因为下段正是着重地描写解放后伟大的社会主义建设的。

下段先写游泳时所见江景。“风樯”二句，同“起宏图”句都是三字句，从结构和意义上说，都应该联系起来看。风樯往来，龟蛇静穆，江上景物本来够美的；在这样美的自然环境里，兴建许多巨大的工程，就显得更美了。“宏图”二字领起下文。长江大桥和三峡水库就都是“宏图”的具体项目。新中国的伟大建设太多了，提出这两项也就概括了一切，而且都与长江有关。武汉长江大桥建成于1957年，游泳时还未完工，但毛泽东同志已经想象大桥沟通南北，使自古以来的天堑变成来往无阻的通路。“飞架”的飞字，形象地写出大桥形制的飞动、结构的雄奇和建造的迅速，含义极为丰富，可以说是惊心动魄，一字千金！毛泽东同志诗词中用飞字很多[②]，都非常工巧，这里用得尤其精警，一个字就把武汉长江大桥写活了。

长江大桥是近处所见，“更立”以下三句，作者天马行空般地想象又把我们带到遥远的地方——计划中的三峡水库；一实一虚，交相映发。不说兴建拦水坝，而说“更立西江石壁”；不说拦住上游的江水，而说“截断巫山云雨”；不说形成人造湖，而说“高峡出平

① 《孟子·离娄》、《荀子·宥坐》以及《大戴礼记·劝学》等篇，都记孔子喜欢观水，并认为流水有丰富的象征意义，可参看杨树达《论语疏证》卷九（科学出版社1955年版）。

② 本篇之外，如《沁园春·长沙》“浪遏飞舟”、《念奴娇·昆仑》“飞起玉龙三百万”、《蝶恋花·游仙》“泪飞顿作倾盆雨”等等都是。

湖”。这都是不平常的说法，有着高度的表现技巧；立字、截断字、出字也都炼得极精，再也找不出别的字可以掉换。“神女”二句，更是匪夷所思。平常形容事物美好，总说像是神话世界，这里却说神话中的人物——神女——也要惊叹于新中国的巨大改变。这就不仅给作品涂上一层革命浪漫主义的色彩，使意境格外优美，而且把古典文学作品里业已用滥的典故创造性地加以运用，从而收到化腐朽为神奇的艺术效果。这种手法，尤其值得我们很好地学习。

后段主要写社会主义建设——已经实现的和即将实现的。“一桥”以下七句，生动地形象地告诉我们，长江大桥如何如何，三峡水库如何如何，一件又一件，作者愈说愈高兴，我们也愈读愈神往。从这里，可以看出伟大领袖对新中国建设的满腔热情和满怀信心，也显示出从事建设的六亿五千万人民的无穷无尽的力量。就文字论，音节响亮，高唱入云，也最是词中胜境。题目是“游泳”，说了许多社会主义建设工程，似乎超出了范围，但实际上这些都是游泳时所见到、所想到的，而且都是毛泽东同志自己所经营擘画的，写进来正是非常自然的事。游泳是小事，毛泽东同志把它同国家建设联系起来，就显得内容丰富而重要，不是仅仅描写生活细节了。古人说：“作诗必此诗，定知非诗人。”可见天才横溢的大作家，从来也就不是题目之类所能束缚得住的。

这首词和《菩萨蛮·黄鹤楼》词都是以武汉为背景，但写来却毫不犯复。《菩萨蛮》所描写的是解放以前的旧武汉，所抒发的是复杂的感时忧国的心情；它给人的印象是沉郁苍凉，篇中所用的茫茫、沉沉、烟雨莽苍苍、龟蛇锁大江等词句，也同这种情调十分相称。这首词所描写的是解放以后的新武汉，所抒发的是“宽余”之感；它给人的印象是爽朗豪放，篇中所用的万里长江、横渡、楚天、风吹浪打以及“一桥”以下七句，都是气象阔大的，也同全词的情调非常一致。时代不同，感受不同，写出来的词也就迥然不同。但两首词各有精神面目，可以说是异曲同工。如果不是大手笔，显然这又是很不容易办到的。

【备考】

毛泽东同志自幼爱好游泳，经常用来锻炼自己，美丽的湘江就是他同青年时代的战友们常去游泳的地方。《沁园春·长沙》词中的“曾记否，到中流击水，浪遏飞舟?”也就是描写游泳的。萧三《毛泽东同志的青少年时代》第三章曾谈到这一方面，可以参看。又，本篇所写的这一次的游泳，经过的情况报刊多有记载，这里只介绍一篇，也可参看：《毛主席横渡长江》（《中国青年》1957年第10期）。此文又收入《毛主席关怀着我们》一书中，上海文化出版社1958年版。

毛泽东同志曾说：“游泳是同大自然作斗争的一种运动，你们应该到大江大海中去锻炼。”（1964年6月《畅游十三陵水库时对青年的谈话》）又说：“长江，别人都说很大，其实大并不可怕。”（1966年7月25日《人民日报》：《毛主席畅游长江》）又说：“大风大浪也不可怕，人类社会就是从大风大浪中发展起来的。”（1966年7月26日《人民日报》：《跟着毛主席在大风大浪中前进》）这些话都可以与此词印证。

蝶恋花[1]·答李淑一[2]

一九五七年五月十一日

我失骄杨[3]君失柳[4]，杨柳轻飏[5]直上重霄九[6]。问讯[7]吴刚[8]何所有[9]，吴刚捧出桂花酒[10]。　寂寞嫦娥[11]舒广袖[12]，万里长空且为忠魂[13]舞。忽报人间曾伏虎[14]，泪飞顿作倾盆[15]雨。

【注释】

［1］蝶恋花：毛泽东同志《给李淑一同志的信》：“有《游仙》一首为赠。”即此词。原题《游仙·赠李淑一》。

［2］李淑一：柳直荀烈士的爱人，解放后在长沙市省立第十中学任语文教员。

［3］骄杨：骄是壮健的样子。杨，指杨开慧烈士，她在1930年红军退出长沙后，为反动派何键所杀害。骄杨是说杨开慧烈士生前是壮健的。

［4］柳：指柳直荀烈士。柳直荀（1898—1933），长沙人。1923年加入中国共产党，1926年任湖南省政府委员，并被选为农民协会

秘书长。1927年大革命失败后，辗转南北各地，坚持革命斗争。1933年9月在湖北洪湖战役中牺牲，事迹详见李淑一《柳直荀同志传略》（《湖南革命烈士传》第95—98页，湖南通俗读物出版社1952年版）。

［5］杨柳轻飏：轻飏是轻轻飘扬。这里的“杨柳”字面上是说杨花柳絮，但也兼指杨开慧、柳直荀二烈士。这是修辞学上所谓的“双关”。

［6］重霄九：即九重霄，因押韵而颠倒。古代韵文中常有这一种，例如“玲珑”倒为“珑玲”、“丁东”倒为“东丁”、“慷慨”倒为“慨慷”、“江湖”倒为“湖江”之类就是，前人称之为“倒押韵”或“颠倒韵”，可参看宋孙奕《履斋示儿编·诗说》及清顾嗣立《寒厅诗话》。九重霄就是九重天。古代传说以为天有九重，见《汉书》卷二十二《礼乐志》所载《郊祀歌》注。九重霄也省作九霄或九重，都指天的极高处。

［7］问讯：也作讯问，就是询问，这里兼有问候之意。

［8］吴刚：唐段成式《酉阳杂俎》卷一：“旧言月中有桂，有蟾蜍。故异书言月桂高五百丈，下有一人常斫之，树创随合。人姓吴名刚，西河人。学仙有过，谪令伐树。”

［9］何所有：有什么。所，助词。

［10］桂花酒：酒名，也作桂酒。《楚辞·九歌·东皇太一》：“奠桂酒兮椒浆。”王逸注：“桂酒，切桂置酒中也。”按：桂花酒是说以桂花酿酒，取其芳香。

［11］嫦娥：本作姮娥，也作恒娥，汉代避文帝（刘恒）讳，改为嫦娥。《淮南子·览冥训》：“羿请不死之药于西王母，姮娥窃以奔月。”高诱注：“姮娥，羿妻。羿请不死之药于西王母，未及服之；姮娥盗食之，得仙，奔入月中为月精。”按：羿指后羿，相传为尧时人，见《淮南子·本经训》。

［12］舒广袖：舒展宽长的袖子，形容舞蹈时的姿态。

［13］忠魂：指杨、柳二烈士的精魂。二烈士对革命无限忠诚，生死以之，所以说是“忠魂”。

［14］伏虎：降伏猛虎。古代佛家、道家都有用法力制服猛虎的故事。这里用来比喻中国人民在党的领导下打垮反动派，取得革命

胜利。

［15］倾盆：大雨倾注，好像翻倒盆水一样。苏轼《介亭饯杨杰次公》诗："黑云白雨如倾盆。"

【赏析】

1957年2月（农历春节），李淑一同志写信给毛泽东同志，同时寄去一首她在1933年所写的怀念柳直荀的《菩萨蛮》词[①]。5月11日，毛泽东同志写了回信，信上说："大作读毕，感慨系之。"这封信里，也附寄了一首词[②]。这首词后来流传开来，有人函请发表，毛泽东同志于11月25日回信表示同意[③]。——这就是这首《蝶恋花》写作和发表的过程。

词用游仙体。什么是游仙体呢？这是读这首词应该首先理解的。毛泽东同志在致李淑一同志的信里说："有《游仙》一首为赠。这种'游仙'，作者自己不在内，别于古之游仙诗。但词里有之，如咏七夕之类。"[④]这几句话简要而确切地说明了游仙体的流变。原来游仙是一种描写仙境和仙家生活的诗，梁萧统《文选》曾把它列为诗的一类。这类诗的来源出于屈原的《远游》[⑤]。《远游》讲自己跟仙人游玩，借寓怀乡思旧之意。《文选》在"游仙"一类里选录的晋代何劭、郭璞的诗，继承了《远游》的这种写法，但抒写个人怀抱的成分更多一些。后世拟作，大体上也不出这一范围[⑥]。这就是包括作者自己在内的。毛泽东同志所说的"咏七夕"，指宋秦观的《鹊桥仙》词，这首词说："纤云弄巧，飞星传恨，银汉迢迢暗度。金风玉

---

① 词见《备考》。

② 据李淑一同志自述，转引吴天石《中国革命的伟大史诗》，江苏人民出版社1959年版，第64页。

③ 据湖南师范学院校刊编者说明，转引山东师范学院中文系编《毛主席诗词研究资料汇编》第250–251页。

④ 见《诗刊》1958年1月号第5页编者注。

⑤ 《远游》见《楚辞》卷五。《远游》以后，汉魏及晋初文人，如司马相如、曹植、嵇康、张华、张协等也都有类似的作品，但还没有游仙的名目。

⑥ 何劭、郭璞的诗，见《文选》卷二十一。后世拟作，只有晚唐曹唐的《小游仙诗》、《又游仙诗一绝》等等（《全唐诗》卷六百四十一），多写仙人间的赠答和爱情，题材有了扩大，写法也稍有不同。

露一相逢，便胜却人间无数。　　柔情似水，佳期如梦，忍顾鹊桥归路。两情若是久长时，又岂在朝朝暮暮?”[①]词里写牛郎织女在七夕相会，只是讲仙家生活，作者自己并不在内，所以毛泽东同志说“词里有之”。

词的起句，并提杨、柳二烈士，两个“失”字，不是只说失去，还有痛惜之意；以“我”、“君”对举，也显得异常亲切。杨开慧烈士是李淑一同志的老同学，又是好朋友[②]。李淑一同志和柳直荀烈士就是经过她的介绍才认识的。柳直荀烈士是早期的革命战士之一，也是毛泽东同志的老战友。所以，这里所表示的“痛惜”，还可以而且也应该看成是兼包“杨”、“柳”两方面，不是“我”只痛惜“杨”而“君”只痛惜“柳”。这样，才见出彼此间不同于一般的情谊和关系。这一句的下面，要是一般的作者，恐怕就很容易写出一些伤感的话来了。可是，毛泽东同志是伟大的卓越的无产阶级的革命家，他的如椽大笔，是同消极情绪完全绝缘的。它写任何题材，总是洋溢着昂扬的旺盛的革命乐观主义，就是在表示对革命战士的悼念时也不例外。“杨柳轻飏”以下，正是摆落恒蹊，把读者带到一个崇高的神异的世界来。杨、柳二烈士的姓也太巧了，合起来恰是杨柳。杨花柳絮直上九霄，这是象征烈士忠魂的升天。忠魂升天，是很不容易描写的，毛泽东同志只用“轻飏”、“直上”四字就把它勾画出来，而且形象极美。“问讯”二句，又写进入月宫，设想之奇，更是得未曾有。“问讯”的主语，解者意见分歧，就上下文联系来看，自以二烈士的忠魂为较妥[③]。“问讯”是见面后的寒暄问候，“何所有”只是寒暄语中的一句，不必看成进月宫就是为了要东西[④]。“吴刚”句中的“桂花酒”，是仙人所饮之物；“捧出”，表示尊

① 《淮海词》，《四部备要》本。

② 杨开慧烈士和李淑一同志在长沙福湘女中读书，两人感情很好。福湘女中即李淑一同志近年任教的省立第十中学的前身。

③ “问讯”的主语，有人说是杨、柳二忠魂，有人说是诗人的“我”（即作者），有人则说这一句是“设问句”，只是一种泛指，并没有肯定的发问人。第一说是郭沫若和臧克家同志所主张的，于义为长，说详萧涤非《读毛主席诗词的几点蠡测》（《山东大学学报》中国语言文学版，1959年第3期）。

④ 有人认为“问讯”的主语如果是杨、柳二忠魂，那就是客人自己问主人：“你用什么来招待我?”这样的解说将对两位烈士的光辉形象有所损害（见《文艺报》1958年第11期《学习蝶恋花》一文）。其实，“问讯”并不等于“发问”，所以这种过虑是多余的。

敬。以仙浆款客，并用双手捧献，足见天上神仙也对革命烈士敬礼备至。这是对革命烈士同时也是对革命的极度赞美。吴刚是神话里的人物，这里把他同革命联系起来，就使人觉得他很富于人情味，也似乎更可爱了。

“寂寞”句，紧接上段，由吴刚又引起嫦娥，写忠魂升天是件大事，所以惊动的仙人也不止一个。用“寂寞”来形容嫦娥，最为恰当。唐李商隐《嫦娥》诗云：“嫦娥应悔偷灵药，碧海青天夜夜心。”[①]嫦娥偷得不死之药，虽然在月宫里做了神仙，但夜夜望着那迢迢的碧海似的青天，心里的怅惘是难堪的。“寂寞”显然就是从这两句诗来的，但更简括了。“舒广袖……忠魂舞”，写嫦娥起舞，舞场是“万里长空”，有这四字一垫，这“舞”便显得异样出色。“忠魂”到这里才点出，可见上文“轻飏”、“直上”、“问讯”等等，都指忠魂而言，脉络是极细的。写嫦娥起舞，用意与吴刚捧酒相同，但写得更绚烂一些，场面也更阔大一些。忠魂一进月宫，仙人们就热情接待，殷勤万分，这就为下面的“泪飞”句说明了来由，因为正有着深厚的同情，所以才不自禁地一同挥泪。“忽报”句，由“人间”两字显然见出是指革命胜利。“曾伏虎”的“曾”就是“已”，因为这里按照词律宜于用平声，所以就用了“曾”字（“已”字是仄声）。有人认为“曾经”和“已经”含义上有区别，这句既然用“曾”，那就肯定是指二烈士生前曾有过使虎伏龙降的革命斗争经历[②]。这种解说未免拘泥，最明显的，是讲不通“忽报”两字。因为这里如果真指烈士自己的斗争经历，那尽可在彼此寒暄时谈到，还用得上别人“报”吗？又怎能说“忽”呢？词里用字，由于迁就平仄，常有本应用甲却用了乙的，要是都照字面去硬解，那就真成了胶柱鼓瑟了[③]。“泪飞”句的主语，也有几种解释，我们同意郭老的说法，即应是杨、柳二烈士和吴刚、嫦娥[④]。这句同上句合起来是说：忽然传来消息，中国革命胜利了，大家都欢喜到极点，不由得

---

① 《李义山诗集》卷中，怀德堂刻朱鹤龄笺注本。

② 见《学习蝶恋花》一文。

③ 这里姑举一例。如宋范仲淹《御街行》词：“都来此事，眉间心上，无计相回避。”（《词律》卷十一）“都来”即“算来”，因这里宜用平声，所以改“算”为“都”。

④ 郭说，见《文艺报》1958年第7期《郭沫若同志答文艺报问》。

眼泪滂沱起来。这正是极大欢喜的极巧妙的刻划。这天上的眼泪，顿时化作倾盆大雨，落到人间，写来新奇精警，悲壮淋漓，真是动人极了。

郭沫若同志说："这词的主题不是单纯的怀旧，而是在宣扬革命……这里有革命烈士（杨开慧和柳直荀）的忠魂，有神话传说的人物，有月里的广寒宫和月桂，月桂还酿成了酒，欢乐的眼泪竟可以化作倾盆大雨，时而天上，时而人间，人间天上打成了一片。不用说这里丝毫也没有旧式词人的那种靡靡之音，而使苏东坡、辛弃疾的豪气也望尘却步。这里使用着浪漫主义的极夸大的手法把现实主义的主题衬托得非常自然生动、深刻动人。这真可以说是古今的绝唱。"①又说："整个词都是毛主席的思想感情。如果纯粹站在现实的立场来说，杨、柳二烈士既不会飞上月球，月球里也根本不会有吴刚和嫦娥，但主席把自己的思想感情借他们的假象的存在来形象化了。主席的思想感情是绝对真实的，忠魂和神仙则是假象的，所以主席的词是革命的现实主义与革命的浪漫主义的结合。"②这些都是很好的说明，可以帮助我们理解这首词。有人以为这首词只是为悼念二烈士而作。当然，词里也有悼念的意思，但那只是次要的，主要是赞美烈士们为革命而牺牲的伟大精神以及他们对革命生死不忘的无限忠诚。如果把次要的当成主要的，那就还未能探骊得珠了。

传统的游仙诗、游仙词，只是描写个人的幻想，至多也不过借以"咏怀"。毛泽东同志的这首词却用来赞美烈士，宣扬革命，不但开游仙体未有之奇，也为纪念文字别辟了蹊径，正是继承之中又有创造。郭老推为古今绝唱，这也是完全正确的。

【备考】

1933年夏天，李淑一同志听到了柳直荀烈士已经不在人间的传说。一天夜里，梦见烈士归来，但才见面就惊醒了。她感极而泣，填了一首《菩萨蛮》词，兹录如下：

兰闺索寞翻身早，夜来触动离愁了。底事太难堪，惊侬晓梦残。　征人何处觅？六载无消息。醒忆别伊时，满衫清泪滋。

① 《浪漫主义和现实主义》，《红旗》1958年第3期。

② 《郭沫若同志的回信》，《文艺报》1958年第7期。

七律二首·送瘟神

一九五八年七月一日

读六月三十日《人民日报》，余江县消灭了血吸虫。浮想联翩[1]，夜不能寐。微风拂煦[2]，旭日临窗[3]，遥望南天[4]，欣然命笔[5]。

绿水青山枉自多[6]，华佗无奈小虫何[7]！
千村薜苈[8]人遗矢[9]，万户萧疏[10]鬼唱歌[11]。
坐地日行八万里[12]，巡天遥看一千河[13]。
牛郎[14]欲问瘟神事[15]，一样悲欢逐逝波[16]。

春风杨柳万千条[17]，六亿神州[18]尽舜尧[19]。
红雨随心翻作浪[20]，青山着意化为桥[21]。
天连五岭[22]银锄落[23]，地动三河[24]铁臂摇[25]。
借问[26]瘟君[27]欲何往？纸船明烛照天烧[28]。

【注释】

[1] 浮想联翩：浮想，浮泛在脑海里的意念、想象。联翩，连续不断的样子。“浮想联翩”是说许许多多的意念、想象在脑海里连续不断地浮泛出来。《文选》卷十七《文赋》：“浮藻联翩。”

[2] 拂煦：温暖地吹拂着。

[3] 旭日临窗：“临”，到。“旭日”，初出的太阳。这句是说：初出的太阳当窗照着。旭，光明的意思。

[4] 南天：就是南方。

[5] 命笔：执笔写字，这里指作诗。

[6] 枉自多：徒然很多。杜甫《征夫》：“十室几人在，千山空自多。”“枉自”与“空自”同意。

[7] 华佗：三国谯人，字元化，是古代最著名的医生，为曹操所杀。传见《三国志·魏志》卷二十九。这里用华佗代表旧时代的一切名医。华，读huà，去声。小虫，指血吸虫。

［8］薜茀（bìlì）：有人说就是薜荔，也就是木莲，江南称为木馒头。古人说是香草，其实是一种蔓生的桑科灌木。也有人说薜茀指薜荔和葶苈两种。葶苈，是一种野草，也叫狗荠，果实和叶子都像芥菜。后一说较妥，因为“千村”句是说草木丛生，不是专指草或木。

［9］遗矢：拉屎。矢，古屎字。《史记》卷八十一《廉颇蔺相如列传》：“赵使还报王曰：‘廉将军虽老，尚善饭，然与臣坐，顷之，三遗矢矣。’”按：“三遗矢”是说吃一顿饭的工夫就拉了三次屎。廉将军，指廉颇，战国时赵国名将。

［10］萧疏：萧条冷落。

［11］鬼唱歌：用唐李贺诗意。《李长吉歌诗》卷一《秋来》：“秋坟鬼唱鲍家诗。”清王琦注：“鬼唱鲍家诗，或古有其事，唐宋以后失传。”

［12］坐地日行八万里：是说坐在地球上好像没有怎样移动，而一天已经走了八万里路，极力形容行动之速，也就是说瘟疫可以在极短时间蔓延极广。

［13］巡天遥看一千河：巡天，巡游天上。河，指星河。巡天遥看一千河，是说瘟神志得意满，也有时巡游天上，眺望星河。

［14］牛郎：古代神话说牵牛星的神叫牛郎。

［15］瘟神事：瘟神所遭遇的事，也就是瘟神的情况。

［16］一样悲欢逐逝波：逝波，流水。这里用来比喻时间。“一样悲欢逐逝波”，即“悲欢一样逐逝波”，诗词里词序常有颠倒，这一句是说悲和欢同样地随着时间而消逝。

［17］条：枝条。

［18］神州：指中国，见《浣溪沙》词“赤县”注。

［19］舜尧：就是尧舜，由于协韵而倒转，详见《蝶恋花·答李淑一》词“重霄九”注。

［20］红雨随心翻作浪：刘禹锡《百舌吟》：“花枝满空迷处所，摇动繁英坠红雨。”（《全唐诗》卷三百五十六）李贺《将进酒》：“桃花乱落如红雨。”（《全唐诗》卷三百九十三）都以“红雨”形容落花之多。“红雨随心翻作浪”，是说落花随着自己的意思翻波逐浪，极写风光烂漫。

［21］青山着意化为桥：着意，有意。“青山着意化为桥”，是说青山不再阻碍交通，也有意地化为桥梁，便利行人。

［22］五岭：见《长征》诗“五岭”注。这里指南方，也就是《小序》里所说的“南天”。

［23］银锄：闪耀着银光的锄头。银，形容明亮。

［24］三河：原指黄河、淮河、洛河，这里指北方。

［25］铁臂：铁一样的坚实的臂膀。也有人说，铁臂指钢铁做的工业机械。其实工业生产也需要用劳动人民的“铁臂”，不一定指机械。

［26］借问：向人询问，即试问之意。又，假设的问也叫借问。

［27］瘟君：就是瘟神。

［28］纸船明烛照天烧：是说点燃纸船，高烧明烛，送瘟神走路。韩愈《送穷文》：“主人使奴星结柳作车，缚草为船。”（《昌黎先生集》卷三十六）又《后汉书·礼仪志》：“先腊一日，大傩，谓之逐疫。……方相与十二兽……持火炬，送疫出端门。”可见古人送瘟神是有做船和烧火的风俗。

【赏析】

1958年6月30日，《人民日报》发表了特写《第一面红旗》，报道江西省余江县根本消灭血吸虫病的经过。《送瘟神》就是毛泽东同志读报之后所写的两首律诗。诗题之下，有一篇简练优美的小序，说明作诗的缘起，对了解这两首诗有很大帮助。同年10月3日，《人民日报》正式发表了这两首诗，同时还影印了毛泽东同志的手稿。

古代传说认为瘟疫也有主管的神，这就是瘟神，也叫疫鬼。毛泽东同志的这两首诗只是拿瘟神作为血吸虫病的象征，并不是说真有什么瘟神。汉代扬雄有《逐贫赋》，唐代韩愈有《送穷文》。《送瘟神》同这些作品体裁虽有不同，但都把所描写的对象“拟人化”了，这一点，却是相同的。

这两首诗是毛泽东同志在极度喜悦的心情下写成的。诗的小序清楚地告诉我们写作的过程。毛泽东同志读到《人民日报》的报道，高兴得一夜没有睡觉，第二天一清早，就在旭日微风中欣然提起了笔。毛泽东同志为什么这样喜悦呢？这是我们读这两首诗的时候必须首先理解的。

原来血吸虫虽是一种么幺小虫，可是它却给广大的劳动人民带来极其严重的灾难。据说远在公元前一千多年，我国就已经有了有关血吸虫的记载[①]。这个且不去说它；就以解放前的国民党统治的时代而论，血吸虫病广泛流行于南中国的12个省市，上千万的农民和渔民受到感染，上亿的人口受到威胁。血吸虫病特别猖狂的地方，人民大批死亡，没有死亡的也大都丧失了劳动的能力，许许多多村庄完全毁灭，许许多多良田变成荒野。这一威胁在解放初期依然存在，成为旧中国遗留下来的历史包袱之一。党和人民政府一直重视血吸虫病的防治工作，南方各省刚一解放就把这一问题提到日程上来，1956年春天以后更是大规模地开展了斗争。1958年6月30日《人民日报》社论指出："消灭血吸虫病是一场关系到改变千百万群众生活、生产习惯的艰巨任务。""在农业生产大跃进的新形势下，消灭血吸虫病就有着更加迫切的重要意义。"[②]从这里，可以看出消灭血吸虫病是一场严重的斗争，是一件极其重要的大事。余江县人民在党的领导和支持下，在这方面做出了榜样，首先根除了血吸虫病，树立了第一面红旗。他们在防治过程中还发扬了共产主义的独创精神，敢说敢做，打破了血吸虫病不能根本消灭或是不能在短期间内消灭的迷信，在世界血吸虫病防治史上创造了新的纪录，影响是极其深远的。毛泽东同志关心千百万群众的生活，看到余江县人民解除了历史遗留下来的灾难，恢复和发展了生产，改变了精神面貌，并且大大推动了血吸虫病的防治工作，因而感到极大的喜悦。由此可见，毛泽东同志写这两首诗意义重大，这同扬雄、韩愈等文人只是写写游戏文章，发抒个人的感慨，是完全不能相提并论的。

第一首写旧时代里瘟神猖獗、人民遭殃的悲惨景象。最后一句"一样悲欢逐逝波"，是全诗关键，必须特别注意。

血吸虫病流行于南方。南方原是青山绿水、风景优美的地方，可是由于么幺小虫的作祟，竟使大好河山虽多也没有用处，并且使像华佗那样的名医也束手无策。"枉自"、"无奈"，下字遣词，有多

① 血吸虫病，平常叫膨胀，或叫大肚子病，有些医学家认为就是古代所说的蛊。如果这一说可靠，那末《山海经》、《周礼》等书都已经谈到蛊，可见这种病早就存在了。

② 社论《反复斗争，消灭血吸虫病》同特写《第一面红旗》一道登在第7版。

少感慨！“千村”一联极写劳动人民受害的深重。南方本来农村殷实，户口众多，然而自从血吸虫病蔓延以后，流行区的上千村庄就成了草木丛生、粪便狼藉的废墟，上万的人家也变得萧条冷落，只剩鬼在唱歌。寥寥14个字形象地写出一幅无比凄凉无比悲惨的景象，多么叫人怵目惊心！

“坐地”一联，近人解说极为分歧。其实，这两句是说地球的自转和公转。地球每天自转四万公里（即八万华里），我们每个人自己一动未动，却坐在地球上“日行八万里”。太阳系（地球在内）每日每时都在银河系里穿来穿去，所以说“巡天遥看一千河”。银河是无限的，一千只是言其多而已①。

“坐地”、“巡天”，是作者的想象。“牛郎”，由“巡天”句联想而来，因为牛郎总是同天河联系在一起的。牛郎原先本是劳动人民，关心民间疾苦而“问瘟神事”是很自然的。诗词中的问往往是“设问”，答也是“拟答”，不一定真有人一问一答，不必坐实（第二首的“借问”两句，也可以这样看）。这里只是说，要是牛郎问到瘟神的近况，怎么回答呢？回答是：“一样悲欢逐逝波。”“逝波”是时间。人民的“悲”也好，瘟神的“欢”也好，都随着时间之流同样地消逝了。旧时代终于过去，新时代已经开始。这一句不但有力地结束了第一首，而且巧妙地过渡到第二首。这正是结构紧密处。

第二首写新时代里瘟神被逐、人民欢乐的幸福生活。作者是用对比的手法写的，我们读的时候，也得与前一首合看。

诗的开头，作者就给我们描绘出一个鲜明、绚丽、美满的境界。解放了，新的时代到来了。在南方的春天里，千万条青青的杨柳随风飘拂，景象多么美！新中国一切改观，一片欣欣向荣的气象，不也正像这些春风中的杨柳么？象征的意味又多么丰富！解放以后，人民当家做主，真是个个成了皇帝；经过党的教育，人们的精神面貌也起了极大的变化。“六亿神州尽舜尧”，用尧舜来比拟今天的人民就含有上述两个意义，因为尧舜正是传说中的帝王，同时又是古代公认为具有崇高风格的人。

“红雨”以下，作者接着就出色地描写了生产大跃进的壮丽景

① 这是毛泽东同志自己的解释，见1958年11月25日给周世钊同志的信。

象。“红雨”也有许多不同的说法[①]，我们以为作“落花”解最为贴切。落花片片飘入水中，随着自己的心意翻成锦浪；“青山”不再是交通的阻碍，也顺从人们的意志化为桥梁，便利往来。这两句不但写得风光绮丽，而且把“花”和“山”都拟人化了，设想也非常新奇。据郭沫若同志说，他看过毛泽东同志的诗稿，红雨一联，“随心”原作“无心”，“着意”原作“有意”。经过这一改，诗意加深，诗味加浓了，是在原诗的基础上的一个飞跃。这里所写的水和山，仍然是第一首里的“绿水青山”。可是，在旧时代里山水虽多也是枉然；一到新时代，人杰地灵，山水都能助长风光，发挥作用，这是多么大的不同啊！

“红雨”一联，是从“春风杨柳万千条”来的，是用对自然景物的描写衬托伟大的新时代。“天连”一联是从“六亿神州尽舜尧”来的，是写六亿人民在生产大跃进中的冲天干劲。“五岭”在南方，“三河”在北方，用这两个地名可以代表整个中国。不管是南方还是北方，到处是银锄齐落，铁臂争摇，六亿人民的斗志昂扬，意气风发，原是万方一概的。银锄句，自然写的是农业生产；铁臂句，虽然不必像有些人那样直接把“铁臂”当做起重机、钻探机或风镐等来解释，但是把这句看成是写工业生产，连同上句就把工农两方面都包括了。“天连”形容地区之广，“地动”形容声势之壮。全民大跃进和工农业大发展的雄伟场面，毛泽东同志只用两句话就把它概括了，而且写得生动、形象、有力，这是多么高妙的艺术手腕！我们试把这两句同第一首的“千村”一联对看，这又是多么不同的两种景象！

“借问”一联，是第二首的结束，同时也是整个的《送瘟神》的结束。瘟神过去是那样的猖狂得意，可是在今天，在党的领导下，六亿尧舜发挥了冲天干劲，工农业大跃进，文教卫生等各方面大发展，中国以崭新的面貌出现在世界上，在这样的伟大时代里，瘟神真没有立足之地了，只有退走之一途了。好吧，瘟神要去了，人们就焚化纸船，点起明烛，送它滚蛋。题目是“送瘟神”，“送”的意

① “红雨”，有人解为红色的雨水，见《诗刊》1958年10月号《读毛主席的送瘟神二首》；有人解为红专的红，即政治挂帅，见1958年10月6日《文汇报》载《送瘟神二首试释》；有人解为飞溅的钢水、铁水，见1958年10月29日《文汇报》《试说红雨青山两句》。此外还有，不列举了。

思在最后点明，这就把应该说的都说到了。《逐贫赋》、《送穷文》的结尾，都没有把“贫”和“穷”真个逐走、送走，《送瘟神》却终于把瘟神送走了。毛主席对古典文学的传统总是有继承又有改变，从这里我们可以学习推陈出新的艺术表现手法。

上面说过，瘟神是血吸虫病的象征。但是在旧时代里，不但有吸血的虫，而且有吸血的人，像帝国主义及一切反动派，就是同血吸虫一样地横行无忌、荼毒人民的。这一类的吸血的人在新中国也被彻底消灭掉了，也被人民永远地送走了。因此，我们读这两首诗，可以把范围放宽，不要只局限于血吸虫这一具体事物上。本诗小序有“浮想联翩”的话，可见写诗时曾经联想到许许多多有关的事物。我们读这两首诗，也要驰骋想象，以求尽可能追上作者的思路。如果能够做到这样，那末，我们就可以见出诗的意蕴非常丰富，对诗的理解也就可以深入一步了。

【备考】

《送瘟神二首》是毛主席读了《人民日报》所发表的特写《第一面红旗》（副标题是：《记江西余江县根本消灭血吸虫病的经过》）以后写的，特写的内容对理解这两首诗也有帮助，读者可以自行查阅。

［选自《张涤华文集》（第四集），安徽师范大学出版社2011年版］

古籍词例举要

清代俞樾作《古书疑义举例》，世称绝作。其后刘师培、杨树达、姚维锐等人相继补续，各有创获①。刘氏在《古书疑义举例补》的小序里说："载籍之中，奥言隐词，解者分歧，惟约举其例，以治群书，庶疑义冰释。" 这话说得很中肯。他们确实研究出不少的"例"，其中剖析精当的，也确实对读古籍有很大的帮助。但诸家论列较广，词汇、语法、修辞、校勘等方面都或多或少涉及了。这里，不打算完全学步，只就与词义有关而又容易引起误解的，酌举若干例，各加一些说明，因而题为《古籍词例举要》。篇中所举的"例"，大都是俞氏以下诸作没有讲或讲得不够妥善的，引证也多采自他书。写稿时，搜集的材料相当多，尽管经过挑选，仅仅保留了一小部分比较典型的，但也不一定就能恰当地说明问题，只是提供读者参考罢了。各例分列如下：

一、单呼、累呼意义或同或异例

单呼就是一个音节单独地说，也叫单言；累呼就是两个音节连在一起说，也叫累言。汉字是音节文字，一字一音。书写时，一个音节就是一个字，两个音节就是两个字。有些名词，特别是物名，可以单呼，也可以累呼，两者意义完全相同。例如：

（1）葑　《说文》一下艸部："葑，须從也。"段玉裁注："《邶风》：'采葑采菲。'毛传曰：'葑，须也。'《释草》曰：'须，葑蓯。'《说文》曰：'葑，须從也。'三家互异而皆不误。葑、须为双声，葑、從为叠韵。单呼之为葑，累呼之为葑蓯；单呼之为须，累

① 此外，马叙伦有《古书疑义校录》，但并未增补新例。

呼之为须從：语言之不同也。”按：葑，字又作蘴，古代也叫菘，或叫蔓菁，也叫芜菁。今仍名芜菁，俗呼大头芥。王念孙《广雅疏证卷十·释草》说，葑、蘴、须、菘、芜、蔓都是声转。

（2）猴　《说文》五下夂部：“夒，贪兽也。一曰母猴。”段注：“谓夒一名母猴。犬部曰：‘猴，夒也。’‘玃，大母猴也。’由部曰：‘禺，母猴属。’爪部曰：‘为，母猴也。’单呼猴，累呼母猴，其实一也。母猴与沐猴、猕猴一语之转。‘母’非父母字。”按：夒，一作猱，又作獶。沐猴见《史记·项羽本纪》，《集解》引张晏说：“沐猴，猕猴也。”郝懿行《尔雅义疏》下之六：“獶、猨、玃，并同类而异名；母、沐、猕，俱声相转也。”《广雅疏证》卷十下“猱、狙，猕猴也”条，说略同。

（3）鸬　《说文》四上鸟部：“鸬，鸬鹚也。”段注：“《释鸟》：‘鹚，鷧。’郭（璞）云：‘即鸬鹚也。’按：今江苏人谓之水老鸦，畜以捕鱼。……有单言鸬者，《上林赋》‘箴疵鵁卢’，《南都赋》‘鶂鸬’是也。有单言鹚者，《释鸟》是也。”按：《说文》：“鷧，鹚也。”与《尔雅·释鸟》同，则鷧也即鸬鹚。

也有不是物名，而单呼与累呼意义也相同的，例如：

（1）俄　《说文》八上人部：“俄，顷也。”段注：“《玉篇》曰：‘俄顷，须臾也。’《广韵》曰：‘俄顷，速也。’此今义也。寻今义之所由，以俄、顷皆偏侧之意。小有偏侧，为时几何，故因谓倏忽为俄顷。许说其本义以晐今义。”又说：“《小雅·宾之初筵·笺》云：‘俄，顷貌。’《广雅》：‘俄，衺也。’皆本义也。……单言之，或曰俄，或曰顷，累言之曰俄顷。”

（2）谁　《说文》三上言部：“谁，谁何也。”段注：“《贾谊书》：‘陈厉兵而谁何。’《史记·卫绾传》：‘岁余不谁何。’……有单云谁者，如《五行志》‘大谁卒’，《易林》‘无敢谁者’。……有单云何者，如《广雅》：‘何，问也。’《贾谊传》：‘大谴大何。’”按：谁何，诘问、呵叱的意思。俄顷、谁何之类，非物名而有时可以单呼，有时可以累呼，这种情况古代比较少，但在后代却逐渐多起来。

也有单呼与累呼意义不同的，例如：

（1）鹅、鴚鹅　《说文》四上鸟部：“鹅，鴚鹅也。”又，“鴈，鹅也。”段注：“鴈与雁各字，鹅与鴚鹅各物。许意隹雁为鸿雁，鸟部鴈为鹅，駉鹅为野鹅。单呼鹅，人家所养之鹅。今字雁、鴈不分久矣。”郝懿行《尔雅义疏》下之五：“今按鴈、鹅同类而别，古人则通。《庄子·山木篇》云：‘命竖子杀鴈而烹之。’盖鴈即鹅矣。”按：据此，知古代单呼鹅或鴈，指家鹅；累呼駉（或作驾，又作驾）鹅，则指野鹅。

（2）麐、麒麟　《说文》十上鹿部：“麐，牝麒也。”段注：“单呼麟者，大牡鹿也。呼麒麟者，仁兽也。”按：麐是麟的或体。《玉篇》：“麟，大麔也。”麔即牡鹿。

（3）舳舻　《说文》八下舟部：“舳，舳舻也。从舟，由声，汉律名船方丈为舳舻。一曰船尾。”又，“舻，舳舻也。从舟、卢声。一曰船头。”段注：“汉时计船以丈，每方丈为一舳舻也，此释舳舻之谓，二字不分析者也。下文分释，谓船尾舳，谓船头舻，此分析者也。”按：段氏所谓“分析”和“不分析”，就是说单呼和累呼。《说文》一下草部苦字下段注：“凡合二字为名者，不可删其一字，以同于他物。如单云兰非芄兰，单云葵非凫葵，是也。”这也就是说单呼和累呼有时并非一物，不能混同。

以上两种情况都有大量的例证（第一种更多），上面只是从《说文》里随手举出一些。此外，有两点值得注意：一是有的物名只能累呼，不能单呼。如《史记·匈奴传》有“驒騱”，是匈奴的奇畜之一[①]。《说文》十上马部：“驒騱，野马属。从马，单声。一曰马。”段注就指出：“驒騱合二字为一物，此单言驒为一物，名之宜正者也。”一是有的地名，可合可分。如阳樊，一名樊，又名阳（见《说文》六下邑部䣓下段注）。商奄或商盖，一名奄（见《说文》邑部郁下段注）。这一类就是“简称”，古代已经出现，后世则越来越多。

《荀子·正名》：“单足以喻则单，单不足以喻则兼。”意思似乎是说单名和复名同时并起。段玉裁则说蒌蒿古代只称为蒌，庸渠（又作鳙鰈，一名章渠）古代只称为鳙，鹕胡古代只称为鹕（分见《说文》蒌、鳙、鹕等字下注）。他又认为单呼早于累呼。二说不同，但这是一个还值得进一步研究的问题。

① 驒騱，是译音的借词，与《诗·鲁颂·駉》“有驒，有骆”、《尔雅·释畜》“青骊驎，驒”非一物，所以段氏认为不能单言。

二、统言不分、析言有别例

统言就是笼统地说，也叫浑言或通言；析言就是分别地说，也叫别言。《说文》一上玉部珧下说："蜃甲也。"段注："按《尔雅》'蜃小者珧'，《东山经》'峄皋之水多蜃珧'。传曰：'蜃，蚌属。珧，玉珧，亦蚌属。'然则蜃、珧二物也，许云一物者，据《尔雅》言之。凡物统言不分，析言有别。"段氏指出统言和析言的区别，这是很重要的，因为同一的词，由于统言、析言的不同，所指称的事物就不一样，如不加以辨析，很容易引起误解。这里再举几个例：

（1）虫　《说文》十三下䖵部："䖵，虫之总名也。"段注："虫下曰：有足谓之虫，无足谓之豸，析言之耳。浑言之，则无足亦虫也。"郝懿行《尔雅义疏》下之三："《月令》，鳞、毛、羽、介通谓之虫。《大戴记·易本命篇》又以人为倮虫……是人与物通有虫名。"[①]按《说文》十一下鱼部："鱼，水虫也。"又龙部："龙，鳞虫之长。"又十上鼠部："鼠，穴虫之总名也。"《北梦琐言》、《唐语林》、《水浒传》等书都称老虎为大虫。这些，都足以说明虫不仅可以兼指无足的豸，而且可以泛指一切动物。这就是统言。今人所谓益虫、害虫之类，所指都有一定的范围，这就是析言。

（2）穀（谷）　《说文》七上禾部："穀，百穀之总名也。"段注："《周礼·太宰》言九穀，郑（玄）云：'黍、稷、稻、粱、麻、大小豆、小麦、苽也。'《膳夫》：'食用六穀。'先郑（众）云：'稌、黍、稷、粱、麦、苽也。'《疾医》言'五穀'，郑曰：'麻、黍、稷、麦、豆也。'《诗》、《书》言'百穀'，种类繁多，约举兼晐之词也。惟禾、黍为嘉穀。"这里所说的"约举兼晐"，就是统言。"约举兼晐之词"，也叫统辞，见《说文》四下肉部膈字、七下巾部帱字下段注。

（3）行　《说文》二下行部："行，人之步趋也。"段注："步，行也；趋，走也。二者一徐一疾，皆谓之行，统言之也。"又二上走部："走，趋也。"段注："《释名》曰：'徐行曰步，疾行曰趋，疾

① 鳞、毛、羽、介、倮又都可以叫做兽，可参看王念孙《读书杂志》卷五之二"介虫"条。与统辞相对待，则析言也可以叫做"别辞"。

趋曰走。’此析言之。许（慎）浑言不别也。今俗谓走徐趋疾者，非。”又十下夭部：“奔，走也。”段注：“《释宫》曰：‘室中谓之时，堂上谓之行，堂下谓之步，门外谓之趋，中庭谓之走，大路谓之奔。’此析言之耳，浑言之则奔、走、趋不别也。”郝懿行也说：“行、步、趋、走四者，异名而同实。”（《尔雅义疏·中之一》）综括段、郝二家之说，可知行、步、趋、走、奔五者，析言之，各有所指；统言之，则都可以叫做行。

《荀子·正名》：“物也者，大共名也。……鸟兽也者，大别名也。”统言就是指共名说的，析言就是指别名说的。

三、对文则异，散文则通例

对文就是相对而言，也叫对言或并言；散文则是不相对而言，也叫散言或分言。同一的词，对文则与另一词有分别；散文则两者可以通用。

下面举几个例：

（1）偃、仆　《说文》八上人部：“偃，僵也。”段注：“凡仰仆曰偃。”又，“仆，顿也。”段注：“顿者，下首也，以首叩地谓之顿首，引申为前覆之辞。《左氏音义》引孙炎曰：前覆曰仆。”又二下足部：“踣，僵也。”段注：“踣与仆音义皆同。……对文则偃与仆别，散文则通也。”

（2）讽、诵　马瑞辰《毛诗传笺通释》卷二十：“《诗·小雅·节南山》：‘家父作诵。’诵与讽对文则异，散文则通。《周官·大司乐·注》：‘倍文曰讽，以音节之曰诵。’此对文则异也。《说文》：‘讽，诵也。’此散文则通也。”按：《说文》三上言部：“诵，讽也。”“讽”、“诵”互训，故马氏说散文则通。“倍”与“背”同。倍文即背书。

（3）宫、室　《尔雅·释宫》：“宫谓之室，室谓之宫。”郝疏：“《考工记·匠人》云：‘室中度以几，宫中度以寻。’此是对文，至于散文则通。故《诗·定之方中·传》：‘室，犹宫也。’《楚辞·招魂篇·注》：‘宫犹室也。’”按：“宫”、“室”虽可互训，然就古制来说，户牖以内才叫做室，宫是总名，室是专称，对文则两者有分别。

（4）牙、齿　《说文》二下牙部：“牙，壮齿也。”段注：“前当唇者称齿，后在辅车者称牙，牙较大于齿……《诗》：‘谁谓雀无角？谁谓鼠无牙？’谓雀本无角，鼠本无牙，而穿屋穿墙，似有角、牙者。然鼠齿不大，故谓无牙也。东方朔说驺牙曰：‘其齿前后若一，齐等无牙。’此为齿小牙大之明证。”按：齿、牙对文，则一小一大，区别显然。然《史记·张苍传》：“苍之免相后，老，口中无齿。”崔骃《达旨》：“唐且华颠而悟秦，甘罗童牙而报赵。”散文则“齿”、“牙”又可通用。

对文、散文以及上面所说的统言、析言等术语，唐代就出现了。《诗·大序》：“声成文谓之音。”孔颖达《正义》：“此言‘声成文谓之音’，则声与音别。……对文则别，散则可以通。”又，《礼记·曲礼下》：“生曰父，曰母，曰妻；死曰考，曰妣，曰嫔。”孔颖达《正义》：“此生死异称，出《尔雅》文，言其别于生时耳。若通而言之，亦通也。”清代学者沿用了唐代注疏家的术语，但往往同时并用，分辨不很严格。从今天看来，大概可以这样说：统言指一类事物的总称，它能统摄许多词；对文则指有细微区别的同义词，一般只涉及两个词。析言与散文意义相似，但一与统言相对待，一与对文相对待，两者仍有区别。

潘岳《射雉赋》：“雉鷕鷕而朝雊。”颜延之指摘潘氏误用（见《文选》卷九李善注），颜之推《颜氏家训·文章篇》也说潘氏“混杂其雌雄”。因为据《说文》和《诗·邶风·匏有苦叶·传》等文献，雊是雄雉鸣而鷕是雌雉声。但《射雉赋》其实是用统言，不是析言，所以段玉裁批评二颜“未熟于训诂之理”（《说文》四上隹部雊下注）。由此可见，不懂得统言、析言的分别，便会误解词义。《辞源》厂部“原”下释文：“广平曰原。”不知单言或与“陆”并称，原是广平；要是与“衍”并称，则原就是高平，不是广平了。由此可见，不懂得对文、散文的分别，也不能准确地、全面地解释词义。

鸟与隹有长尾、短尾之分，而《尔雅·释鸟》则兼包长尾、短尾二者；鱼与介虫有别，而《尔雅·释鱼》则兼包鳞、介两类。其他如《释器》、《释畜》等篇也有类似的情况。这些现象都可以用

“对文则异，散文则通”的条例来解释。要是不明这一条例，那么，古籍中的许多词语就都不好理解了。

四、连文与单文同义例

连文就是两个同义词连用。连用之后，意义仍与单文（即单用）相同。这种例子，现代汉语中很多（如道路同路，文字同字），在古汉语中也很早就出现了。这里举几个例：

（1）林烝　《尔雅·释诂》：“林烝、天、帝、皇、王、后、辟、公、侯，君也。”郝疏：“林亦盛大之词，与烝同义。《故平都相蒋君碑》云：‘于穆林烝’，以二字连文，其义与单义同也。”王引之《经义述闻》卷二十六：“君字有二义：一为君上之君，天、帝、皇、王、后、辟、公、侯是也；一为群聚之群，林烝是也。古者君与群同声……林、烝、群同为众多之义，故曰‘林烝，群也’。林烝二字连文，而不与下文相错，亦可知其别为一类矣。”《诗·大雅·宾之初筵》：“百礼既至，有壬有林。”毛传训“林”为国君，后人多承其误；类似的例子还有很多。王氏说：“自唐以来，遂莫有能知其义者矣。”可见不懂得这一条例也会误解词义。

（2）仿佛　《说文》八上人部：“仿，仿佛，相似，视不諟也。”段注：“仿佛，双声叠字也。……諟，即谛。言部曰：审也。”又，“佛，仿佛也。”段注：“按髟部有髴，解云，髴，若似也。即佛之或字。”又佛下注：“似者，像也。若似者，累言之。髴与人部仿佛之佛义同。许无髴字，后人因佛制仿。”按：仿佛，向来认为是联绵词。但据《说文》髴字下的说解，则二字也可以拆开来解释，这样，也就成了连文与单文同义了。

（3）姎我　《说文》十二下女部：“姎，女人自称姎我也。”段注：“《后汉书·西夷传》注、《广韵》三十三荡，皆引女人自称姎我。姎我联文，如吴人自称阿侬耳。”按：段说是正确的。有些版本作“姎，女人自称我也”，我上脱姎字。这样，就看不出姎我是连文了。又，《尔雅·释诂》：“卬，我也。”姎与卬同。

刘师培《文例释要》（《左盦外集》卷十三）说：“古人属词，虽以达意为主，然句法贵齐。若所宣之蕴已罄，而词气未休，则迭累其意，以复词足其语。”文中举了很多的例子，如“不遑暇食”（《书·无逸》）、“三命滋益恭”（《左传·昭公七年》）之类。东汉以后，骈体渐兴，这种用法就更多了。

有一点值得注意，那就是：有些词，古代同义，后来却变成不同义了，这就很容易使人误会是两个词，而不知本来是连文。王引之说：“古人训诂不避重复，往往有平列二字上下同义者，解者分为二义，反失其指。”（《经义述闻》卷三十二）俞樾《古书疑义举例》有“两字一义而误解例”，讲的也是这种情况。他们各举了一些例，现从王书选出两个：“《诗·节南山篇》：‘不敢戏谈’，解者训谈为言语，不知谈者戏调也。谈亦戏也。”（《经义述闻》卷三十二）又，“言与问同义，故或谓之言问。《汉书·贾谊传》曰：‘臣闻圣主言问其臣，而不自造事。’言，亦问也。连称言问者，古人自有复语耳。颜师古注：‘欲发言则问其臣。’分言问为二义，失之。”（《经义述闻》卷二十七）按：《广雅·释诂》：“言，问也。”可见言就是问，问就是言。言问二字，汉代以前往往连用。[①]

五、重言与单言同义例

重言就是两个相同的字叠用，也叫重文或叠字。古人以一字为一言，所以同字叠用叫重言。单言就是一个单用的字，也叫单文。

重言与单言意义不同，这是很常见的。例如“关关”不同于“关”（关关，是鸟相和鸣声；关，是拒门之木，即门闩，引申为关塞），“洋洋”不同于“洋”（洋洋，训忧思；洋，训多。见《尔雅·释诂》）。这一类容易明白。但重言也有与单言同义的，如顾炎武《日知录》卷六“肃肃敬也”条就说：“‘肃肃，敬也。’‘雍雍，和也。’《诗》本肃、雍一字而引之二字者，长言之也。《诗》云：‘有洸有溃。’毛公传之曰：‘洸洸，武也；溃溃，怒也。’即其例也。”黄汝成《集释》引臧琳说：“《毛诗·传》有经本一字而传重文者，如‘忧心有忡’，传：‘忧心忡忡然。’‘赫兮咺兮’，传：‘赫，有明德赫赫然。’‘容兮遂兮，垂带悸兮’，传：‘佩玉遂遂然，垂其绅带

① 可参看《读书杂志》卷四之九“言问其臣”条，《经义述闻》卷二十七“讯，言也”条。

悸悸然。'‘将其来施’，传：‘施施，难进之貌。’‘条其歗矣’，传：‘条条然歗也。’‘惴惴其栗’，传：‘栗栗，惧也。’”钱大昕《十驾斋养新录》卷一“以重言释一言”条也就《诗经》举了一些例，其中有一些与臧氏所举相同，不同的，如：“《诗》：‘亦汎其流’，传云：‘汎汎，流貌。’”“‘硕人其颀’，笺云：‘长丽俊好颀颀然。’”“‘咥其笑矣’，传、笺皆云：‘咥咥然笑。’”诸如此类，也都是以重言释单言，表明重言与单言同义。

其实，重言与单言同义不限于《诗经》，其他古籍里也有。即如上举的“肃”字，郝懿行就曾指出：“《诗·鸿雁·传》：‘肃肃，羽声也。’《鸨羽·传》：‘肃肃，鸨羽声也。’是皆重文，若单文亦为声。《礼·祭义》云：‘肃然必有闻乎其容声。’《史记·孝武纪》云：‘神君来则风肃然。’是皆以肃为声也。”（《尔雅义疏》上）又如“邈”字，《广雅·释诂》训“远也”。王念孙也指出：“重言之则曰邈邈。《楚辞·离骚》：‘神高驰之邈邈’，王逸注云：‘邈邈，远貌。’”（按：《广雅·释训》，邈邈也训“远也”）这一类的例子是很多的。

《尔雅》有《释训》，郝疏：“《释训》云者，多形容写貌之词。故重文叠字累载于篇。”形容写貌之词，就是现在所谓形容词。郝氏指出重言多为形容词，这是很对的。重言的动词，如“行行”（《古诗十九首》：“行行重行行”）、“去去”（《世说新语·任诞》：“去去！无可复用相报”）之类，的确很少。

《释训》的第一条：“明明、斤斤，察也。”郝疏说；“《诗·常武·正义》引舍人曰：‘明明，言其明甚。……斤，有明审之义。……《尔雅·释文》引舍人云：‘斤斤，物精详之察。’孙炎云：‘斤斤，重慎之察也。’”可见形容词重叠有强调的意味。这种现象在现代汉语里是相当普遍的，如“高高”就是很高，“大大”就是很大；古籍里却也早已出现，而且早已有人指出来了。

六、急言与缓言同义例

急言就是说得很快，缓言就是说得较慢。顾炎武《日知录》卷三十二有“语急”条， 俞樾《古书疑义举例》卷二有“语急例”、

“语缓例”，但所举的例都不恰当。[①]俞氏说：“古人语急，则二字可缩为一字，语缓则一字可引为数字。”这里的“数”字如果改为“二”字，那就更准确了。

现在补举几个例：

（1）邹、邾娄　《说文》六下邑部：“邹，鲁县，古邾娄国，帝颛顼之后所封。”段注：“周时或云邹，或云邾娄者，语言缓急之殊也……邾娄之合声为邹。”按：邹，汉时作驺。

（2）笔、不律　《尔雅·释器》：“不律谓之笔。”郭璞注：“蜀人呼笔为不律，语之变转。”郝疏：“不律者，笔之合声。《说文》云：‘聿，所以书也，楚谓之聿，吴谓之不律，燕谓之弗，秦谓之笔。’郭云：‘蜀人呼笔为不律。’可知此皆方俗语音轻重，其义即存乎声也。”按：《尔雅》训“蒺藜”为“茨”，训“扁竹”为“蓄”（《说文》作苭），也都是急言为一字，缓言则为二字。

（3）韎、茅蒐　《说文》五下韦部：“韎，茅蒐染韦也。”段注：“齐、鲁之间言韎声如茅蒐，字当作韎。陈留人谓之蒨。韦（昭）注《国语》云：‘茅蒐，今绛草也，急疾呼茅蒐成韎。”《尔雅·释草》：“茹藘，茅蒐。”郝疏：“韎为茅蒐之合声……古读蒐从鬼得声。”按：急疾呼就是急言。又韎，《说文》作韎，从韦末声。《尔雅》作韎，未声，当依郑玄驳《五经异义》，读莫佩切，音妹。

从上举诸例看来，可知缓言实即急言的反切，所以刘师培《小学发微补》说：“笔、茨诸物皆以切语为名。”《经义述闻》卷二十七“不律谓之笔”条，驳郑樵“缓声为不律，急声为笔”的说法，以为“不”是发声，恐不足信。

七、肯定、否定同词例

同一的词，可以表示肯定义，也可以表示否定义，这是古汉语

① 《日知录》同卷“奈何”条引《左传》“弃甲则那”，以为“直言之曰那，长言之曰奈何，一也”，这才真是急言和缓言的例子。

中一种奇特的现象[①]。《日知录》卷三十二："《公羊传·隐元年》：'母欲立之，已杀之，如勿与而已矣。'（何休）注：如，即不如，齐人语也。"按：不一定齐语如此，顾氏在下文里就举出《左传》用"如"等于"不如"的许多例子[②]，并引《左传正义》说："古人语然，犹'不敢'之言'敢'也。"原注："庄二十二年：'敢辱高位，以速官谤。'"注："敢，不敢也。"昭二年："敢辱大馆。"注："敢，不敢。"近人有疑《左传》用"敢"字的几例都是疑问句，不必看成肯定、否定同词的，但顾氏所举用"如"字的几例，显然绝不能说是疑问句[③]。因此，不能否认古汉语中有这种奇特的现象[④]。

《尔雅·释言》："曷，盍也。"郭璞注："盍，何不也。"郝疏："盍者，《广雅》云'何也'，《玉篇》云'何不也'，通作盍。……曷者，《说文》云：'何也。'"王引之《经义述闻》卷二十七"曷，盍也"条引其父念孙说："盍之为何不，常训也，而又训为何。故《广雅》曰：'盍，何也'。《楚辞·九歌》：'盍将把兮琼芳。'王（逸）注曰："盍，何也。言灵巫何持乎?乃复把玉枝以为香也。……曷之为何，常训也，而又训为何不。《汤誓》曰：'时日曷丧?'《唐风·有杕之杜》曰：'中心好之，曷饮食之?'曷，皆谓何不也。（说者皆训为何，失之。）曷为何，而又为何不；盍为何不，而又为何：声近而义通也。故《尔雅》曰：'曷，盍也。'学者失其义久矣。"按：《礼·月令》的"鹖旦"，《经典释文》作"曷旦"，《礼·坊记》则作"盍旦"，足证"曷"、"盍"确是声近义通。两字都兼有二义，也可认为肯定、否定同词[⑤]。

---

① 刘师培《小学发微补》："中国言文最难解者有二例：一曰同一字而字义相反，一曰正名词同于反名词（此用日本名学所用之名词）。"同一字而字义相反，即肯定、否定同词；正名词同于反名词，即正反同词，见下。

② 如僖二十二年传："宋子鱼曰：'若受重伤，则如勿伤。'"成二年传："卫孙良夫曰：'若知不能，则如勿出。'"定八年传："卫王孙贾曰：'然则如叛之。'"这一类的例子还有一些。

③ 黄汝成《日知录集释》引臧琳说："《尧典》：'试可乃已'，《史记》作'试不可用而已'。《论语》'患得之'，《集解》：'患不能得之，楚俗语。'"皆语急反言之证。这里所引二例，也都不是疑问句。

④ 王念孙父子怀疑何休注，认为"如上当有不字，而写者脱之"（《经义述闻》卷二十四"如勿与而已矣"条），但顾氏所引《左传》诸例，不能都说是漏写了"不"字，王说是不对的。

⑤ 《广雅证疏》卷三上"害、曷、胡、盍，何也"条，说这几个字"皆一声之转也……并字异而义同"，可参看。

《尔雅·释丘》:“夷上洒下，不漘。”郭璞注:“厓上平坦而下水深者为漘。不，发声。”又，《释鱼》:“龟……左倪不类，右倪不若。”郝疏:“倪与睨同。……左右倪谓头偏向左右。”这两个“不”，郑玄以为都是发声。这一类的“不”，都不表否定，与上文所举的“不律”不同。

八、正反同词例

与肯定、否定同词相类似的，有正反同词。

《说文》四下刀部:“删，剟也。”段注:“凡言删剟者，有所去即有所取。《史记·司马相如传》曰:‘故删取其要，归正道而论之。’删取，犹节取也。谓去其侈靡过实，非义理所尚，取其‘天子芒然而思’已下也。既录其全赋矣，谓之删取，何也?言录赋之意在此不在彼也。《艺文志》曰:‘今删其要，以备篇籍。’删其要，谓取其要也。不然，岂刘歆《七略》之要，孟坚尽删之乎?详言之，则如《律历志》曰:‘删其伪辞，取其义者著于篇。’约言之，则如《相如传》、《艺文志》。”按:去取都叫删，这就是正反同词。

类似的例子还可举出一些，如:

(1) 废　《说文》九下广部:“废，屋顿也。”段注:“顿之言钝，谓屋钝置无居之者也。引申之，凡钝置皆曰废。《淮南·览冥训》:‘四极废。’高(诱)注:‘废，顿也。’古谓存之为置，弃之为废；亦谓存之为废，弃之为置。……废之为置，如徂之为存，苦之为快，乱之为治，去之为藏。”又，“置之而不用曰废，置而用之亦曰废。”(《说文》五下亼部“舍”下注)按:《公羊传·宣公八年》:“去其有声者，废其无声者。”何休注:“废，置也。”置，即不去之意，与“去”相对待。《尔雅·释诂》:“废，舍也。”郭璞注:“舍，放置。”置、舍也是同义词。

(2) 肆、故　《尔雅·释诂》:“肆、古，故也。肆、故，今也。”郭璞注:“肆既为故，又为今。今亦为故，故亦为今，此义相反而兼通者。”郝疏:“字有二义，因有二训，然则肆既为故，又为今，无足怪矣。”按:“古”、“故”互训。《诗·邶风·日月》:“逝不古处。”传:“古，故也。”《楚辞·招魂》:“乐先故些。”注:“故，古也”。是其证。

（3）落　《尔雅·释诂》：“落，始也。”郝疏：“落者，《诗》：‘访予落止。’《逸周书·文酌篇》云：‘物无不落。’毛传及孔晁注并云：‘落，始也。’落本殒坠之义，故云殂落。此训始者，始终代嬗、荣落互根，《易》之消长，《书》之治乱，其道胥然。愚者暗于当前，达人烛以远览。落之训死，又训始，名若相反，而义实相通矣。”

王念孙《广雅疏证》卷二下引用了大量的古籍，说明“郁陶”训忧又训喜，并作出结论：“凡一字两训而反复旁通者，若乱之为治，故之为今，扰之为安，臭之为香，不可悉数。《尔雅》云：‘郁、陶、繇，喜也。’又云：‘繇，忧也。’则繇字即有忧喜二义，郁陶亦犹是也。是故喜意未畅谓之郁陶……忧思愤盈亦谓之郁陶……事虽不同，而同为郁积之义，故命名亦同。”这是进一步指出正反所以同词的道理。阎若璩《古文尚书疏证》说：忧、喜不同名，《广雅》训陶为忧是错误的。这就是不懂得正反同词的道理了。

刘师培《古书疑义举例补》有“二义相反而一字之中兼具其义之例”，说的就是正反同词，但所举的例有一些并不典型。

九、美恶同词例

《古书疑义举例》卷三有“美恶同辞例”，指出“古者美恶不嫌同辞”，但举的例不够典型。现在改举几个如下：

（1）毒　《说文》一下中部：“毒，厚也。”段注：“毒兼善恶之辞，犹祥兼吉凶，臭兼香臭也。《易》曰：‘圣人以此毒天下而民从之。’《列子书》曰：‘亭之毒之。’皆谓厚民也。毒与竺、笃同音通用。”按：毒有毒害、养育二义。《左传·僖二十八年》：“莫余毒也已”是毒害义。《老子》：“长之育之，亭之毒之”，是养育义。王引之解“毒”为“安”。见《经义述同》卷二“以毒天下而民从之”条，安与养育义近。《经典释文》引马融说，“毒，治也”，治也与养育义近[①]。

① “圣人以此毒天下而民从之”的毒，王逸解为“役”，干宝解为“荼苦”，都错了，说详俞樾《群经平议》卷二。

（2）仇　《说文》八上人部："仇，雠也。"段注："《左传》曰：'嘉偶曰妃，怨偶曰仇。'按：仇与逑古通用。辵部：'怨匹曰逑'，即怨偶曰仇也。仇为怨匹，亦为嘉偶。"又三下攴部："敌，仇也。"段注："仇者，兼好恶之辞。"又三上言部雠下段注："仇、雠本皆兼善恶言之，后乃专谓怨为雠矣。"按：《尔雅·释诂》："仇、雠、敌、妃，匹也。"匹，就是配偶的意思。（《白虎通》："匹，偶也。"）配偶有好的，也有不好的，所以嘉偶、怨偶都可以叫做仇。

（3）诬　《说文》三上言部："诬，加也。"段注："按力部曰：'加，语相增加也，从力、口。然则加与诬同义互训……加与诬皆兼毁誉言之，毁誉不以实皆曰诬。'"按：诬的本义是言过其实，好话、坏话讲过了头，都叫做诬，后来则专指讲坏话了，如"诬蔑"。又《说文》九上厶部诱下段注："诱，犹道也，引也，盖善恶皆得谓之诱。"诱也兼指好坏两方面，与诬相同。

美恶同词与正反同词相似而又不同。一词两义有好坏、褒贬之分的，是美恶同词；没有这种分别而只是两相对待的，是正反同词。这两种现象，古汉语里相当多，现代汉语里则已经很少了。

十、施受同词例

杨树达《古书疑义举例续补》有"施受同辞例"。施，是施事，也叫主事。受，是受事。杨氏说："同一事也，一为主事，一为受事，且又同时连用，此宜有别白矣，而古人亦不加区别，读者往往以此迷惑，则亦读古书者不可不知也。……《史记·范雎蔡泽列传》云：'人固不易知，知人亦未易也。''人固不易知'者，谓贤者不易见知于人。此知字，受事之辞也。'知人亦未易'之知，则主事之辞，而《史记》只皆曰'知'，初学者便疑其语意复沓矣。"杨氏又举授受等字为例，并说："授受、买卖、粜粜，本各两事也，古人语言且混合不分，无怪同一事之主受两面混淆不清矣。"

汉语的被动式，虽然先秦就已出现，但因没有形态，动词的本身显不出变化来，主动、受动便不易区分开来。受与授、买与卖、籴与粜，只是字形上的分别，语音和意义古代是没有分别的。

这里补举几个例：

（1）禀　《说文》五下㐭部："禀，赐谷也。"段注："凡赐谷曰禀，受赐亦曰禀。引申之凡上所赋、下所受皆曰禀。《左传》言'禀命则不威'是也。"

（2）观、览　《说文》八下见部："观，谛视也。"段注："凡以我谛视物曰观，使人得以谛视我亦曰观；犹之以我见人，使人见我皆曰视，一义之转移本无二音也。而学者强为分别，乃使《周易》一卦而平去错出，支离殆不可读，不亦固哉。"又，"览，观也。"段注："以我观物曰览，引申之使物观我亦曰览。《史记·孟荀列传》：'为开第康庄之衢，高门大屋尊宠之，览天下诸侯宾客，言齐能致天下贤士也。'此览字无读去声音，则观字何必𧧻析其音乎?"按：段氏认为古无去声，故说观字也不当有平去两读。

（3）贷、贳　《说文》六下贝部："贷，施也。"段注："谓我施人曰贷也。"又："贳，从人求物也。"段注："从人，犹向人也，谓向人求物曰贳也。按：代、弋同声，古无去入之别；求人、施人，古无贳、贷之分。由贳字或作贷，因分其义又分其声。如求人曰乞，给人之求亦曰乞。今分去讫、去既二音。又如假、借二字皆为求者、予者之通名。唐人亦有求读上入、予读两去之说，古皆未必有是。贳别有贷，又以改窜许书，尤为异耳。经、史内贳、贷错出，恐皆俗增人旁。"按：现代汉语中，"借"字至今仍然施受不分。

施受不分的现象，古籍中很多，但有一些却被后人改动了。这里举一例。《读书杂志》卷三之四："《史记·苏秦列传》：'今西面而事之，见臣于秦，夫破人之与见破于人也，臣人之与见臣于人也，岂可同日而论哉。'念孙按：下两见字，皆涉上见字而衍。《索隐》本出'臣人之与臣于人'七字，注曰：'臣人，谓己为彼臣也；臣于人，谓使彼臣己也。'（按：《索隐》误解，当从《正义》。）《正义》曰：'破人，谓破敌也；破于人，谓被敌破。臣人，谓己得人为臣；臣于人，谓己事他人。'则无两见字明矣。《赵策》亦无两见字。"司马贞、张守节所见的《史记》，还没有两个见字，可见这是唐代以后的人妄增的；所以要增加两个字，就是由于后人不懂得古代施受不分的缘故。

上举十项，都是比较特殊，应当加以注意的，但并未包括古籍中所有的词例；十项的名目也都是前人所定，不是我的杜撰。至于古代何以会出现这些特殊的语言现象，以及它们后来又是怎样发展、演变的，说起来相当复杂，还需要进一步加以探讨。

［选自《张涤华文集》（第四集），安徽师范大学出版社2011年版］

略谈语法和修辞的关系

一

在汉语里，语法现象和修辞现象往往分不开[①]，语法和修辞两者打交道的时候也特别多，这是汉语的特征之一。有人看到这一点，因而主张学校里开语言课，要把语法和修辞合并讲授。这个意见值得考虑。

语法和修辞是有区别的，不能混淆；但它们又经常联系，显得很突出。为什么会有这种情况呢？要说明这一点，那就需要了解语法和修辞的关系。

以下试就这一问题简要地谈谈个人的一些看法。

二

要了解语法和修辞的关系，首先得了解语法和修辞的相同之点与不同之点在哪里。

语法和修辞有没有相同之点呢？有的。语法和修辞都以语言为研究的对象，都是语言学里面的一部门，都以研究语言发展的内部规律为主要任务；它们所用的研究方法都是从分析具体的语言现象出发，把基本的共同点综合起来，概括成一些规律，并把这些规律组成体系；它们的研究成果，一方面可以给人类带来意义重大的知识，从而丰富人类的知识宝库；另一方面也可以使人们能够更好地使用语言，掌握语言。所以这种研究既有理论意义，也有实践意

① 例如："起来，不愿做奴隶的人们！"这种倒装的说法，就既是语法现象，又是修辞现象。

义。所有这一切，都是两者所共同具备的。

但是，两者的共同之点也只限于上面所说的这一些。如果再进一步去考察，那末，我们就会发现两者各有自己的专门特点，它们是两种不同的学问。语法是研究词的变化规则和联词成句的规则的；研究的目的在于分析语言结构，找出形式规律，并告诉我们怎样就算通，怎样就算不通，怎样就符合一般习惯，怎样就不合一般习惯；它的研究对象，最小的是“词”，最大的也只到“句”为止。（最近也有人主张可以扩充到“段”，但这一点还值得研究。）修辞是研究如何有效地使用语言来表达意义的，它属于词汇学或语义学的范围；研究的目的在于讲求表达的方式和技巧，并告诉我们怎样才能把话说得清楚明白（消极修辞），怎样才能把话说得生动有力（积极修辞）；它的研究对象，除了词句之外，还扩大到段落篇章乃至文体、风格等等。总之，语法是研究如何分析各种语言结构的学问，研究的目的在于“求通”；修辞是研究如何使用各种语言结构的学问，研究的目的在于“求好”。这是两者主要的不同之点。我们只要能理解这一点，那末，我们就能够把两者很明确地区别开来。

其次，我们就要考察语法和修辞的关系的本身了。

语法和修辞肯定是有关系的。可是，两者之间的关系表现在哪些方面呢？

对于这一问题，我们可以分三项来说明。

（1）表现在对各种语言结构的选择上。

这里所说的语言结构，包括词和句子。在使用语言表达意义的时候，常有这样的一种情况，那就是：从语法的角度看，一个词语或一个句子并没有错，也没有什么毛病；可是，如果从修辞的角度看，那就必须把这一个词语或句子换成另一个词语或句子，或者是在几个词语或句子之中挑选出最合适的一个。这一项又可分为两类：

①选择词语。就是古人所谓“炼字”。法国文学家福楼拜告诉他的学生莫泊桑，描写动作要找出唯一的动词，描写性状要找出唯一的形容词，成了文学史上有名的“一词说”，也就是指此而言。试举两个例子：

1）宋洪迈《容斋五笔》卷五：“范文正公守桐庐，始于钓台建严先生祠堂，自为记。用屯之初九、蛊之上九，极论汉光武之大，先生之高，财二百字。其歌词云：‘云山苍苍，江水泱泱，先生之德，山高水长。’既成，以示南丰李泰伯。泰伯读之三，叹味不已，起而言曰：‘公之文一出，必将名世。某妄意辄易一字以盛美。’公瞿然，握手扣之。答曰：‘云山江水之语，于义甚大，于词甚溥；而德字承之，乃似趢趚，拟换作风字，如何？’公凝坐颔首，殆欲下拜。”

2）宋何薳《春渚纪闻》卷七：“自昔词人琢磨之苦，至有一字穷岁月，十年成一赋者。白乐天诗词疑皆冲口而成，及见今人所藏遗稿，涂窜甚多。欧阳文忠公作文既毕，贴之墙壁，坐卧观之，改正尽善，方出以示人。薳尝于文忠公诸孙望之处，得东坡先生数诗稿。其《和欧叔弼》诗云：‘渊明为小邑。’继圈去为字，改作求字；又连涂小邑二字，作县令字，凡三改乃成今句。至‘胡椒铢两多，安用八百斛’，初云：‘胡椒亦安用，乃贮八百斛？’若如初语，未免后人疵议。又知虽大手笔，不以一时笔快为定，而惮于屡改也。”

例1）的“德”和“风”，都是名词做中心语。从语法上看，两者都通，并没有多少分别。例2）的“为小邑”和“求县令”，都是动宾词组，语法结构完全相同，也都讲得通。可是，原作经过别人的指点或是作者自己的推敲，词语都作了变动（这样一变动，表达的效果就大不一样），这就是完全由于修辞的关系了。

②选择句型。句型就是句子的格式。句子有种种不同的格式，也就是有种种不同的型。研究句型就是研究这些句子的型是怎样构成的。大概说来，不同的句型多由增添辅助词或变化句调构成。例如我们说：“张三来。”这个句子所包含的主要概念有“张三”，有“来”。对于这两个概念的结合，也可以用另外的一些格式来表达。比如我们可以说：“张三不来。”这样，这个句子就变成否定句。我们可以说：“张三不来？”或“张三不来吗？”这样，这个句子就变成疑问句了。我们也可以说：“呀！张三来了！”这样，这个句子就又变成感叹句了。由此可见，主要的意义可以不变，使用的语言材料也可以基本上不变，可是句型却可以有种种变化。这些变化，对语法来说，关系并不大（因为主要结构没有变），但对修辞来说，则有特殊的意义。例如魏巍的《朝鲜通讯》有这么几句：

朋友们，当你听到这段英雄事迹的时候，你的感想如何呢？你不觉得我们的战士是可爱吗？你不以我们的祖国有着这样的英雄而感觉自豪吗？

这例中最后两句的“不”字，从语法的观点看，是可以去掉的；但有这两个“不”字，便成了反问，便增强了修辞的效果，便使语言更有鼓动的力量。两两相比，情况显然是不同的。又如《水浒》第24回里有潘金莲的几句自豪的话语：

我是一个不带头巾男子汉，叮叮当当响的婆娘！拳头上立得人，胳膊上走得马，人面上行得人！

写得神气活现。倘使把后面的三句改成：

人可以在拳头上立，马可以在胳膊上走，人可以在人面上行！

虽然句句合乎语法，虽然所表达的意义和所使用的语言材料基本上也相同，可是这样一改，原来的那种神气就一点儿也没有了。

（2）表现在对各种语言结构的安排上。

在语言结构的安排上也可以看出语法和修辞的不同。语法只管个别的句子，只管句子的内部联系；修辞却要照顾上下文，即要照顾句子与句子的外部联系。例如：

大门朝东，对着火车路。火车路前面是一片沙滩，沙滩的尽头，横着一条小河。小河的那边又是沙滩……（欧阳山：《高干大》）

这例中“火车路”以下，用“顶真格”①，句句勾连，显得非常紧凑。要是改成：

大门朝东，对着火车路。一片沙滩正当着火车路。沙滩的尽头，一条小河横着。小河那边又是沙滩……

虽然也句句可通，可是连在一起，却显得松懈、零乱，把原作中那种头尾相衔、上递下接的趣味完全失去了。又如：

人影在地，仰见明月，顾而乐之。（苏轼：《后赤壁赋》）

这几句先写无意中看见地上的人影，于是想起了月亮，仰头一看，果然皓月当空；于是引起赏月的兴味。寥寥几句，写得情事如见，而又非常自然。这几句的顺序，必得如此安排。要是把“仰见

① 顶真格，是一种辞格，也称勾连格，可参看陈望道《修辞学发凡》，上海文艺出版社1962年版，第211页。

明月”放在“人影在地”之前，那不但与“顾而乐之”不相衔接，而且看见明月之后，再去找地上的人影，简直是小孩子的行径，显得幼稚可笑，话也就说得神味索然了。陈望道先生《修辞学发凡》，把“伦次通顺”算做消极修辞的条件之一，陈先生说：“通顺是关于语言伦次上的事。语无伦次，固然不成其为语，便有伦次，而不免紊乱、脱节、龃龉，也终不是语言的常态。所以寻常修辞，都不可不依顺序，不可不相衔接，并且不可没有照应。能够依顺序，相衔接，有照应的，就称为通顺。”“顺序有关于语言习惯的，有关于上下文的情形的。”①

关于语言习惯的（如陈先生所举中国以“喝茶”为顺，“茶喝”为倒；日本以“茶喝”为顺，“喝茶”为倒之类是②），语法还管得着；关于上下文的，那就只属于修辞的范围。这种句序的安排，不但与消极修辞有关，其实也与积极修辞有关。关于这一点，我们只要看一看上举《后赤壁赋》一例，就可以明白了。

（3）表现在对各种语言结构的变化上。

这里所说的“语言结构的变化”包括很广，像省略、重复、倒装等等就都是的。关于这些，在一般讲语法修辞的书里大都已经讲到，不必赘说，这里只想谈谈另一种变化，那就是分合。分合就是分说和合说。我们说话的时候，可以把几个意思分开来说，也可以把几个意思合在一块儿说。这种分合对于句子的结构有影响，同时，对于表达的效果也有影响。试举一例：

这个别墅是一九一〇年建筑的。①当中是一座三层楼的宏丽的皇宫，全部用白色音克门石和大理石建成。②周围是花园，栽满了奇花异草。③（韬奋《萍踪寄语》）

这例中的①是单句，②③是复句。这两个复句也可以改成：“当中是一座全部用白色音克门石和大理石建成的三层楼的宏丽的皇宫。②周围是栽满了奇花异草的花园。③”这样，就都成了单句了。很显然，这两个单句就是原来的两个复句的紧缩，可以叫做“紧缩句”。与紧缩句相对待，可以把原句叫做“扩张句”。紧缩句跟扩张句有什么不同呢？回答是：句子所表达的重点不同。即如上举

① 陈望道《修辞学发凡》，上海文艺出版社1962年版，第64页。

② 陈望道《修辞学发凡》，上海文艺出版社1962年版，第64页。

的这个例子，两个扩张句各有两个重点。就②来说，一是皇宫，一是皇宫外貌。就③来说，一是花园，一是奇花异草。改成单句之后，各个只有一个重点，不过说明皇宫如何和花园如何罢了。包含了两个重点的句子变成一个重点，句子的意义就有显著的不同。如果再把改变了的两个单句跟前一个单句合成一个句子，像下面这样："这个当中是一座全部用白色音克门石和大理石建成的皇宫，而周围是栽满了奇花异草的花园的别墅，是一九一〇建筑的。"这仍然是一个单句（虽然拖沓得要命）[①]，而且只有一个重点：别墅。原作不用这种结构，而用三个句子一层一层地叙述出来，使别墅、皇宫、花园三个重点都能够突出，因而表达的效果便全然不同。由此可以得出一个结论：如果把几个句子合并成为一句而它的作用、效果因而不同的时候，我们就不必加以合并。这就是说，有些分立的句子是不应该紧缩为一句的。

但是，也有时我们必须把几个句子紧缩为一句，然后才能使全句的意义更为突出有力。例如：

这一天激烈的反坦克战把敌人出动的三十多辆坦克击毁了十八辆。①

这一天反坦克战很激烈，敌人出动的三十多辆坦克被我们击毁了十八辆。②[②]

这两个例子，①是②的紧缩。两相比较，②就显得拖沓一点，实在不如①的紧凑。由此可见，句子的或分或合，跟修辞有着密切的关系。说话作文，能注意到这种变化，那是很重要的。

三

以上的分析很不全面，但是，由这种不全面的分析我们也已经可以看出两点：

第一，修辞是建立在语法上面的，没有语法基础，修辞就无从建立起来。这个道理很明显。因为语法如果没有学好，一句话还不能说得明白通顺，那又怎么谈到修辞呢？"通"是起码的条件，

① 这个句子旧称包孕句。照一般的说法，包孕句也可以算做单句。

② 以上两例，采自周铁铮《现代汉语》，湖南师范学院1954年刊印。

“好”是进一步的要求；起码的条件还不具备，就要追求修辞效果，其结果一定是求之愈深，失之愈远。再者，修辞的手段尽管多式多样，但是不管是哪一种，总得受语法的限制。也就是说，一定要在语法许可的范围内才能采用。脱离语法的修辞，脱离民族语言习惯的修辞，首先就会造成理解上的困难，那又怎么能收到修辞的效果呢？

第二，语法只告诉我们语言里面有多少种结构，修辞却告诉我们什么时候能用某种结构，什么时候不能用某种结构。正是由于有了语法，所以修辞才有可以利用的各种语言结构；正是由于有了修辞，所以语法所分析出来的各种语言结构也才得到更有效的利用。斯大林曾经指出，语法是语言的基础，是语言的特点的本质之一①，我们也可以说：有了修辞，这个语言的基础就更具有重大意义了。

总之，语法和修辞有着互相依存的密切关系，简直可以看成分析语言的两个方面、两个阶段（一个是静态分析，一个是动态分析）。它们之间虽有界限，但如果把它们看成各自孤立，不相联系，那是不够妥当的。

一九八一年八月据旧稿改定

［选自《张涤华文集》（第四集），安徽师范大学出版社2011年版］

① 斯大林：《马克思主义与语言学问题》（中译本），人民出版社1971年版，第19页。